唐代河东道军政关联问题研究

岳鹏 著

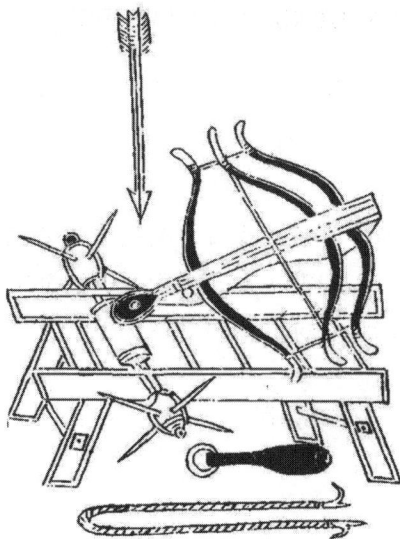

线装书局

图书在版编目（CIP）数据

唐代河东道军政关联问题研究 / 岳鹏著 . —北京：
线装书局，2022.5
ISBN 978-7-5120-4745-7

Ⅰ. ①唐… Ⅱ. ①岳… Ⅲ. ①军事史 – 研究 – 中国 –
唐代 Ⅳ. ① E294.2

中国版本图书馆 CIP 数据核字（2021）第 217691 号

唐代河东道军政关联问题研究
TANGDAI HEDONGDAO JUNZHENG GUANLIAN WENTI YANJIU

著　　者：岳　鹏
责任编辑：于建平
出版发行：线装書局
　　　　　地　　址：北京市丰台区方庄日月天地大厦 B 座 17 层（100078）
　　　　　电　　话：010-58077126（发行部）　010-58076938（总编室）
　　　　　网　　址：www.zgxzsj.com
经　　销：新华书店
印　　制：廊坊市海涛印刷有限公司
开　　本：710mm×1000mm　1/16
印　　张：16
字　　数：271 千字
版　　次：2022 年 5 月第 1 版第 1 次印刷
印　　数：001—500 册

线装书局官方微信

定　　价：66.00 元

前　言

　　蒋百里论及政略与战略的辩证关系，指出："国于世界，必有所以自存之道，是曰国本。国本者，根诸民族历史地理之特性而成。本是国本，而应之于内外周围之形势，以策其自存者，是曰国是。国是者，政略之所从出也。战争者，政略冲突之结果也。军队者，战争之具，所用以实行其政略者也，所用以贯彻其国是者也，所用以维持其国之生存者也。故政略定而战略生焉，战略定而军队生焉。军者国之华，而未有不培养其根本，而能华能实者也。"[①]"筹划和指导战争，必须深刻认识战争的政治属性，坚持军事服从政治、战略服从政略，从政治高度思考战争问题。"[②]从古至今，军事和政治的关系都非常紧密。军事作战计划的制定和目标的实现都是为了完成既定政治方略的必要手段和过程，所以说政治和军事的关系是不可割裂的。从国家自身来讲，军事保障了本国主权的独立、经济的发展；从统治阶级来讲，军事巩固了上层阶层的统治、政权的稳定、政府运转的平稳；从被统治阶级来讲，军事保护了自己的家族、家庭生息和繁衍。

　　李唐是中国历史上强盛的大一统王朝之一。唐人在前代基础上完善了政治、经济、文化等各方面的相关制度，极大促进了社会的发展，取得了举世瞩目的成就。军事胜利是政府各项机能运转和人民安定生活的必要条件。唐代的河东道相当于今天的山西和河北的西北部。作为唐朝行政区之一，河东道的作用或

---

　　① 谭徐锋主编：《蒋百里全集》第2卷《兵学上》，北京：北京工业大学出版社，2015年，第81页。

　　② 中国人民解放军总政治部编印：《习近平关于国防与军队建设重要论述选编》，北京：解放军出版社，2014年，第149页。

角色是多方位的。在政治上，河东道是李氏家族龙兴之地。在军事上，河东道地势险峻，各种地貌错落分布其间，邻近中原王朝都城，因此在冷兵器时代，攻守兼备的地形使其成为兵家必争之地，也就成为唐朝抵御北方突厥、薛延陀、契丹、回纥等民族的重要防线，尤其是针对长安、洛阳、汴州等北方军政重要城市的军事协防作用明显。经安史之乱，河朔地区已是"化外之地"，河东道还必须承担内疆防御河朔藩镇的重要职责。在文化上，域内游牧与农耕文明兼容并包，是中国古代文明发展核心区域之一。在经济上，南税北运乃是唐朝政府维持经济运转的重要方式，河东亦是重要的转运中心。

河东道军政的稳定影响着唐朝社会政治、经济的安定，甚至在一定时期内关系着唐朝政权的生死存亡。

目 录
CONTENTS

第一章
中国古代军事地形例举

战场上的形势瞬息万变,其中地理因素又是行军作战必须注意的要素。在军事地理学中,地理环境通常是指存在于人类战争活动空间的客观地理诸因素的综合,包括自然地理和人文地理因素。自然地理因素,是指地貌、气候、水文、土壤、生物等自然要素有机结合而成为的一个整体。它是战争赖以存在和发展的物质基础,及军队作战行动必不可少的客观条件。[①] 自然地理环境不仅宏观层面影响战争中战略、战术的布置与实施,还于微观层面影响战争中兵种、装备的选择及应用。

第一节　何谓山河形便

《新唐书·地理志》曰:

> 自秦变古,王制亡,始郡县天下。下更汉、晋,分裂为南、北。至隋灭陈,天下始合为一……东、南皆至海,西至且末,北至五原。唐兴,高祖改郡为州、太守为刺史,又置都督府以治之。然天下初定,

---

① 陈健安主编:《军事地理学》,北京:解放军出版社,1988年,第1—2页。

权置州郡颇多。太宗元年，始命并省，又因山川形便，分天下为十道：一曰关内，一曰河南，三曰河东，四曰河北，五曰山南，六曰陇右，七曰淮南，八曰江南，九曰剑南，十曰岭南。①

自隋季乱政，天下纷争不断。李魏、王郑、窦夏、李唐等势力并起。唐时居天下仅有关中、河东一隅，平薛举、李轨全据河陇，逐刘武周于河东，方稳居关中窥伺东夏。李密邙山败北，西入函谷关。王世充、窦建德分立大河南北，然李世民虎牢关大捷，顺势平定二雄。其间李孝恭徇巴蜀，兵出西陵峡而萧铣授首，李唐近有天下大部。后虽刘黑闼、辅公祏复起于内，突厥侵疆自外，终是大局已定。和平时期的地方行政区划因战乱不能维持，地方区域赢缩往往取决于各势力军事行动的进退，进而造成行政区划的改变。各势力或延续隋大业旧制以郡统县或回归隋开皇旧制以州统县。再加之为了促进地方政经资源集中，更好地服务军事行动和安抚地方势力进行政治酬庸而众建总管府及州县，使得本就杂乱无章的地方行政区划更加复杂。贞观元年（627），太宗在高祖改州县制的基础上因山河形便将全国划分为十道的监察区。自盛唐始，"道"实际成为地方一级行政区。

就地方行政制度而言，山河形便就是指以天然山川作为行政区划边界，使行政区划和自然地理区划相一致。在这一最直观、最自然的原则下，高山大川两边不同行政区内因地貌、气候的不同，往往形成不同的农业区和文化区。②但"山河形便"在军事地理上，也有其独特的含义。《战国策·秦策一》："大王之国……沃野千里，蓄积饶多，地势形便。"姚宏注："攻之不可得，守之不可坏，故曰形便也。"③清姚锡光《东方兵事纪略·援朝》："城之东南达王京，西南至大同江口，东走元山浦，地要而险，最据形便。"④若防区内一马平川，纵使土地再肥沃、人力再充足，无险据守则在不安定的环境之中，无法进行正常的社会

---

① （北宋）欧阳修、宋祁撰：《新唐书》卷37《地理志一》，北京：中华书局，1975年，第959—960页。

② 周振鹤：《中国行政地方制度史》，上海：上海人民出版社，2005年，第230页。

③ （汉）刘向集录；（南宋）姚宏、鲍彪等注：《战国策》卷3《秦策一·苏秦始将连横》，上海：上海古籍出版社，2015年，第45页。

④ （清）姚锡光：《东方兵事纪略》篇二《援朝》，北京：中华书局，2010年，第25页。

经济生产活动。反之，若防区内多山地或河流，则无法有足够的土地生产足够的物资支撑现有和未来的军事防守与进攻。正如唐韩愈《与鄂州柳中丞书》所言："阁下果能充其言，继之以无倦，得形便之地，甲兵足用，虽国家故所失地，旬岁可坐而得。"①因此，要想达到进可攻退可守的状态，军事统帅所在区域山地、河流、平原多种地形共存且比例适当、分布合理，这样才能够在敌人侵扰下保证相对安全的环境进行一定的社会生产，为据险防御的前线提供物资与兵员补给。如果了解"山河形便"则可因地施策，扬长避短，攻敌对势力统治区防守的薄弱环节，进而取得军事胜利。《三国志·吴志》曰：陆逊"未有远名，非羽所忌，无复是过。若用之，当令外自韬隐，内察形便，然后可克"②，即强调了战前了解山河地势的重要性。

"山河形便"即攻守兼备的自然地理环境。古时战争多是持冷兵器的人与人之间的对抗，于是战争指挥者总是寻求自己作战思想和策略实现效果极大化的最佳自然地理环境。

第二节　水系地形

（一）水（河）

《尚书·禹贡》载："禹别九州，随山浚川，任土作贡。禹敷土，随山刊木，奠高山大川。"③显然，大禹治水后根据山与河两大地理因素而作九州，至今划分行政区划仍然考虑山与河的因素。

中国地势西高东低，向海洋倾斜呈阶梯状分布，海洋湿润气流在季风的作用下深入内地，形成降水。这种地势造就了许多东流的河流。而深处内地的高

---

① （清）董诰、阮元、徐松等编：《全唐文》卷554，韩愈《与鄂州柳中丞书》，北京：中华书局，1983年，第5605页。

② （晋）陈寿撰；（南朝宋）裴松之注；陈乃乾点校：《三国志》卷58《吴书·陆逊传》，北京：中华书局，1964年，第1344页。

③ （春秋）孔子：《尚书》，长春：吉林文史出版社，2017年，第23页。

山之上终年降雪堆积，夏季雪水汇聚山下，亦形成不少河流。这些河流不仅为生产生活提供了稳定的水源，还沟通了沿岸交通，加强了不同地方之间的联系。河流在军事战争中也是统帅行军作战时必须考量的因素。《三国志·魏书·贾诩传》载：

> 帝（案：魏文帝曹丕）问诩曰："吾欲伐不从命以一天下，吴、蜀何先？"对曰："攻取者先兵权，建本者尚德化。陛下应期受禅，抚临率土，若绥之以文德而俟其变，则平之不难矣。吴、蜀虽蕞尔小国，依阻山水，刘备有雄才，诸葛亮善治国，孙权识虚实，陆议见兵势，据险守要，汎舟江湖，皆难卒谋也。用兵之道，先胜后战，量敌论将，故举无遗策。臣窃料群臣，无备、权对，虽以天威临之，未见万全之势也。"①

曹丕欲统一华夏，故问计于贾诩。贾诩认为吴国与蜀国君明臣贤，又有山水阻隔的天然优势，平定两国是一件困难的事情。可见，山脉和河流在军事战略攻防中是十分重要的地理因素。

在实际作战中，统军将领利用河流进行阻击和防守也是常事。汉高祖三年（前204），汉军和赵军交战于井陉，韩信就利用赵军主帅陈馀轻敌心理，摆下背水阵，将士们奋勇争先，大败敌军。②背水结阵是有其合理性的，背依河流如凭借山脉一样防止敌军背后偷袭。如此，军队可以毫无顾虑地奋勇杀敌。司马懿与诸葛亮对峙于五丈原，"背水（案：渭水）为垒（营）"③，是出于防范蜀军偷袭后方、保障营地稳固的考虑。卢藏用曰："韩信背水，乖地利也。"④水军作战，也有据水防御。东汉建安二十四年（219）末，关羽出江陵进兵曹操控制的汉水流域。镇守樊城的曹仁与援将徐晃内外夹击，扭转了劣势。关羽以"舟船犹据沔水，襄阳隔绝不通"⑤，防止樊城与襄阳的曹军汇合。因为河流之间互相连通，

---

① 《三国志》卷10《魏书·贾诩传》，第331页。
② （汉）司马迁撰：《史记》卷92《淮阴侯列传》，北京：中华书局，1959年，第2616页。
③ 刘永海译注：《百战奇略》卷5《安战》，北京：中华书局，2017年，第154页。
④ （后晋）刘昫等撰：《旧唐书》卷44《卢藏用传》，北京：中华书局，1975年，第3003页。
⑤ 《三国志》卷23《魏书·赵俨传》，第670页。

古代将领也会利用相邻地区的河流阻击敌军，甚至跨流域进行防御。江陵地势平坦不利于据守，南朝多于沔水（今汉水）流域阻击北朝军队。襄阳周边"背山面江，天生形胜"[①]，高度适中的山岭加上水网密布，是古代防御作战不可多得的地理单元。

正由于这种区隔作用，守方拒敌于河，再采取"半渡而击"的方法毙敌人于河，转守为攻，化被动为主动。周襄王十四年（前638），宋襄公未采取司马子鱼"半渡而击"的作战建议，让楚军安全渡过泓水（今商丘市柘城北）以致宋军大败。汉高祖四年（前203），韩信引兵攻打齐军于潍水（今山东潍河），韩信命部队在夜里以万余个沙包在上游壅塞潍水。第二天，他主动进攻龙且，佯装不胜而走。龙且骄兵轻进，自率大军渡河追击汉军，韩信突然决壅囊放水，齐军先头部队和后方部队被河水分割，汉军趁机发动反击，顺势平定齐国。[②]

河流"让敌人阵地处境艰难，以至其会错误行动，会受到外部力量的打击"[③]。除了军事上的运输作用，河流分割敌人或延缓敌人行动的作用在战时更加突出，防守方可以在一定时间和空间内尽量创造利于自己的战场地理优势。

（二）洲

那什么是洲呢？徐伯玄曰："水中有岸，其名为洲，君将为州。"[④]洲即水中岛，多指今人所说的江心洲或河心洲。史书中除了洲，还有渚、中潭（滩）都与河心洲类似。由于自然河流上游水势凶猛，冲刷河岸并裹加砂石，后砂石至下游地势开阔平缓处缓慢堆积而形成河心洲。[⑤]

河心洲往往成为两岸人们中途的停泊地。南朝梁朝阴铿《晚泊五洲诗》

[①]《东方兵事纪略》篇二《援朝》，第23页。

[②]《史记》卷92《淮阴侯列传》，第2620—2621页。

[③]［法］拿破仑著；［法］科尔森编著；曾珠、郭琳、樊静薇等译：《拿破仑论战争》，上海：上海社会科学院出版社，2015年，第291页。

[④]（唐）房玄龄等撰：《晋书》卷84《殷仲堪传》，北京：中华书局，1974年，第2194页。

[⑤]周凤华主编：《城市生态水利工程规划设计与实践》，郑州：黄河水利出版社，2015年，第35页。

曰:"客行逢日暮,结缆晚洲中。戍楼因嵯险,村路入江穷。"[①]宋王安石亦有诗名曰《泊船瓜洲》。根据金朝元好问《江梅引》题云:"此州有元魏离宫,在河中潬。"[②]一些地方的河心洲规模大到竟然足以在上面修建行宫。这样大型的河心洲是水军停泊驻防的绝佳场所,利于己方掌握河道的控制权,使敌人无法通过。南朝宋元徽四年(476)七月,刘宋张保率"水军泊西渚"[③],防御来自京口的刘景素叛军。古人很早就认识到河心洲的主要军事价值就是屯兵。《诗·小雅·鼓钟》曰:"鼓钟伐鼛,淮有三洲,忧心且妯。"[④]为了改善交通条件,古人会修建河心洲作为两岸中转站。《北齐书·阳斐传》载:"石济河溢,桥坏,斐修治之。又移津于白马,中河起石潬,两岸造关城,累年乃就。"[⑤]唐代蒲津桥所经的中潬城,是利用河心洲强化东西两侧桥梁固定的场所。

行军作战时,往往辅以弓箭等远程武器强化河心洲对于周围水道的控制。元至元十二年(1275),元将兀良哈·阿术在扬州东南的瓜洲修造楼橹、战具,专门监视和攻击水道上的宋军。[⑥]解放战争时期渡江战役中,解放军曾在长生洲、闻新洲、紫沙洲、黑沙洲、鲫鱼洲等长江诸江心洲与国民党军发生过激烈战斗。

河心洲军事价值就是屯兵争夺水路控制权。

(三)峡

峡,两山夹水的地方。不同于谷中的水,这里的水一般都是大江大河。就地势而言,峡的上游与下游落差大,水流凶猛,正因为如此今人多于峡处修建水电站。

峡处两山夹激流,船只对于岸上攻击的防御能力极弱,也就成了兵家必争之地。《周书·蛮传》载:

---

① 丁成泉辑注:《中国山水田园诗集成》第 1 卷《东晋南北朝·隋唐》,武汉:湖北教育出版社,2003 年,第 120 页。

② (金)元好问:《元好问全集》下册,太原:山西人民出版社,1990 年,第 194 页。

③ (南朝梁)沈约撰:《宋书》卷 72《刘景素传》,北京:中华书局,1974 年,第 1863 页。

④ 程俊英、蒋见元:《诗经注析》,《小雅·钟鼓》,北京:中华书局,1991 年,第 654 页。

⑤ (唐)李百药撰:《北齐书》卷 42《阳斐传》,北京:中华书局,1972 年,第 553 页。

⑥ (明)宋濂、王祎撰:《元史》卷 128《阿术传》,北京:中华书局,1976 年,第 3122 页。

蛮者，盘瓠之后。族类蕃衍，散处江、淮之间，汝、豫之郡。凭险作梗，世为寇乱。逮魏人失驭，其暴滋甚。有冉氏、向氏、田氏者，陬落尤盛。余则大者万家，小者千户。更相崇树，僭称王侯，屯据三峡，断遏水路，荆、蜀行人，至有假道者。太祖（案：宇文泰）略定伊、瀍，声教南被，诸蛮畏威，靡然向风矣。[1]

"三峡，起自四川夔州府奉节、巫山二县之东，达于归州、夷陵州之西，连山叠嶂，隐天蔽日，凡六七百里"，"为楚蜀之险，西陵又为三峡之冲要，隔碍东西，号为天险"。[2]唐杨炯《巫峡》诗："三峡七百里，唯言巫峡长。重岩窅不极，叠嶂凌苍苍。绝壁横天险，莓苔烂锦章。入夜分明见，无风波浪狂。"[3]甚至提及三峡的险峻，白居易不由发出"朝来又得东川信，欲取春初发梓州，书报九江闻暂喜，路经三峡想还愁"[4]的感慨。长江出西陵峡口，河道在中游经济中心江陵处趋于平缓开阔，故三峡上游的信州（今重庆市）成为唐代巴蜀交界区的军事重地。长江下游政权防御上游军队，通常采取防线前移，扼守临近峡口的荆门山（今宜都市附近）和安蜀城（今宜昌市西陵峡口附近）。隋开皇八年（588），隋谋伐陈。陈后主就派遣周罗睺率领军队屯兵峡口，攻打上游的峡州（唐信州），后又诏其都督巴峡沿江诸军防御隋军由长江出川威胁荆襄地区。[5]

黄河中游的今三门峡水库的地形也是"峡"的典型。北魏郦道元《水经注·河水四》曰：

砥柱，山名也，昔禹治洪水，山陵当水者凿之，故破山以通河，河水分流，包山而过，山见水中若柱然，故曰砥柱也。[6]

① （唐）令狐德棻等撰：《周书》卷49《蛮传》，北京：中华书局，1971年，第887—888页。
② （清）顾祖禹撰；贺次君、施和金点校：《读史方舆纪要》卷75《湖广一·西陵》，北京：中华书局，2005年，第3513页。
③ 中华书局编辑部点校：《全唐诗：增订本》卷50，杨炯《巫峡》，北京：中华书局，1999年，第614页。
④ 《全唐诗：增订本》卷440，白居易《得行简书闻欲下峡先以诗寄》，第4916页。
⑤ （唐）魏征、令狐德棻撰：《隋书》卷65《周罗睺传》，北京：中华书局，1973年，第1524页。
⑥ （北魏）郦道元著；谭属春、陈爱平点校：《水经注》卷4《河水》，长沙：岳麓书社，1995年，第60页。

　　黄河流经今三门峡处由于崤山山麓的阻挡，河道突然变窄，落差加大，水流加速。再加之河道中又有"人门""神门""鬼门"三山，是制约关中至洛阳间黄河水运的瓶颈。唐人在水运和陆运间踌躇[①]，追求利用黄河水道的最佳方式。峡不易通行的特质会相对提升临近地区的交通价值，故"峡"附近就会形成比较重要的城市。唐信州就是当时重要的水运枢纽和造船基地。砥柱非常凶险，从事水运难度大，人们就通过陆路来运输物资。砥柱的存在使上游和下游的唐陕州（今河南三门峡市陕州区）和河阳（今河南孟州市）两地成为交通运输重要中转站。

　　军队居"峡"扼守，则可以少量兵力牵制敌人。

第三节　山系地形

（一）山

　　今人对于山的定义是：陆地表面高度比较大、坡度比较陡，海拔在 500 米以上的隆起地貌，一般呈山顶、山坡及山麓自上而下依次分布。山以较小峰顶面积有别于高原，又以较大高度有别于丘陵。[②]古人根据山的小地貌衍生出碛、麓、峤等专属词语。[③]

　　《百战奇略》曰："凡与敌战，或居山林，或在平陆，须居高阜，恃于形势，顺于击刺，便于奔冲，以战则胜。法曰：'山陵之战，不仰其高'。"[④]周赧王四十六年（前 269），秦国攻打赵国阏与（今山西晋中市和顺县），赵国诸将担忧道路狭窄不利于长途奔袭作战，不愿前往救援。赵将赵奢认为出奇兵方可取胜。

---

　　① 何汝泉：《唐代河南漕路续论》，载《西南大学学报（社会科学版）》，2010（2）：169—177 页。

　　② 夏征农、陈至立主编：《辞海》（第六版彩图版），上海：上海辞书出版社，2009 年，第1956 页。

　　③ （汉）刘熙撰：《释名》，北京：中华书局，2016 年，第 10 页。

　　④ 《百战奇略》卷 4《山战》，第 114 页。

赵国兵士方出邯郸便裹足不前，就地安营扎寨，制造不敢交战的假象，并借秦间谍之口使秦军误认为赵军怯弱。后星夜兼程疾行二日到达阏与阻击秦军。赵奢先机攻占北面山地，并由高处发动反攻，大败秦军。① 三国魏太和五年（231），诸葛亮再出祁山伐魏，魏明帝曹叡诏张郃率领军队至略阳（今陕西汉中市略阳县），诸葛亮撤往祁山。张郃追击蜀军至木门（甘肃天水市秦州区西南牡丹镇木门村附近），被埋伏于山上的蜀军所射杀。② 军事行动中占据制高点的山地有利于观察地势低处人员往来，即便被敌人发现，也可用弓箭等远程武器消耗敌人，从而将其击退。当然，山上若有密林，就近隐蔽己方行动设置埋伏也是通行战术。敌军经过山下之时，纵兵突袭，趁其惊慌失措之时围而歼之。在兵种对决情况下，步卒通常利用崎岖多山的地形造成骑兵通行困难，骑兵则应该寻找相对平坦的森林或沼泽规避风险。③

山地作战，利在速战。若长期屯兵山顶，容易被敌军四面合围切断补给与水源，失去与外界的联系。汉高祖六年（前201），韩王信于代北叛乱，并与匈奴联合企图攻打太原。刘邦亲自率领军队阻击匈奴于铜鞮（今山西长治市沁县），初战告捷，乘胜追击至楼烦（今山西忻州市宁武县）。时突降大雪，刘邦轻敌冒进，在平城（今山西大同市平城区）附近白登山被匈奴围困，与主力部队联系中断达七天，贿赂匈奴阏氏才得脱险。

紧急军情或安营扎寨，一般都会背山而处。西魏大统四年（538年，东魏元象元年）八月，河桥之战后，窦炽与大军失联，被东魏军队围困在邙山。"炽乃下马，背山抗之"，突围而出。④ 窦炽军少，下马背山面敌，尽量减少与敌军的接触面，防备被敌人从后方偷袭。两军对垒，亦可背山而阵，防止敌军偷袭。南明永历元年（1647）八月，清军孔有德部进犯武冈（今湖南武冈市），南明将领陈友龙在孤立无援的情况下"扼险要，背山而阵"⑤，力挫清军。

与河流的作用一致，山脉的作用主要在于分割战场和减少与敌军的接触面。

---

① 《史记》卷81《廉颇蔺相如列传》，第2445页。

② 《三国志》卷17《魏书·张郃传》，第527页。

③ ［古罗马］雷纳图斯著；魏止戈译：《兵法简述》，武汉：华中科技大学出版社，2006年，第84页。

④ 《周书》卷30《窦炽传》，第518页。

⑤ （清）王夫之撰；（清）钱秉镫编撰；余行迈、吴奈夫、何荣昌点校：《永历实录》卷11《陈友龙传》，上海：上海古籍出版社，1987年，第109页。

（二）谷

《说文解字·谷部》曰："泉出通川为谷。从水半见，出于口。凡谷之属皆从谷。"[①]谷包括两大部分：一是，两山间类似穴道或者流水道的狭长地带，二是，谷口。古人根据小地貌的不同又分为峪等若干类。谷与川的最大区别就是狭小不易通过，且大军无法驻屯。

由于山谷多狭窄，人们就会用"进退维谷"引申比喻身处困境。在谷中通行较平原地区效率低许多，随时可能面对敌人在山顶上的伏击，呈现两难的境地。《三国志·魏书·曹真传》载：

> （魏明帝时）朝洛阳，迁大司马，赐剑履上殿，入朝不趋。真以"蜀连出侵边境，宜遂伐之。数道并入，可大克也"。帝从其计。真当发西讨，帝亲临送。真以八月发长安，从子午道南入。司马宣王溯汉水，当会南郑。诸军或从斜谷道，或从武威入。会大霖雨三十余日，或栈道断绝，诏真还军。[②]

三国魏太和四年（230），曹真以蜀国连年侵犯边疆为由，向魏明帝曹叡建议由关中多路进兵讨伐蜀国。八月，曹真率大军出子午谷，与其他诸路魏军共会于汉中。

黄盛璋曾以关中至蜀地间道路为例，讲道："由于没有切穿秦岭之河流，古代交通线的选择，往往依据下列条件：一条流程较长的河谷；分水岭两侧水源相近使南北坡各有一条相对应的河流。"[③]换言之，古代的道路很多都是由河流冲击形成的岸边道。岸边道随着河流交汇而交汇，进而形成绵密的交通网。人们也会在一些不交汇却相近的道路间，选择合适位置于两路之间转移，久而久之本不相连的道路就会因人类活动而连贯起来。巴蜀之间的陈仓道、褒斜道、米

---

① （汉）许慎撰；（宋）徐铉校定：《说文解字》（附音序、笔画检索），北京：中华书局，2013 年，第 240 页。

② 《三国志》卷 9《魏书·曹真传》，第 282 页。

③ 黄盛璋：《川陕交通的历史发展》，《地理学报》，1957（4）：419—435 页。

仓道就是在不同河谷进行转移，最终进入成都平原的。①

谷中行军难，是伏击敌人的绝佳场所。兵行险道，愈险之通道行军，愈可产生出奇制胜的效果，故有韩信"明修栈道，暗度陈仓"和魏延"子午谷奇谋"。关中至汉中山间谷道虽多，但崎岖难行。今人修入川铁路，宝成线即陈仓古道，皆因其在诸道之中通行条件较好。山谷之中，雨水汇聚，道路泥泞湿滑，尤不利于行军。唐刘彤《河南府奏论驿马表》曰："山谷重突，自春多雨，马蹄又软，驱驰石路，毙踣实多。"② 马匹于雨天穿行山谷驿路，道路湿滑多有跌亡，此例亦适用骑兵行军打仗。

（三）壁

《隋书·豆卢勣传》曰："其山绝壁千寻"③，壁的地貌是如墙壁一样陡立、几乎没有坡度、凸起于地面的台地或山地。壁不易攀爬，屯兵者居于制高点可在安全环境中洞悉敌情。唐王䂮《怀素上人草书歌》曰："衡阳双峡插天峻，青壁巉巉万余仞。"④ 杜甫《龙门阁》曰："清江下龙门，绝壁无尺土"⑤；及《垂老别》曰："土门壁甚坚，杏园度亦难"⑥，都指出了壁难以攀登，通行条件很差。东晋义熙八年（412），刘裕讨伐刘毅于江陵，受阻于"江津岸峭，壁立数丈，休之（案：司马修之）临岸置阵，无由可登"⑦。西魏大统十二年（546 即东魏武定四年），高欢亲率大军与西魏名将韦孝宽战于河东玉璧（今山西省稷山县西南）周边。西魏以"四面并临深谷"⑧的玉璧为中心，沿黄河、峨嵋塬构筑了两条防线，

---

① 郭会欣：《从〈华阳国志〉看南北朝之前的秦巴关系》，《乐山师范学院学报》，2011（2）：94—96 页。

② 《全唐文》卷 301，刘彤《河南府奏论驿马表》，第 3053 页。

③ 《隋书》卷 39《豆卢勣传》，第 1156 页。

④ 《全唐诗：增订本》卷 204，鲁收《怀素上人草书歌》，第 2137 页。

⑤ 《全唐诗：增订本》卷 218，杜甫《龙门阁》，第 2303 页。

⑥ 《全唐诗：增订本》卷 217，杜甫《垂老别》，第 2286—2287 页。

⑦ 《宋书》卷 50《胡藩传》，第 1444 页。

⑧ （唐）李吉甫撰；贺次君点校：《元和郡县图志》卷 12《河东道一》，北京：中华书局，1983 年，第 335 页。

多见段壁、吴壁、郝壁等"壁"名地形①，当是小区域内的制高点。三国时期著名的赤壁之战发生地（今湖北赤壁市西 80 里处），由南向北分布着金銮、南屏、赤壁三山，其中龙首赤壁山扼江阻流，是沿江平地的制高点，周瑜先占据，曹操后欲夺，故引发大战。②

绝壁要想通行，可以凿山开道。战国时，秦国以李冰为蜀郡守，在今云南、四川交界的宜宾地区修"五尺道"，采用同建都江堰一样的方法：先火烧岩石后浇冷水，利用热胀冷缩的原理使岩石疏松开裂以达到开山凿崖的效果。这种方法工程量较大，需要大量人力物力，所以古人多依绝壁修栈道。栈道修建先在悬崖峭壁上凿孔，于石孔中插入木柱做支架，然后在支架上面铺设木板架桥建阁。栈道前期工程量明显小于开山凿壁。栈道非南方独有，田单曾"为栈道木阁，而迎王与后于城阳山中"③。栈道因原材料及环境因素，有木栈及石栈两大类，再根据建造工艺不同各细分若干子类。典型的木栈主要分布在云南、贵州、西藏、甘肃、四川等省区，尤其以川陕之间分布最广，史称"栈道千里、通于巴蜀"。④古人利用栈道缩短行军路程，规避悬崖峭壁之险。

由于壁凸出于地面，又不易于攀爬，往往是短期军事观察和防御的合适场所。

（四）原

原一般是地势较为高昂而上面比较平坦的地方，是黄河中游主要的地形。在河流冲刷和沟壑坍塌的双重作用下，原的面积是不断缩小的。由于时空条件的差异，不同原缩小的程度和速度也存在区别。在古代，植被覆盖比较好的原周边并不像今天千沟万壑。一些水土保持较好的原上也曾存在过古代重要的城镇，如唐代云阳县城、洛川县城等。⑤

一般来说，原的水土保持越好、面积越大，自身的军事价值也会越高。这

---

① 靳生禾、谢鸿喜：《山西古战场野外考察与研究》，太原：山西人民出版社，2013 年，第239 页。

② 黄志强、黄惠贤：《赤壁之战时间和地点考》，收入蒲圻赤壁古战场保护开发建设研讨会论文集编委会编：《古战场蒲圻赤壁论文集》，武汉：湖北人民出版社，1991 年，第 51—57 页。

③ 《战国策》卷 13《齐策六·貂勃常恶田单》，第 270 页。

④ 蓝勇：《中国古代栈道的类型及其兴废》，载《自然科学史研究》，1992（1）：68—76 页。

⑤ 史念海：《黄土高原历史地理研究》，郑州：黄河水利出版社，2001 年，第 1—24 页。

样的原及其周边往往被开发为田地。《诗经·小雅·信南山》曰："信彼南山，维禹甸之。畇畇原隰，曾孙田之"，主要是描写终南山下高地和低地被开垦后平坦连绵的状态。① 《汉书·货殖传》曰："于是辩其土地川泽丘陵衍沃原隰之宜，教民种树畜养。"② 这样周边水土条件好的原，在军事行动中可以当作行军打仗的通道，如南朝梁沈约《齐故安陆昭王碑文》曰："于是驱马原隰，卷甲遄征。"③ 在军事征伐时，原往往是且战且耕的战略要地。屯田于原及其周边是处于战争前线的将领减轻后方物资供应压力的可行办法之一。《三国志·蜀志·诸葛亮传》载：

> 十二年春，亮悉大众由斜谷出，以流马运，据武功五丈原，与司马宣王对于渭南。亮每患粮不继，使己志不申，是以分兵屯田，为久驻之基。耕者杂于渭滨居民之间，而百姓安堵，军无私焉。④

蜀汉建兴十二年（234年，魏青龙二年），诸葛亮自斜谷出兵讨伐曹魏，屯兵五丈原（今陕西宝鸡市岐山县蔡家坡镇境内棋盘山北麓）与司马懿对峙于渭河。此原高40余丈，南北长约7华里，东西宽约两华里，南依秦岭棋盘山，原坡陡峭险峻，原下东西紧靠斜水和麦李河，北俯渭水，披水带河，山关险阻，形势险要，攻守兼备。诸葛亮居于五丈原之上，近可镇守斜谷北口（距离五丈原10华里），保证不被敌军切断粮道，又可兼收渭水南岸和斜水两岸良田之粮。⑤ 南宋绍兴元年（1131），南宋军队利用了和尚原（今宝鸡市西南）居高临下的优势在陈仓道上的大散关（今陕西宝鸡市南郊秦岭北麓）至宝鸡途中阻击敌人成功。⑥

故原是中长期屯兵比较合适的场所。

---

① 《诗经注析》，《小雅·信南山》，第664页。

② （汉）班固撰：《汉书》卷91《货殖传》，北京：中华书局，1962年，第3697页。

③ （南朝梁）萧统编；（唐）李善注：《文选》卷59，沈休文《齐故安陆昭王碑文》，上海：上海古籍出版社，1986年，第2555页。

④ 《三国志》卷35《蜀志·诸葛亮传》，第925页。

⑤ 王满全：《五丈原古战场初考》，参见王汝涛等主编：《诸葛亮研究三编》，济南：山东文艺出版社，1988年，第272—275页。

⑥ 裴洞毫：《和尚原之战地理分析》，载《三峡论坛》，2012（2）：44—51页。

（五）川

在通常情况下，川即指河流。华北及西北地区实际在中国古代也有被以"某川"命名的地方。最为人熟知的就是八百里秦川，《读史方舆纪要》曰：

> 《禹贡》曰："黑水、西河惟雍州。"《周礼职方》："正西雍州。"周都丰镐，则雍州为王畿。东迁以后，乃为秦地。孝公作为咸阳，筑冀阙，徙都之。故谓之秦川，亦曰关中。[1]

秦孝公东迁咸阳，其地四面环山以为屏障，是非常安全的地方，因名"秦川"，这里的川则是指现在关中平原，故"川"是由众多河流冲击形成的平原。《敕勒歌》曰：

> 敕勒川，阴山下。天似穹庐，笼盖四野。天苍苍，野茫茫，风吹草低见牛羊。[2]

敕勒即南北朝时期的高车，敕勒川就是这一游牧民族长久以来生息繁衍的平川。《中国古今地名大辞典》又有"土默川"词条："土默川，又称敕勒川、白道川，在内蒙古自治区中部大青山南部平原。自明嘉靖年间，土默特部驻牧丰州滩之后，称土默川，包括今呼和浩特市、土默特左旗、土默特右旗、托克托县、和林格尔县、清水河县、凉城县、包头市达尔罕茂明安联合旗、武川县、四子王旗和卓资县等地区，号称五百里土默川，北魏称云中、云中川、云川、白道川。自敕勒部驻牧后，又称敕勒川，是内蒙古自治区经济、中心地带。"[3]《新唐书·吐蕃传》载：

> 其赞普居跋布川或逻娑川，有城郭庐舍不肯处，联毳帐以居，号

---

[1] 《读史方舆纪要》卷 52《陕西一》，第 2452 页。

[2] （北宋）郭茂倩编撰：《乐府诗集》，上海：上海古籍出版社，2016 年，第 1038 页。

[3] 戴均良：《中国古今地名大辞典》，上海：上海辞书出版社，2005 年，第 101 页。

大拂庐，容数百人，其卫候严，而牙甚隘，部人处小拂庐。①

逻娑川是指现在流经拉萨市近郊的拉萨河。②游牧民族逐水草而居，需要经常在不同场地间转移，所以方便携带的帐篷更适合居住。吐蕃赞普当然不可能在水道或河流之上架设帐篷，这里的川就是河岸平原。《魏书·吐谷浑传》：北魏世祖时"慕利延死，树洛干子拾寅立，始邑于伏罗川，其居止出入窃拟王者"③，一些游牧民族干脆在川上建造城池。

从游牧民族居住在川上的情况来看，我们很容易就会明白这一地形的作战意义与骑兵有关。平原的地形有利于骑兵大规模的快速移动，在机动之中寻找敌人空隙和捕捉敌人。其实，"川"上的河流又为马匹提供了稳定的水源，故唐高适《信安王幕府诗》曰："倚弓玄兔月，饮马白狼川。"④唐贞观十五年（641）十一月，唐太宗将行封禅于泰山，薛延陀可汗夷男欲趁边防空虚之时灭突厥李思摩部，其子大度设率领同罗、仆骨、回纥、靺鞨、霫等部落渡过沙漠，"屯于白道川"⑤。唐代皇帝狩猎曾去的龙鱼川（今陕西陇县西千河上源北河）、安乐川（今宁夏灵武市南山水河）、渭川（今陕西渭河）等都属于河流沿岸平原地带。古代皇帝的狩猎活动最重要内容就是训练骑射。骑射是骑兵作战的基本科目，平原则是骑兵作战的基本地形，正如雍正皇帝《塞外秋兴》言："风劲飞鹰捷，川长猎骑豪，皇威扬四远，边徼戢弓刀。"⑥"川"上狩猎就是骑兵作战的模仿。唐代前期，朝廷为了检查将士骑射等军事技能而举行一年一度与冬季阅兵类似的狩田活动⑦，有时会在川上举行。

从上述可知，"川"在陆地上多指平原，平原又多离不开河流的冲刷作用。换言之，川附近一般会有河流经过，那么"川"就成了游牧民族水草丰美的理想牧场，又可被农耕民族开发生产粮食。这样就很容易理解，游牧民族进入农

①　《新唐书》卷 216 上《吐蕃上》，第 6072 页。

②　邓锐龄：《清前期治藏政策探赜》，北京：中国藏学出版社，2012 年，第 321 页。

③　（北齐）魏收撰：《魏书》卷 101《吐谷浑传》，北京：中华书局，1974 年，第 2237 页。

④　《全唐诗：增订本》卷 214，高适《信安王幕府诗》，第 2235 页。

⑤　《旧唐书》卷 3《太宗本纪》，第 53 页。

⑥　冯术林、冯春江编：《雍正诗词集注》，北京：团结出版社，2014 年，第 27 页。

⑦　查圣祥、张立敏、黄莉莉：《唐代前期军事体育中的狩田礼制》，《体育成人教育学刊》，2015（6）：86—89 页。

耕区，经常选择"川"道，就是看中其方便补给的优点。反之亦然，农耕民族反其道而行之沿着入侵路径就会寻找到游牧民族的主要部落或首领牙帐，如此行军作战目标清楚，可以提高作战效率。正因为农耕民族与游牧民族都可以利用"川"发展本民族生产，所以在两者接壤地区，"川"控制权的转移意味势力赢缩和攻守形势的改变。不过，"川"地形狭长，易被敌人困于"川"中，伺机分割歼灭。唐总章三年（670），唐军在大非川之战时部署不当，将 10 万军队呈长蛇状分布于大非岭至黄河间 350 里的狭长地带，左右两翼完全暴露在吐蕃军队面前。[①]北宋康定二年（1041），西夏王朝开国皇帝李元昊率 10 万夏军于好水川口（今宁夏固原市隆德县境）伏击宋军成功。

川即中小规模的狭长平原，明显区别于周边山脉、沙漠等其他地貌或地形。"川"宜农宜牧，既可用于持久战中前线营田自给，又可支持大部队高效行军。

第四节　小结

古代战争中，山脉与河流决定了宏观层面上军事战略部署，原、峡等小地貌则关系微观层面上战术计划的制定和实施。战争攻守双方根据河流、山脉走向和分布，寻找能够满足和凸显己方优势，同时又能攻击或加剧敌方劣势而进一步影响战略平衡的方位，力求在战前和战中拉大敌我双方优劣势差距，进而最大程度争取战略主动，提升自己获取战争胜利的可能性。在一场战争中，往往分为若干场战役，每场战役的战略优势方都会不断占领有利地形维持和扩大己方优势直至战争胜利，而战略劣势方期待利用有利地形打击和消耗敌人，渐从部分乃至全局扭转颓势，甚至反转战局。

一言以蔽之，古代战争中不可忽略地形因素。

---

① 秦裕江：《大非川之战初探》，参见中国人民政治协商会议兴海县第九届委员会编：《兴海县文史资料》第 1 辑，2015 年，第 89 页。

第二章

河东道地貌特征

孙子云："夫地形者，兵之助也，料敌制胜，计险厄远近，上将之道也，知此而用战者必胜，不知此而用战者必败。"[①] 若论河东军事，当知河东地理。唐代河东道因地处黄河以东而得名。河东道东依太行山与河北道为邻；西与关内道、西南小部分与京畿道隔河相望；南部大部分沿"中条山—王屋山—太行山"一线与都畿道毗邻。中国之陆上地势自西向东依据高低程度可分为三级阶梯，山西位于中国二级阶梯黄土高原的东部，北邻蒙古高原，西、南依黄河窥探关中盆地及洛阳盆地，东濒太行山脉俯瞰河北平原。

第一节　中部盆地带

吕梁山以东主要分布着由桑干河流域大同盆地、滹沱河流域忻定盆地、汾河流域晋中盆地及临汾盆地、涑水河流域运城盆地组成的一连串从东北向西南伸展的断陷盆地带，是山西最重要的农耕带，亦是人口与城镇最主要的分布地。

---

① （春秋）孙武撰；（三国）曹操等注；杨丙安校理：《十一家注孙子校理》卷下《地形篇》，北京：中华书局，1999 年，第 226 页。

（一）大同盆地

1. 大同盆地地理环境

大同盆地西倚南北走向的管涔山，南抵"东北—西南"走向的恒山，北至"东北—西南"走向阴山支脉洪涛山，主要由桑干河上游干支流冲击而成。其范围内基本属于温带大陆性季风气候，冬天干燥多风，天气寒冷，夏季相对湿润，农牧皆宜。正因农牧两宜，大同盆地在历史上一直是农耕与游牧文明南北势力赢缩指标性地区。

桑干河由西南向东北出大同盆地进入相当于唐蔚州（今河北省蔚县）范围的区域，即今山西省东北边陲的恒山东段与河北省太行山、燕山等山脉的交汇处。在这里，河流受地形复杂因素的制约多冲刷形成山间小盆地。壶流河流域北部丘陵、中部河川、南部深山，壶流河上游广灵县境内有壶泉、南村、斗泉、望狐等4块小盆地及下游有面积较大的蔚县盆地。壶流河流域以北是华北平原与蒙古高原过渡带上的今阳原县，地处阴山余脉与恒山余脉复合处，桑干河自西向东横贯全境，形成"两山夹一川"的狭长阳原盆地。蔚县南的灵丘县东是太行山支脉，南即五台山山脉东段，北为恒山山脉的东延，域内主要是由唐河冲刷形成的灵丘盆地。涞源县位于灵丘县东南，境内主要是拒马河冲刷太行山、燕山、恒山三山交汇处而形成的涞源盆地。涞源附近有一片"空中草原"，很可能是古代游牧民族南下停留补给的地方。这些盆地基本上都是温带大陆性季风气候，冬季干燥多风，夏季高温雨水相对较多，地势平坦，水源充足，比较适合农业生产。

2. 大同盆地军事价值

大同盆地西、北、南三面高山耸立，唯有东面桑干河谷比较开阔，所以河东道往幽燕地区（包括今北京、天津、河北北部及辽宁西部一带）沿此通行比较便利。朔州和云州是大同盆地的主要城市，又以云州最为重要。云州"王者旧都，山川形胜，足为险固"[①]，拓跋北魏定都期间耗费大量人力、物力经营周边

[①]（后晋）刘昫等撰：《旧唐书》卷55《苑君璋传》，北京：中华书局，1975年，第2255页。

交通，一定程度上改善了盆地的闭塞状况，使其成为雁北交通线汇聚之处。[1] 云州是唐代交通发达的代北军事重镇。根据李凭的考证，在北魏平城周围交通线有七：一是正北线，平城（唐云州治所云中县，今大同市）—永固（今御河上游饮马河畔的镇川堡乡境内）—柔玄镇（今尚义县西北），相当于今由大同北上溯御河而上至漠北；二是东北线，平城—高柳（今阳高县）—蓟（唐幽州治所，今北京市西城区）；三是正东线，平城—平舒（唐广灵县，今广灵县）—代（唐安边县，今蔚县境）—蓟；四是东南线，平城—崞山（今浑源县）—莎泉（今浑源县东南）—灵丘（唐灵丘县，今灵丘县）—中山（唐定州治所，今定州市），正东线和东南线大部分与飞狐道重叠；五是正南线，平城—鼓城（今大同市南）—繁畤（今山西浑源县西南）—桑干（今山西山阴县东）—阴馆（又名下馆城，今朔州市朔城区夏关城村东）—晋阳（唐并州治所，今太原市）；六是西南线，平城—鼓城—北新城（北魏平齐郡治，今朔州市梵王寺村[2]）—马邑（唐朔州善阳县，今朔州市朔城区）—晋阳；七是正西线，平城—武周（唐武周城，今左云县）—善无（今右玉县西南古城村）—盛乐（今内蒙古和林格尔县）。[3]《太平寰宇记》云中县条引《冀州图经》[4]言：周、秦、汉、魏以来，前后出师北伐唯有正北线、东北线、正西线三道，足见此三道实诸道之中要者。

　　大同盆地南端与忻定盆地相连处雁门关散发出三道：中道出雁门关直北微东行至云州；西道即"雁门关—马邑—振武军（今内蒙古和林格尔县）"[5]；东道由雁门关出向东沿桑干河谷至妫水相交处转至妫州（今涿鹿县保岱镇），后从居庸关经昌平县（今北京市昌平区）至幽州[6]，或许由于桑干河北方河流季节性特征明显，夏季雨水增多易突发洪水[7]，所以蔚州重要城镇并不在今阳原境内的桑干河河谷，反多位于地势较高的壶流河流域。蔚州附近的飞狐道是唐代晋北山

---

　　① 严耕望：《唐代交通图考》卷5《河东河北区》，上海：上海古籍出版社，2007年，第1380—1392页。

　　② 殷宪：《北齐〈张谟墓志〉与北新城》，载《晋阳学刊》，2012（2）：11—19页。

　　③ 李凭：《北魏平城时代》，上海：上海古籍出版社，2014年，第357—359页。

　　④ （北宋）乐史撰；王文楚等点校：《太平寰宇记》卷49《河东道十·云州》，北京：中华书局，2007年，第1035—1037页。

　　⑤ 《唐代交通图考》卷5《河北河东区》，第1336—1338页。

　　⑥ 《唐代交通图考》卷5《河北河东区》，第1366—1375页。

　　⑦ 河北省宣化县地名办公室编：《宣化县地名资料汇编》（内部刊物），1983年，第98页。

地通向华北平原的重要交通道。狭义的"飞狐道",就是指从涞源盆地进入壶流河河谷的线路之一,大致从涞源县城出发,向北跨越古代飞狐道所经由的涞源盆地北部洪积地带,沿河谷行至黑石岭下,再沿现代乡村公路从南口绕过黑石岭,进入奇险壮观的"四十里峪",穿越恒山,抵达飞狐道的北端昔日要塞北口村。[①] 广义飞狐道于灵丘县呈"X"走向。西段北道由今大同(唐云州)翻越恒山,至灵丘;西段南道由大同南下经雁门关循滹沱河谷东至灵丘。东段亦分南北两道:北道,自今蔚县南经涞源至铁关[②](今唐县倒马关乡倒马村);南道自灵丘县西迤东南循唐河河道至铁关。[③]

大同盆地的军事意义在于交通便捷可以军行三方,北逐蒙古高原,东侵燕山,西援河套。至于盆地面积广大,宜耕宜牧,可作为游牧和农耕民族政权经略对方土地的桥头堡。

(二)忻定盆地

1. 忻定盆地地理环境

忻定盆地,别称忻州盆地,位于山西省中北部,北临恒山,西接云中山,东临五台山,南抵系舟山,自东北向西南展布,是地势平坦的河谷。该盆地大部分地区属温带大陆性季风气候,四季分明,冬季寒冷干燥,夏季炎热多雨。

2. 忻定盆地军事价值

忻定盆地的重要城市是忻州(今山西忻州市)和代州(今山西忻州市代县),交通干线即"代—忻—并"间道路,其次是沿滹沱河河谷至河北道之路,此道即滹沱河上游西流之水受到云中山的所阻,折而东流,经忻州、定襄穿过太行山至唐恒州(今河北正定县)。代州"外壮大同之藩卫,内固太原之锁钥,

---

① 罗新:《话说飞狐道》,载《文史知识》,2004(4):62—67页。

② 倒马关在战国称鸿上关或鸿之塞,汉代叫常山关,北魏叫铁关或鸿山关,明代后通称倒马关。

③ 靳生禾、赵成玉:《灵丘道钩沉》,载《山西大学学报(哲学社会科学版)》,1991(3):58—64页。

根抵三关，咽喉全晋，向以山川扼塞，去边颇远，称为腹里"①，防御定位偏向依托雁门诸关遏制北敌经代北及幽州方面入侵河东。忻州虽"翼蔽晋阳，控带云、朔，左卫勾注之塞，南扼石岭之关，屹为襟要"②，但实际作用仅体现在协防并州，无法如代州一般对整个道域或政权的北部边防产生深远影响，故忻州军事价值不及代州。

唐代代北最重要的关隘雁门关③就位于朔州至代州间的勾注陉上。《唐志》曰："西陉，关名也，在雁门山上，东西山崖峭拔，中有路，盘旋崎岖，绝顶置关，谓之西陉关，亦曰雁门关"④；唐代之雁门关专指西陉关，故址在今代县北20公里处雁门山中，即今代县雁门关乡太和岭口村；东径关在今代县东北20公里处胡峪山⑤，即今代县峪口乡政府所在地峪口村。雁门关主要是以西陉关为主，东陉关辅之。石门关⑥在代州至忻州中道，即今山西省原平市东北崞阳镇。石岭关⑦（今阳曲县大盂镇上原村北）是代北至太原干线道路上最后一关，东靠小五台山，西连官帽山，地势险要。⑧石岭关周边西东分属吕梁山山系支脉云中山和系舟山，关南延伸至太原，地势稍平。唐代突厥人曾翻越石岭绕关突入太原地界，可见此关是暂时进行小规模阻击的战场，并不适合南北政权投放大量军力形成相持态势。石岭关西有河庄关，因唐代刘赤塘曾隐居于此，故又名赤塘关。赤塘关⑨距离石岭关16公里，关东羊驼寺山，关西梁鸿山，关于两山之间，故址在今阳曲县高村乡何庄村。⑩赤塘与石岭二关呈掎角之势。《唐文粹》云：阳

① （清）顾祖禹撰；贺次君、施和金点校：《读史方舆纪要》卷40《山西二·代州》，北京：中华书局，2005年，第1849页。

② 《读史方舆纪要》卷40《山西二·忻州》，第1845页。

③ （北宋）欧阳修、宋祁撰：《新唐书》卷39《地理志三》，北京：中华书局，1975年，第1006页。

④ 《读史方舆纪要》卷39《山西一·勾注山》，第1787页。

⑤ 史念海：《河山集》第四卷，西安：陕西师范大学出版社，1991年，第419页。

⑥ 《新唐书》卷39《地理志三》，第1006页。

⑦ 《新唐书》卷39《地理志三》，第1006页。

⑧ 王怀中编：《山西关隘大观》，济南：山东画报出版社，2012年，第17页。

⑨ 《新唐书》卷39《地理志三》，第1004页。

⑩ 李楠编：《中国古代关隘》，北京：中国商业出版社，2015年，第113—114页。

曲县"居天下之脊，当河朔之冲"①。唐太原北面阳曲县附近赤塘关、天门关、石岭关经常被合称"太原三关"，因此阳曲在太原诸县中防北作用最为突出。

唐代州总管府和雁门节度使的治所都在代州，以扼守雁门关控制忻定盆地。奠定南下或北上的军事基础。在政权建立初期，唐朝面对突厥处于劣势，自然集结兵力于代州阻北兵南下。唐末亦然，由于农民起义席卷内地，太原唐军只能据守石岭关而无力北上。李克用既然无防南压力，必然集重兵于代州，以忻州附近定襄川处部落游牧以作长久之计。由此可见，无论从地理形势和边防需求，代州都是整个忻定盆地的军事重心，而雁门关是整个代州周边防御体系的核心。

（三）晋中盆地

1. 晋中盆地地理环境

晋中盆地，又称太原盆地，主要是由汾河冲积而形成，北起石岭关，南至介休的灵石峡口，东有吕梁山为屏障，西倚太岳山。该盆地多属于温带大陆性季风气候，夏季炎热多雨，冬季寒冷干燥，土地肥沃，水资源充足，灌溉便利，自古以来就是山西地区重要的农耕区。

2. 晋中盆地军事价值

晋中盆地中主要城市是太原与汾州（今汾阳市）。太原易守难攻，形势险要，是河东之根本，抗北制南皆宜。北汉曾凭借太原坚固的城防与后周、北宋长期周旋。宋太宗言："乃眷太原，本维藩镇，盖以山川险固，城垒高深，致奸臣贼子违天拒命，因其悖逆，诖误军民，今既荡平，议须更改，当令众庶永保安宁"②，干脆在灭北汉后毁城异地重建太原城。由太原西南至介州（今介休市）的道路分为了两道，北道"太原—清源县（今清徐县）—文水县（今文水县）—

① 安捷主编；太原市地方志编纂委员会整理：《太原府志集全》，太原：山西人民出版社，2005年，第674页。
② （清）毕沅：《续资治通鉴》卷2，宋太宗太平兴国四年三月，上海：上海古籍出版社，1987年，第52页。

汾州—介州"；南道"太原—祁县（今祁县）—平遥县（今平遥县）—介州"。[①]
由于南道可以绕开汾州这一重要城市，利于北敌向河东内陆纵深前进，故南道
比北道在军事防御上重要，而汾州的军事意义在于随时可以干扰南道交通。另
外，汾州西穿吕梁山可直达石州治所离石县（今吕梁市离石区），此路在离石
县至龙门县间的吕梁山以西地区诸道中路况较好且里程较短，是晋中盆地军队
安抚当地稽胡的最佳进军线路。晋中盆地西尚有一道上溯汾河可至代北即"太
原—天门关—乾烛谷（羊肠坂，太原北郊关口村北 500 米左右天门山上[②]）—楼
烦监牧城（今太原市娄烦县）—岚州（今岢岚县）—草城川（今岢岚县北）—
朔州（或唐胜州）"[③]。途中有天门关（太原北郊关口村北 1 里处），"二山回合如
门，在县之乾方，故曰天门"[④]。唐中和元年（881），李克用兵出天门、凌井，攻
陷忻、代二州，其路径即羊肠坂道。太原至岚州（今岚县）间，道中有路可至
忻州。此道与代北至太原交通干线相比路况不佳，军事意义侧重于保护代马重
要繁殖地——楼烦牧监。就城镇而言，太原和介州扼守南北两端，两地是整个
盆地防御外敌的关键点。

　　晋中盆地东面的阳泉地区地形复杂，北部是地势较高的五台山与系舟山交
汇之处，其南部由于滹沱河及桃河等河流冲刷形成了西烟、盂城、平定等小型
盆地。这些盆地周边最重要的道路是一条穿越太行山至唐恒州（今河北正定县）
的"井陉道"即"太原—榆次县（今晋中市榆次区）—寿阳县（今晋中市寿阳
县）—井陉县—恒州"。顾祖禹《读史方舆纪要》转述《关地记》对井陉地势的
描述："太行八陉，其第五陉曰土门关，今山势自西南而东北，层峦叠岭，参差
环列，方数百里，至井陉县东北五十里曰陉山，其山四面高平，中下如井，故
曰井陉"[⑤]，故址在今石家庄鹿泉区白鹿泉乡东土门村。井陉道在今阳泉市附近被
分为南北两道，一道沿桃河河谷，中经太行山承天军驻地（称苇泽关或娘子关，
故址在今平定县娘子关镇娘子关村）东至井陉县（今河北井陉县北），后至土门

　　① 王文楚：《唐代〈长安太原驿道〉校补》，收入中国地理学会历史地理专业委员会《历史地
理》编辑委员会编：《历史地理》，上海：上海人民出版社，1990 年，第 212—221 页。

　　② 《中国古代关隘》，第 110—111 页。

　　③ 《唐代交通图考》卷 5《河东河北区》，第 1358—1361 页。

　　④ 汪泾洋：《中国古关概览》，北京：解放军出版社，2017 年，第 318 页。

　　⑤ 《读史方舆纪要》卷 10《北直一·井陉关》，第 424—425 页。

关（井陉关）；另一道由今寿阳县入境，经测石村、平潭街道、黑砂岭、平定县（平定州城）、柏井镇、甘桃驿村经旧关（或称井陉故关，故址今平定县娘子关镇旧关村）至井陉县，与另道合一。[①]井陉是唐代河东，尤其是太原军队干预河北局势的重要道路。

晋中盆地位于河东道中部，适宜协调和指挥道域内军政事务，面积较大又相对闭塞的地理环境使该盆地可独立作为防御单元抵御北敌南下，保护南部农耕区。

（四）临汾盆地

1. 临汾盆地地理环境

临汾盆地北起霍州市韩信岭，南至曲沃县峨嵋岭，西至黄河岸，囊括了整个汾河下游，是汾河脱离灵石峡及鸟雀谷（雀鼠谷）南下而冲击形成的长条状盆地。该盆地属于温带大陆性季风气候，夏季高温多雨，冬季寒冷干燥。

2. 临汾盆地军事价值

临汾盆地和晋中盆地交集带即雀鼠谷，历来是兵家必争之地。"雀鼠谷，数十里间道险隘"[②]，割据两盆地者谁得该谷则攻守形势有利于己方。雀鼠谷道即"介州—冷泉关—灵石县—高壁镇（今灵石县高壁村）—阴地关—汾水关—霍州"，道上诸城互相侧应构成密集的防御线。唐萧拱《灵石高壁镇新建通济桥碑记》曰：高壁"河东军之要津，封接蒲城，当舜夏墟之旧地，有关曰阴地，有亭曰雁归，固晋川之一隅，通汾水之千派；金城汹涌，林麓森沉；东控介峦，西连白壁；峰巅万仞，壁峭千寻；足食足兵，有威有固，则代郡雁门何越之有"。[③]汾水关[④]（今灵石县夏门镇夏门村）位于汾河由晋阳盆地南出进入临汾盆

---

① 张世涛、王虎强、韩刚等：《井陉：背水之战主战场》，载《军事历史》，2018（5）：77 页。《古代的阳泉交通》，《阳泉晚报》，2007 年 9 月 21 日。

② （北魏）郦道元著；谭属春、陈爱平点校：《水经注》卷 6《汾水》，长沙：岳麓书社，1991 年，第 91 页。

③ 景茂礼、刘秋根编著：《灵石碑刻全集》，保定：河北大学出版社，2014 年，第 13 页。

④ 又名长宁关，其地有汾水渡口和长宁驿。《新唐书》卷 39《地理志三》，第 1004 页。

地的峡口地带，为太岳、吕梁两大山脉所夹峙，地势十分险要。雀鼠谷北口置关即冷泉关（今灵石县北 20 公里冷泉村），雀鼠谷南口置关即阴地关（今灵石县西南 25 公里处南关镇），道路出谷沿汾水河道呈"霍邑（今霍州市）—赵城（今赵城县）—晋州（唐晋州治所，今临汾市）"的走向。

唐晋州（今临汾市）、绛州（今新绛县）分列临汾盆地南北，是域内最重要的两座城市。从晋州出发有两条道路至黄河岸：一是沿汾水河道的干线即"临汾县（唐晋州治所，今临汾市）—正平县（唐绛州治所，今新绛县）—稷山（今稷山县）—龙门（今河津市）"，二是可不经正平县的"临汾县—太平县（今襄汾县西北）—稷山县—龙门"一道。针对交通路线的布局而言，绛州是河东道南部诸条线路交汇之处，军事意义远高于晋州。两道终端皆是龙门关，龙门[1]（今河津市龙门村）即禹门口，是黄河出峡谷之处，地有渡口可至黄河西岸。

峨嵋岭是临汾盆地南缘与运城盆地的分界线，此岭与山西其他诸山脉相比实属不高，故两盆地间经此岭的交通相对顺畅。两盆地间的道路主要有："正平县—曲沃县（今侯马市）—闻喜县（今闻喜县）—安邑县（今运城市安邑镇）—虞乡县（今永济市虞乡镇）—蒲州（今永济市）"[2]；或含山道即"正平县—含口（山西绛县西南）—垣县（今山西垣曲县古城镇）—河清县（今洛阳孟津县河清村）"，可转轵关道即"垣县（今山西垣曲县古城镇）—王屋县（今济源市王屋镇）—济源县（今济源市）—洛阳（今洛阳市）"。况且，涑水和汾水入黄处距离较近，沿河道路即"龙门县—宝鼎县（今万荣县西南宝井村）—蒲坂"。

（五）运城盆地

1. 运城盆地地理环境

运城盆地，别称涑水盆地，呈"东北—西南"走向，北倚闻喜县峨嵋岭，西至黄河岸，东南被中条山环抱。盆地大部地区土壤肥沃，雨量充足，因地理位置靠南而无霜期长，适宜农业开发和利用。另外，部分低洼地带出现盐渍化

---

[1]　《新唐书》卷 39《地理志三》，第 1000 页。
[2]　王文楚：《唐代长安至太原驿路考》，收入同氏著《古代交通地理丛考》，北京：中华书局，1996 年，第 165—199 页。

现象，形成古代的盐池，是人民生产生活必不可少的重要物资。该盆地属于暖温带大陆性季风气候。冬季受西伯利亚干冷气流影响，气候寒冷干燥；夏季受太平洋暖湿气流影响，高温多雨。

2. 运城盆地军事价值

蒲州（今山西永济市）、安邑县（今运城市安邑镇）为中心城市，但二者作用各不相同。蒲州偏安一隅，却是河东全道拱卫长安的最后一道防线，即"蒲州—蒲津关—朝邑（今大荔县朝邑镇）"。蒲津关①（今永济市西 15 公里处老城黄河滩上）"隔秦称塞，临晋名关，关西之要冲，河东之辐辏"②，是蒲州军事防御的核心。在此处，春秋时期已经有竹缆连舟式浮桥，唐用铁索替换竹缆，亦"造舟为梁，其制甚盛，每岁征竹索价谓之桥脚钱，数至二万，亦河关之巨防"③。除此之外，"潼关—风陵渡—蒲州"也是黄河南北的交通要线。

安邑是侧重联系周边其他地区的交通枢纽。运城盆地南缘有"蒲州—虞乡—解县（今运城市盐湖区解州镇）—安邑"一道，此道与中条山以北诸道各有交集。首先，"大阳线"即"安邑县—虞坂—大阳津（今平陆县西南太阳渡村）或茅津（今平陆县西南茅津村）—陕州（今三门峡市陕州区）"；途中虞坂"青石槽道险而狭如永巷，然长七里，自槽之南如陕州，中有曰'张店'、曰'茅津'者，凡六十里，有土坂高二十丈，深沟而半之，两崖对立而中隘"④。其次，"洰津线"即"解县—芮城县（今芮城县）—洰津（今芮城县陌南镇南）—虢州（今灵宝市）"；中途的洰津（关）⑤在唐代应该也是河东池盐外运的重要通

---

① （唐）李吉甫撰；贺次君点校：《元和郡县图志》卷 2《关内道二》，北京：中华书局，1983年，第 37—38 页，载：同州朝邑县西南有蒲津关，"河桥，本秦后子奔晋，造舟于河，通秦、晋之道，今属河西县"。蒲津关又名夏阳、蒲坂、河关、临晋关。

② （清）董诰等编：《全唐文》卷 226，张说《蒲津桥赞》，北京：中华书局，1983 年，第 2227 页。

③ 《元和郡县图志》卷 12《河东道一》，第 326 页。

④ （清）言如泗：《解州全志》卷 11《平陆县志·古迹》。

⑤ （清）刘鄂：《刘鄂集》上册，长春：吉林文史出版社，2007 年，第 51 页，载："河之南畔夹侧水渍有津，谓之洰津；河北县有洰水，南入于河，河水故有洰津之名"。盖河津分南北渡口，河南即灵宝市域内之洰津，河北即芮城县域内之洰津。

道①。最后，风陵线即"潼关（今渭南市潼关县）—风陵渡—蒲州"②；道末端即风陵津（今芮城县西南黄河拐角的高地）位于晋、豫、陕三省交界，对协防潼关有着重要的意义。"潼关之直北，隔河有层阜，巍然独秀，孤峙河阳，世谓之风陵"③，蒲津关和潼关可以中经该地相互支援。

运城与临汾两盆地可以看作一个整体，彼此之间交通顺畅，无法互相据险防御，因唐都长安所处地理位置，以致运城盆地的军事价值高于临汾盆地。两盆地代表两种不同的进军思路：若求出奇速战，则从龙门渡河进入河东瘫痪南北交通；若求稳，则从蒲津渡河，然后渐次北上。汾水自晋州至龙门河道相对开阔，故临汾盆地防御重点要放在雀鼠谷北端霍州，那么运城盆地军队防区前置于雀鼠谷附近是最佳的抵抗北敌的策略。在某些时期，统治者会根据需要将蒲州和相邻的同州、虢州（今河南灵宝市）、陕州等沿黄河诸地组合成防区。

第二节　东南沁潞高原

（一）沁潞高原地理环境

"五台山—太岳山—系舟山"以东自北向南依次是阳泉地区、上党高原，上党盆地即高原内部河流冲刷形成的若干小盆地组团。上党高原北界是太行山与太岳山相互交错之地，东界是太行山南段，西界是太岳山，南界是"太行山—王屋山"，构成了一个四面环山比较封闭的地理单元。具体到上党高地内中部"巨峻山—羊头山—抱犊山"一线南北分为长治地区和晋城地区。长治部分主要是由漳河冲刷形成的长治盆地，而晋城部分被山脉区隔分为沁水流域的阳城山间宽谷地、丹水上下游的高平盆地及晋城盆地。由于这些盆地处于山西省的东南部，相对更易受太平洋季风影响，故降水比省内其他盆地多一些。

---

① （元）脱脱等撰：《宋史》卷298《司马池传》，北京：中华书局，1977年，第9903页。
② 《唐代交通图考》第1卷《京都关内区》，第163—174页。
③ 《新唐书》卷39《地理志三》，第1000页。

（二）沁潞高原军事价值

潞州附近的交通网围绕着盆地内第一大河流漳河的干支流向四周辐射。其中，太谷县东南汾水支流象谷水南是轩车岭，即汾水与浊漳河的分水岭，两河谷地经此地相连可沟通上党与晋中盆地间交通，即"济源县（今河南济源市）—天井关—晋城县（唐泽州州治，今山西晋城市）—高平县—长平关（今高平市寺庄镇坡根村）—上党县（唐潞州州治，今山西长治市）—襄垣县（今襄垣县）—乡县（今武乡县）—石会关—太谷县（今太谷县）—太原（唐并州治所，今山西太原市）"。途中长平关[①]在今山西高平市北，隋置关；石会关有南北二关，北关即祁县龙舟关（又名隆州关），南关即武乡县南关[②]，南关故址在今武乡县南关村境分水岭（胡甲岭、护甲岭，今建有分水岭立交桥），北关故址在今昌源河河道下游祁县来远镇北关村。天井关故址在今晋城市泽州县南20公里天井村。杜牧《上李司徒相公论用兵书》云："河阳西北去天井关强一百里，关隘多山，井不可凿。"[③]此道中有"乡县（今武乡县）—昂车关（今武乡县上官村附近）—榆社（今榆社县）—太原"支道；途中昂车关[④]置于浊漳河由南向北之道。潞州西至沁源县（唐沁州治所，今山西沁源县）间有途经屯留县（今屯留县）或铜鞮县（今沁县南）的南北两道。自沁源沿沁河河道南下经五龙口（今济源市东北五龙门镇）至河内地区，该道沿线由于太岳山阻隔造成来往运城或临汾盆地交通比较困难，于是沁州与上党、河内地区间道路相对通畅一些。潞州附近有三条道路比较重要：一是"古壶关道"，即"太原—古壶关（今黎城县东阳关）—滏口—邺县（今河北临漳县）"；二是"峥口道"，即"上党县—穴陉岭路—安阳县（相州州治，今安阳市）"[⑤]；三是滏口（今磁县西24公里）道，滏口北据滏山（今石鼓山），南依神麇山，两山夹峙，形成长约千米，宽仅百米的狭长通道，此路由邺县西向穿过太行山可分为三道即"滏口—壶关县—上

---

① 《新唐书》卷39《地理志三》，第1008—1009页。

② 任艳艳：《试论唐代河东道之交通——以敦煌文书和圆仁〈入唐求法巡礼行记〉中关、驿、店为中心的考察》，载《安徽史学》，2017（4）：26—32页。

③ 《全唐文》卷751，杜牧《上李司徒相公论用兵书》，第7787页。

④ 又名芒车关、仰车关。《新唐书》卷39《地理志三》，第1008页，载：武乡县北有昂车关。

⑤ 李广洁、牛磊磊：《汉代太行山"羊肠坂""壶口关"考——兼论唐代的"峥口"所在》，《太原师范学院学报（社会科学版）》，2021（4）：1—5页。

党—蒲州"、"滏口—壶关县—襄垣县—太原"、"滏口—黄泽关—辽州—太原"。泽州以东尚有一道，即"高平县（今山西高平市）—陵川县（今陵川县）—白陉（今河南辉县的太行山南关山）—共城县（今河南辉县）"。[①]

上党盆地是一个相对封闭的地区，地势相对东侧河北平原和西侧临汾、涑水盆地高出不少，故易守难攻。境内道路亦是沿河道路为主，主要城市泽州与潞州之间道路比较顺畅，尤以潞州"据高设险，为两河要会，自战国以来，攻守重地也"[②]。由于盆地内部河流多向东或南流，所以上党地区居高临下，俯视毗邻的河内及河北等太行山东麓沿线地区，对洛阳、邺城等中古时期重要城市构成较大军事威胁。具体言之，潞州侧重于辖制河北，泽州倾向于配合河内拱卫洛阳。随着汴州（今河南开封市）经济地位越发重要，连带上党地区在战略重要性上超越太原及河中，故郑亚《太尉卫公会昌一品制集序》云："上党居天下之脊，当河朔之喉"[③]；杜牧《贺中书门下平泽潞启》亦云："上党之地，肘京洛而履蒲津，倚太原而跨河朔，战国时，张仪以为天下之脊。"[④]

第三节 西部吕梁山高地

（一）吕梁山高地地理环境

河东道西部是包括芦芽山、云中山、关帝山、紫荆山、龙门山等众多支脉的吕梁山脉，呈现"西南—东北"的走向。吕梁山脉地势北高南低，南起禹门口（含黄河晋陕两岸山地），北至桑干河支流源子河谷与洪涛山相接，东北端云中山与恒山相接，西至黄河，东至汾河西岸。吕梁山脉是黄河与汾水的分水岭，以西系陕北高原越过黄河形成的堆积，侵蚀强烈，沟壑分布广泛，属于黄土丘

---

① 《唐代交通图考》第 5 卷《河东河北区》，第 1411—1439 页。
② 《读史方舆纪要》卷 42《山西二·潞安府》，第 1958 页。
③ 《全唐文》卷 730，郑亚《太尉卫公会昌一品制集序》，第 7532 页。
④ 《全唐文》卷 752，杜牧《贺中书门下平泽潞启》，第 7799 页。

陵地貌类型,其间分布着由屈产河、北山河、城川河、鄂河等黄河较小支流冲刷形成的谷地。

(二)吕梁山高地军事价值

吕梁山周边道路主要是利用吕梁山西麓山间河流谷地与黄河西岸关内道河流谷地组成道路,后延伸至吕梁山以东与中央盆地带诸城镇相连。由于被地形限制,河流谷地道路之间联系并不紧密。唐石州和慈州(今山西吉县)是这里比较重要的城市,实际域内并未有真正意义上的交通枢纽,区域道路要者有:麟州(今陕西神木县北)—合河关(今兴县西北瓦塘镇裴家川口村)—合河县—蔚汾关(今兴县交河村)—宜芳县(唐岚州治所,今岚县),此线路主要是利用今蔚汾河河道;绥州(今榆林市绥德县)—孟门关(今柳林县西北孟门镇)—石州(今吕梁市离石区)—汾州(今山西汾阳市)—太原,此路线主要是利用今三川河道;延川县(今延川县)—永和关(今永和县西北南庄乡永和关村)—永和县(今永和县)—隰川县(唐隰州治所,今隰县)—灵石县(今灵石县),此路线主要是利用今芝河河道;延安县(今延安市延长县)—马门关(马斗关)—大宁县(今大宁县)—隰川县,此路线主要是利用今昕水河河道;义川县(唐丹州州治,今宜川县)—乌仁关(今吉县西北壶口附近)—采桑津(今吉县北)—吉昌县(唐慈州治所,今吉县)—临汾县(唐晋州治所,今山西临汾市),此路线主要是利用今清水河河道。[①] 此外,亦有沿黄河的岸边道。

吕梁山以西与中部盆地带有山脉阻隔,且当地山间河流短促,实际河道沿线通行能力十分有限,所以这里一直都不是河东道军队重兵集结之地。若论军事价值,沿河低地可绕开中部盆地的重兵直取太原。

---

① 《唐代交通图考》卷 1《京都关内区》,第 289—313 页。

第四节 小结

山西"表里山河"[①]，呈现"两山夹一川"的地势大格局。顾祖禹《读史方舆纪要》云："天下形势，必有取于山西"，"东则太行为之屏障，其西则大河为之襟带。于北则大漠、阴山为之外蔽，而勾注、雁门为之内险。于南则首阳、底柱、析城、王屋诸山滨河而错峙，又南则孟津、潼关皆吾门户也。汾、浍萦流于右，漳、沁包络于左。"[②]境内地形复杂，很多区域都可凭借其周围的山脉及河流或自成一单元独立防御或与周边区域有机组合协同行动，故山西境内不同地域之间彼此攻防联系颇深，亦对周边地区于军事上有重要的制约作用。

地形因素决定了山西的边界，杂糅高原与平原两大地貌使得山西内部各地区间或其与周边区域犬牙相错，互相制衡，开则彼此独立，合则凝聚成团。

[①] 赵生群：《春秋左传新注》上册《僖公二十八年》，西安：陕西人民出版社，2008年，第426页。

[②] 《读史方舆纪要》卷39《山西方舆纪要序》，第1774页。

第三章

攻守之间：武德年间河东军事战略的变迁

——以中部总管府与皇子行军为线索

　　"天下之形势，视乎建都，故边与腹无定所"[1]，若将历史上王朝版图分成边疆区、缓冲区、核心区[2]，唐初的河东道是非核心的边疆区。突厥入长安大致有灵州（今宁夏灵武市西南）和太原二道，河东道因沿线富庶、便于补给是唐突双方攻防的重点地区。[3]山川构架使该道通往西京的道路干线基本由代北至蒲州呈"Y"字型走向，而干线道路的唯一性决定了唐朝主要军事力量的投放必然集中于代州至蒲州的区间之上。唐朝建立伊始，"时天下未定，凡边要之州，皆置总管府，以统数州之兵"[4]，干道上的总管府就成为抵抗突厥的前沿阵地。于是，我们可以结合李渊皇子们的行动及交通干线总管府的调整探究李渊在河东道军事战略的构建和具体实施。

---

　　① （清）魏禧：《读史方舆纪要叙》，收入（清）顾祖禹撰；贺次君、施和金点校；《读史方舆纪要》，北京：中华书局，2005年，叙第1页。

　　② 周振鹤：《中国历史上两种基本政治地理格局的分析》，收入邹逸麟、张修桂主编，中国地理学会历史地理专业委员会《历史地理》编委会编：《历史地理》第20辑，上海：上海人民出版社，2004年，第1—19页。

　　③ 严耕望：《唐代交通图考》卷5《河东河北区》，上海：上海古籍出版社，2007年，第1343页。

　　④ （北宋）司马光：《资治通鉴》卷185，唐高祖武德元年六月条，北京：中华书局，1956年，第5906页。

第一节 制定守河战略：武德初河东军事形势

李、刘战争即唐朝与突厥河东战争的序幕，面对刘武周的军事扩张，李渊必须有应对战略维护关中稳定。

（一）刘、李迭起

隋大业十三年（617）二月，刘武周杀太守王仁恭在隋马邑郡（唐朔州，今朔州市朔城区）自立，并遣使结好突厥。在突厥的军援下，刘武周在桑乾镇（今朔州市山阴县东）力挫隋雁门郡（唐代州，今忻州市代县）丞陈孝意及虎贲郎将王智辩的联军，消耗了代北的大量隋朝军队。三月，刘武周相继占领隋楼烦郡（唐岚州，今忻州市静乐县）、定襄郡（今呼和浩特市和林格尔县）、雁门郡，短时间内接壤李渊所在的太原郡。

鉴于河东道北部日益严峻的形势，李渊开始筹划向关中转移。时突厥"控弦百万，戎狄之盛，近代未有也"[①]，李渊必须正视这一民族的军事威胁。同年（617）六月，刘文静出使塞北，将"立代王为帝，以安隋室"[②]的动议与突厥做了沟通，稳住对突外交关系，旋即控制太原西南的西河郡（唐汾州，今山西汾阳市）。七月，李元吉留守太原暂时掌管军政大权，李渊率军3万自太原出发，通议大夫张纶部由离石郡（今吕梁市离石区）沿河行军。李渊经西河入雀鼠谷南下至贾胡堡[③]，隋将宋老生防守霍邑（今山西霍州市），屈突通屯兵蒲阪（今山西永济市），渐次力阻渊军西进。至八月，李渊攻克霍邑，接连攻占临汾郡（唐晋州，今山西临汾市）、绛郡（唐绛州，今运城市新绛县），驻军于龙门（今山西河津市）。[④]同时，张纶也控制了黄河沿岸离石、龙泉（唐隰州，今临汾市隰

---

① （唐）杜佑撰；王文锦、王永兴、刘俊兴等点校：《通典》卷197《边防典·突厥》，北京：中华书局，1988年，第5407页。

② （唐）魏征、令狐德棻撰：《隋书》卷4《炀帝本纪下》，北京：中华书局，1973年，第92页。《资治通鉴》卷184，隋恭帝义宁元年六月条，第5846页。

③ 案：贾胡堡在今山西省灵石县西南五十里蛤蚰岭上，又称蚰子岭。

④ 《资治通鉴》卷184，隋恭帝义宁元年八月条，第5857页。

县）、文城（唐慈州，今临汾市吉县）。[1]但受河东（唐蒲州，今山西永济市）隋军牵制，李渊始终未决定渡河路线。九月，黄河西岸隋冯翊郡（今渭南市大荔县）太守萧造、朝邑县（今大荔县朝邑镇）法曹靳孝谟以蒲津（蒲津关）、中潬二城，华阴（今陕西华阴市）令李孝常以永丰仓相继投降。李渊留部分军队围困河东保障水路安全，主力西渡黄河，分兵驻守永丰仓，自己经朝邑长春宫（今朝邑镇北寨子村）西入关中，至十一月，李渊扶立代王杨侑继皇帝位，改元义宁，遥尊炀帝为太上皇。[2]

李渊对外结交突厥，顺利由汾水河道南下转至蒲州渡河西进长安，奠定了李唐政权生存的基础。

（二）守河防御战略的发端

消除突厥的军事威胁是巩固关中的关键，制定和实施有效的防御策略就成为李渊扭转不利局面的最佳选择。

隋义宁元年（617）十二月至唐武德二年（619）二月，李渊未主动挑衅刘武周，从而保持了河东道暂时和平，主要集中兵力平定了薛氏政权，初步稳定了关中局势。其间，李渊在阅读李密书信后，透露了自己的军事构想。《旧唐书·李密传》载：

> 高祖览书笑曰："李密陆梁放肆，不可以折简致之。吾方安辑京师，未遑东讨，即相阻绝，便是更生一秦。密今适所以为吾拒东都之兵，守成皋之扼，更求韩、彭，莫如用密。宜卑辞推奖，以骄其志，使其不虞于我。我得入关，据蒲津而屯永丰，阻崤函而临伊、洛，吾大事济矣。"[3]

---

[1] 《资治通鉴》卷184，隋恭帝义宁元年八月条，第5862页。

[2] 《资治通鉴》卷184，隋恭帝义宁元年十一月条，第5874页；《隋书》卷5《恭帝本纪》，第99页。

[3] （后晋）刘昫等撰：《旧唐书》卷53《李密传》，北京：中华书局，1975年，第2220—2221页。

李渊的军事构想为：入主长安是第一步，渐次经略洛阳地区，控制两京以立自身之正统地位号召天下。后李渊军的一系列行动正是"据蒲津而屯永丰，阻崤函而临伊、洛"的战略体现。隋义宁元年末，刘文静等引兵平定新安（今洛阳市新安县）以西地区，设置弘农（今三门峡市陕州区）、凤林（今河南灵宝市）、虢（今三门峡市卢氏县）三郡。^①次年（618）四月，李密与隋军战事胶着，李建成、李世民东征置新安、宜阳二郡西还^②，李渊控制崤函古道以获得钳制洛阳的地势^③。这一保守进军无非是为了避免军力的消耗。就河东道而言，时蒲阪未下，唐蒲州暂治桑泉县（今运城市临猗县），造成据河防御的战线不完善。唐高祖李渊于同年（618）十二月下诏以李世民为"太尉使持节陕东行台，其蒲州、河北诸道总管及东讨诸府兵，并受节度"^④。在唐初纷繁复杂的局面下，皇帝以宗室作行军元帅是通过血缘关系的纽带强化军队控制，消除军权旁落的潜在威胁，从而保证皇权的稳固。^⑤也说明，河东战局关乎国运。

虽然李世民于唐武德二年（619）十一月才至河东主持了大规模的反击行动，李渊却已明示蒲州为河东军事布局的核心点。

（三）贯彻守河战略：刘武周南下与李世民首屯蒲州

在突厥的协助下，刘武周在河东道的军事进展相当迅速。

唐武德二年（619）四月，刘突联军迂回至黄蛇岭（今山西晋中市北），战败唐张达部占领榆次（今山西晋中市）后试探性攻击太原，暂被李元吉击退。五月，刘武周联合刘季真攻陷石州（今吕梁市离石区）。不久，刘武周攻陷太原后方平遥（今晋中市平遥县）。次月，下介州（今山西介休市），再败唐姜宝谊、行军总管李仲文等部于雀鼠谷。太原（今山西太原市）是唐河东道北部重兵集结的地方，很难直接攻取。刘武周先占领太原附近据点，避重就轻迂回至太原

① 《资治通鉴》卷184，隋恭帝义宁元年十二月条，第5879页。
② 《资治通鉴》卷185，唐高祖武德元年四月条，第5896页。
③ 胡方、王元林：《唐两京之间政治地理格局——以陕州为中心的考察》，载《历史教学（下半月刊）》，2016年（1）：23—27页。
④ （清）董诰等编：《全唐文》卷1，高祖《秦王太尉陕东行台制》，北京：中华书局，1983年，第18页。
⑤ 孙继民：《唐代行军制度研究》，台湾：文津出版社，1995年，第140页。

后方扼守雀鼠谷，完全切断绛州总管府与并州总管府之间的联系。基于河东局势的恶化，唐军组织了反击，欲扭转不利局面。《裴寂墓志》载："二年授汾州道行军大都督"①，说明李渊最初希望在浩州（汾州）阻击敌军，但因介州沦陷而无法成行。九月，晋州（今山西临汾市）道行军总管裴寂度索原大败导致晋州以北除浩州（今山西汾阳市）以外的大部分城镇落入刘武周手中。②同月，李元吉弃守太原城，宋金刚进据晋州。十月，宋金刚继续南下占领唐浍州（今临汾市翼城县）。裴寂将虞（今运城市盐湖区安邑镇）、泰（今山西河津市）二州居民迁入坞堡③，继续放弃道域南部的重要城镇。李世民屯军于蒲州，声援河东诸路唐军。④时刘武周横扫河东，联合蒲阪王行本，关中形势危急。李渊面对河东军事形势的恶化，强调"贼势力如此，难与争锋，宜弃大河以东，谨守关西而已"⑤。

历经太原起兵、晋州大败及太原失守诸事件，李渊在河东军力的下降明显，则不难揣测，着眼于统筹全国军事行动的李渊制定了河东道"沿黄防御"的保守战略主轴。

第二节　保卫守河战略：李世民军平刘武周

时与关中毗邻的蒲州地区战局紧张，刘武周军队随时有西侵的可能。河东唐军基本上失去反击的能力，关中军队东援作战是扭转败局的唯一选择。

---

① 胡戟：《珍稀墓志百品》，西安：陕西师范大学出版社，2016年，第46页。

② 《资治通鉴》卷187，唐高祖武德二年九月条，第5975页，载："及裴寂败，自晋州以北城镇俱没，唯西河独存"；《旧唐书》卷57《裴寂传》，第2287页，载："寂一日至一夜驰至平阳，晋州以东城镇俱没"。今取《资治通鉴》，更符合当时情况。

③ 《资治通鉴》卷187，唐高祖武德二年十月条，第5978页，载："刘武周将宋金刚进攻浍州，陷之，军势甚锐。裴寂性怯，无将帅之略，唯发使骆驿，趣虞、泰二州居民入城堡，焚其积聚"。

④ 《旧唐书》卷1《高祖本纪》，第10页，载：武德二年十月，"乙卯，秦王李世民讨刘武周，军于蒲州，为诸军声援。壬子，刘武周进围晋州"。

⑤ 《资治通鉴》卷187，唐高祖武德二年十月条，第5979页。

（一）对刘自卫反击

在控制河西走廊后，唐朝在关中西部的防御压力下降就有余力东进收复失地。

武德二年（619）十一月，李世民绕开蒲阪和夏县叛军干扰，率主力从龙门渡河屯柏壁（今龙门县西北）预备在雀鼠谷截断宋金刚归路，并"分兵汾、隰"[①]威胁太原。柏壁位于汾水下游，距黄河不过百里，越河即是三辅之地。当时，黄河尚在冰封，骑兵可直接通行，而蒲州因长期战乱，其地"粮食乏绝，人不聊生，男女相食"[②]，唐军待春冰消融利用渭河、汾水转运粮食补给军需[③]。十二月，永安王李孝基夏县大败导致南部军情紧急。中条山沿线硝烟既起，唐军需要首先堵截刘武周南下，防止其介入陕州、洛阳等地唐郑战事。唐张士贵攻虞州守将何小董[④]，殷开山、秦叔宝破尉迟敬德于美良川（今运城市闻喜县南）[⑤]，敬德再至蒲阪援助王行本。李世民夜晚行军至安邑（今运城市盐湖区安邑镇）击败尉迟敬德，与张士贵合兵平定翼城（今临汾市翼城县）等地后返回柏壁。当时，李渊亲自来到蒲津关[⑥]，可见蒲津控制权攸关唐朝存亡。唐武德三年（620）正月，唐秦武通击败王行本占领蒲阪。二月，唐王行敏在潞州击退刘武周军。三月，张纶、李仲文从浩州兵临石州（今吕梁市离石区），刘季真诈降归唐。四月，刘武周数攻浩州，为李仲文所败。李世民先后在吕州（今山西霍州市）与雀鼠谷大破宋金刚，顺势北上收复介休。[⑦]刘武周面对唐主力压境，放弃太原北逃，杨伏念则以城归降，至此唐军几乎收复所有刘武周所侵州县[⑧]。

唐朝仅收复河东旧疆，未继续北上避免过分刺激突厥。

---

① 《资治通鉴》卷 188，唐高祖武德二年十二月条，第 5985—5986 页。

② 《隋书》卷 71《尧君素传》，第 1655 页。

③ 汪篯著；唐长孺、吴宗国、梁太济等编：《汪篯隋唐史论稿》，北京：中国社会科学出版社，1984 年，第 253 页。

④ 周绍良主编：《唐代墓志汇编》上册《大唐故辅国大将军荆州都督虢国公张公墓志铭》，上海：上海古籍出版社，1992 年，第 264 页。

⑤ 《资治通鉴》卷 188，唐高祖武德二年十二月条，第 5985 页。

⑥ 《旧唐书》卷 55《刘武周传》，第 2254 页。

⑦ 《资治通鉴》卷 188，唐高祖武德三年四月条，第 5992—5993 页。

⑧ （北宋）王钦若、杨亿、孙奭等编纂；周勋初、姚松、武秀成等校点：《册府元龟》卷 126《帝王部·纳降》，南京：凤凰出版社，2006 年，第 1376 页，载：武德三年五月，"癸未，长子县丞长卿斩刘武周安州刺史宋德寿来降"。由此可知，河东道南部仍有零星刘武周残余势力。

（二）守河战略再现：李建成镇蒲州防突厥

河东道局势稳定后，唐朝与突厥关系持续恶化，沿黄防御是必要之举。

唐武德三年（620）五月，李世民基本平定了河东的刘武周。或许突厥急于寻找新的合作者，郑突两方进行了和亲、互市。七月，李渊诏秦王李世民率诸部进军洛阳；潞州总管李袭誉袭击了突厥派往洛阳的大规模使节队伍，"虏牛羊万计"①。潞州并非边州，突厥使节必须经他地方可至潞州总管府辖区。换言之，突厥使团被袭是李渊权衡利弊的结果，目的是明确反对郑突联盟。同月，可朱浑定远告发并州总管李仲文与突厥密谋在唐郑交战洛阳之际联合进攻长安，李渊命"太子镇蒲坂以备之，又遣礼部尚书唐俭安抚并州，暂废并州总管府，征仲文入朝"②。

即便收复了河东道，唐朝以蒲州为核心的沿河防御战略依旧不改。

第三节　短暂反攻：代州总管李大恩北伐

刘武周政权覆灭后，唐朝和突厥的矛盾台面化。在收复故地后，代州总管府成为唐朝河东道赢缩及战略调整的重要指标。

（一）李渊重用大恩经略代北

唐武德三年（620）三月，杨伏念以太原降唐，李世民基本平定河东。六月，东突厥处罗可汗却遣军队假意助唐平叛，"自石岭以北，皆留兵戍之而去"③，抢占战略要地阻止唐军北上。十二月，并州总管刘世让设计擒伦特勒控制了石岭关（今忻州市阳曲县大盂镇关城村北），打通了并州至代州的通道。

---

① 《资治通鉴》卷188，唐高祖武德三年七月条，第5996页。
② 《资治通鉴》卷188，唐高祖武德三年七月条，第5997页。
③ 《资治通鉴》卷188，唐高祖武德三年六月条，第5996页。

次年（621）初，李大恩^①移镇代州，安定了石岭以北的局势。^②《旧唐书·高祖本纪》载：四年正月，"窦建德行台尚书令胡大恩以大安镇（今大同市灵丘县北）来降，封定襄郡王，赐姓李氏"^③。代州局势的稳定奠立了李唐进取代北的军事基础，李渊给予李大恩高官显爵表面上结好其心，却已凸显下一步军事意图。《旧唐书·地理志》载："武德元年（618），置代州总管，管代、忻、蔚三州。代州领雁门、繁畤、崞、五台四县。"^④忻州"隋楼烦郡之秀容县。义旗初，置新兴郡，领秀容一县。武德元年，改为忻州"^⑤。前文已述，代州（今忻州市代县）于隋末已经被刘武周控制，至唐立国时，李渊实际只控制忻州（治秀容县，今山西忻州市）。蔚州在隋末失守，寄治于太原所辖的阳曲县（今太原市阳曲县），至贞观五年（631）治所才回归灵丘县。笔者推断代州（代州总管府）于隋末唐初或亦如蔚州寄治于他处，史书缺载。唐武德四年（621），李大恩自大安镇至代州就任总管，代府恢复运转。这时，李大恩的官爵也颇具深意。首先，关于定襄郡王。《隋书·地理志》载：定襄郡，开皇五年（585）置云州总管府，治大利城（今呼和浩特市和林格尔县）。^⑥定襄郡^⑦已经超出了代州总管府的辖区，

① 吴玉贵引用《资治通鉴》胡注："或曰李大恩（即胡大恩）自恒山请降，授代州总管，故自恒山徙镇雁门"，据此认为自恒山郡移镇代州（同氏著《突厥汗国与隋唐关系史研究》，北京：社会科学出版社，第191页）。笔者以为不然，恒山郡（唐恒州）固守井陉道，恒山郡的归属是可以颠覆整个唐夏战略格局的。若以恒州道行台之尚书归唐，那么辖地就更大了，根据郭声波的考证窦夏的恒州道行台至少有井、岳、燕、恒、观、廉、前冀、易、深、瀛等十州（参见周振鹤主编；郭声波著《唐代行政区划通史》，上海：复旦大学出版社，2017年，第287页），很难想象李渊会放弃这么大块的山东要地，执意让李大恩移镇代州，反之，窦夏洺州北部存在辖区如此大一个行台，这难道不是对窦夏都城洺州的威胁么？况且，窦建德在唐武德三年末至四年初，先平黄河沿岸孟海公势力，又转至虎牢关援助郑国，从其军事行动来看，并不存在有所谓的"恒州道行台"尚书降唐而造成后方的形势不稳。若仅凭武德三年末，"窦建德行台尚书令恒山胡大恩请降"的记载（《资治通鉴》，卷188），就断定窦夏存在恒州道大行台是值得商榷的，故今文不取。此事之恒山即胡大恩是恒山郡人，并非窦建德在隋故恒山郡（今石家庄市正定县）设立有行台，大恩所在行台从《旧唐书·高祖本纪》是置于大安镇。又《新唐书·地理志三》载：蔚州灵丘县有大安镇，疑即胡大恩所处大安镇。

② 《资治通鉴》卷188，唐高祖武德四年正月条，第6012页。

③ 《旧唐书》卷1《高祖本纪》，第11页。

④ 《旧唐书》卷39《地理志二》，第1483页。

⑤ 《旧唐书》卷39《地理志二》，第1484页。

⑥ 《隋书》卷30《地理志中》，第853页。

⑦ 天宝元年（742），唐玄宗改州为郡，忻州才改为定襄郡。也就是说，唐武德年间李大恩的定襄郡王之定襄郡当是故隋之定襄郡，非义宁间之新兴郡（唐忻州）。

李大恩封王即唐诉求定襄郡主权，也是对突厥强硬态度的宣示。其次，赐姓李氏。此举表明了李渊要重用李大恩，希冀和鼓励其为唐朝经营代北地区。这种积极进取代北的态势在李渊的诏书中更是表露无遗。《赦代州总管府内诏》曰：

> 祝网泣辜，彰乎旧典；赦过宥罪，著自前经。往者刘武周窃据边陲，拥逼良善，石岭以北，皆罹其弊。虽复武周奔窜，寄命蕃夷，而残党余氛，尚怀旅拒。致使朔漠犹警，关塞未宁，屡动干戈，久违声教。代州总管定襄王大恩，勤绩允著，安辑边境，讨击未宾，率其从化。朕君临天下，义存抚育，念彼雕弊，若纳诸隍。但朔方黎元，逆命日久，今虽归附，仍怀反侧。其代州总管府内石岭以北，自从武德四年二月二十九日以前，所有怨犯，罪无轻重，悉从原宥，可并令安居复业，勿使惊扰。①

这封诏书距离李大恩徙镇雁门平定周边盗贼不久，当是一种辅助军事征讨的政治招降措施，旨在通过宽宥分化瓦解刘武周余部和盗贼，减少经略代北的阻力。必须看到，诏书竟有涉及"朔方黎元，逆命日久，今虽归附，仍怀反侧"的言语，然代州总管府辖地并不涉及朔方。早在唐武德三年（620）十一月，云州总管郭子和控制了梁师都的宁朔城。②《新唐书·地理志》"夏州朔方郡条"载：宁朔县属夏州。③《隋书·地理志》载：宁朔是北周所置。④朔方之地即梁师都控制的夏州（今榆林横山区西、靖边县东北），宁朔城是夏州属县，恰应"朔方"之语。"武德四年（621），拔户口南徙，诏（郭子和）以延州故城居之。"⑤即诏书所颁布之时，郭子和尚未率众南迁，属于朔方的宁朔城在唐朝控制之下。基于唐朝势力发展已及夏州属县的大好形势，李渊对李大恩有了更多的期待和要求：稳定代北局势后，唐军出代州西向经略，剿灭盘踞夏州的梁师都，缓解唐关中的防守压力。

① 《全唐文》卷2，高祖皇帝《赦代州总管府内诏》，第29页。
② 《资治通鉴》卷188，唐高祖武德三年十一月条，第6006页。
③ 《新唐书》卷37《地理志一》，第973—974页。
④ 《隋书》卷29《地理志上》，第812页。
⑤ 《旧唐书》卷56《李子和传》，第2282页。

同年（621）三月，突厥接连侵犯汾阴县（今万荣县西南宝井村）及石州，渡河之意不言自明，却未能引起李渊的足够重视。四至六月，李大恩先后击退颉利可汗及苑君璋的南下行动。即使在行军总管王孝基举军皆没于突厥①后，李大恩于八月仍坚守代州月余迫使突厥退兵，颉利可汗"为大恩所挫，于是乃惧"，并送还唐使，重申友好。②颉利的举动使李渊更加坚信要重用李大恩。

（二）唐延、代二路军平夏州失败

唐武德五年（622），李渊已经不满足被动地于代州进行防御。先是，李大恩认为可趁突厥遭逢饥荒之际谋取马邑郡，促使李渊诏令独孤晟在同年二月与其会师共取马邑。可是独孤晟没有如期进兵，李大恩孤军被突厥与刘黑闼联军围困于新城（今朔州市朔城区梵王寺村）。三月，唐延州（今陕西延安市）道行军总管段德操在石堡城（今榆林市横山区波罗古镇）击败梁师都，占领夏州东城。李渊增兵围困梁师都于东城，后突厥援军至，段德操退兵。③若二月李大恩、独孤晟取马邑成功，则当可于次月经马邑西攻取定襄郡（今内蒙古和林格尔县）剿灭突厥扶立的隋王杨政道④或直接西进配合关中军队行动。由此推之，李渊最初制定了由延州、朔州（隋马邑郡）两个方向夹击夏州的计划，意图除去盘踞在夏州的梁师都。但由于独孤晟失期直接造成了唐军无法按时攻克马邑郡，间接影响了李渊平定夏州计划的实施。五月，李大恩军粮耗尽，突围失败被突厥杀害。突厥随即侵犯忻州（今山西忻州市），幸被唐将李高迁击退。

李大恩之死标志着李渊积极经营代北计划的失败，也意味着河东道军事战略进入新的调整期。

---

① 《资治通鉴》卷189，唐高祖武德四年八月条，第6039页。
② 《旧唐书》卷194上《突厥上》，第5155页。
③ 《资治通鉴》卷190，唐高祖武德五年三月条，第6059页。
④ 《资治通鉴》载：武德三年二月，"突厥处罗可汗迎杨政道，立为隋王。中国士民在北者，处罗悉以配之，有众万人。置百官，皆依隋制，居于定襄"。

第四节 防御的抉择：李世民于武德中驻镇蒲、并二州

唐军积极经略代北的举动，激怒了突厥。唐朝建都长安决定了交通干线上的蒲州、并州是河东道防御比较重要的两个城市。

（一）重拾保守防御：李世民再屯蒲州

唐武德五年（622）六月，刘黑闼引突厥万余骑入侵河北。八月，颉利可汗分兵向西侵扰灵、原诸州，自己经雁门关南下围困太原，再次分兵深入汾州、潞州等地。唐李世民出蒲州，李子和向云中（今内蒙古和林格尔县），段德操向夏州，意图在河东道南北夹击围歼突厥主力。颉利可汗探知李世民兵至蒲州的消息，旋即引军出塞，时李世民部已由蒲州至泰州（治所龙门县，今山西河津市）驻防。[①] 至于《旧唐书·高祖本纪》载：武德五年（622）八月，突厥"进寇朔州，遣皇太子及秦王讨击，大败之"[②]，时李世民已至河东，即便未亲临前线，退敌功劳必记其身。

唐武德六年（623）十一月，李渊采纳并州大总管府长史窦静及李世民屯田解决太原军粮供应[③]的建议，说明河东道农业生产不足以供应本地军队需求。若就食并州会加剧当地军粮供应紧张局面，还需考虑被深入腹地的突厥围困的风

---

①《资治通鉴》卷190，唐高祖武德五年八月条，第6066页，载："（八月）丙辰，颉利十五万骑入寇雁门，己未，寇并州，别遣兵寇原州。庚子，命太子出幽州道，秦王世民出秦州（治所龙门县，今山西河津市）道以御之。李子和趋云中，掩击可汗，段德操趋夏州，邀其归路"。但是《旧唐书》卷194上《突厥上》，第5156页，载："六月，刘黑闼又引突厥万余骑入抄河北。（八月）颉利复自率五万骑南侵，至于汾州。又遣数千骑西入灵、原等州，诏隐太子出幽州道，太宗出蒲州道以讨之。时颉利攻围并州，又分兵入汾、潞等州，掠男女五千余口，闻太宗兵至蒲州，乃引兵出塞"。笔者推断，李渊本预估颉利可汗主力会进军至蒲州附近。未想并州大总管襄邑王李神符、汾州刺史萧顗先后在汾东、汾州小胜，延缓了突厥军队南下的进程。当颉利可汗获悉李世民兵至蒲州的消息时，实际李世民部已到泰州，高祖随即命其驻守当地阻击突厥主力。

②《旧唐书》卷1《高祖本纪》，第13页。

③《资治通鉴》卷190，唐高祖武德六年十月条，第6086页，载："突厥数为边患，并州大总管府长史窦静表请于太原置屯田以省馈运；议者以为烦扰，不许。静切论不已，敕征静入朝，使与裴寂、萧瑀、封德彝相论难于上前，寂等不能屈，乃从静议，岁收谷数千斛，上善之，命检校并州大总管。静，抗之子也。十一月，辛巳，秦王世民复请增置屯田于并州之境，从之"。

险。李渊仍倾向兵力集中水运便利的沿河州县，贯彻沿河防御战略。显然，秦王李世民出蒲州标志着李渊选择由战略进攻转向了战略防御。

李大恩死后的一系列军事挫败促使李渊认清敌我之间实力的差距，故李世民屯兵南部蒲州防御突厥，李渊在河东重新采取保守防御战略。

（二）短暂积极防御：李世民再镇并州

唐高祖在代北失利后放弃主动进攻突厥的念头，在高满政降唐后重置代州总管府协调代北防御事宜。

《旧唐书·地理志》载：

> 代州，中都督府。隋为雁门郡。武德元年，置代州总管，管代、忻、蔚三州。代州领雁门、繁畤、崞、五台四县。五年，废总管。六年，又置，管代、蔚、忻、朔四州。[1]

唐武德四年（621），代州总管府因李大恩到任而实际运转；次年，代州总管府被废。武德六年（623）六月，高满政以马邑郡降唐。时行军总管刘世让驻代州辖县崞城[2]，说明代州总管府废后地由并州总管府暂管。七月，苑君璋[3]引突厥侵犯朔州，被李高迁及高满政败于腊河谷（今朔州市东北洪涛山南）。突厥一路取原州（今宁夏固原市）；一路取朔州（今山西朔州市），俘虏李高迁，尉迟敬德前往救援。李建成屯兵关内道北部，防御原州之敌；李世民屯兵并州，防

---

[1] 《旧唐书》卷39《地理志二》，第1483页。

[2] 《资治通鉴》卷190，第6082页，载：武德六年六月，"戊午，高满政以马邑来降。先是，前并州总管刘世让除广州总管，将之官，上问以备边之策……即命世让戍崞城，马邑病之"。同卷，武德六年十月条，第6085页，载：初突厥围困高满政，"上命行军总管刘世让救之，至松子岭，不敢进，还保崞城"。可知，刘世让以行军总管暂驻崞城防御突厥南下。

[3] 刘武周被杀年代，有三种记载：《新唐书》卷86《刘武周传》，第3713页，载："武周亦谋归马邑，计露，突厥杀之，起兵六年而灭"；《旧唐书》卷55《刘武周传》，第2254—2255页，载："武周又欲谋归马邑，事泄，为突厥所杀。武周自初起至死，凡六载"；《资治通鉴》卷188，唐高祖武德三年四月条，第5993页，载："武周闻金刚败，大惧，弃并州走突厥……久之，武周谋亡归马邑，事泄，突厥杀之"。当从旧书武德三年七月刘武周亡，详见王东：《新唐书纪传历代考校资料汇证》，北京：中国社会科学出版社，2019年，第12页。

御朔州之敌。^①高满政的归降使唐在代北的领土实现扩张，并州获得了战略缓冲区，看到了阻突厥于代北的可能性。八月，突厥入侵马邑镇。当时，突厥频繁于代北进行军事行动，李世民却停驻并州未对代北唐军进行支援，而是在前并州总管刘世让因通谋突厥被杀后安抚地方。此事与并州总管李仲文被杀相比，同是并州总管有通敌叛乱的嫌疑，李世民屯并州较李建成屯蒲州更显防守积极与主动。十月，颉利可汗大举进攻马邑镇，由于李高迁临阵脱逃，高满政被围困在镇城内。次月，唐军内讧，突厥杀高满政占领朔州，又"复请和亲，以马邑归唐；上以将军秦武通为朔州总管"^②。

唐武德七年（624）六月，进逼武周城（今大同市左云县）的突厥军队被唐守军击退。七月，"苑君璋以突厥寇朔州，总管秦武通击却之"^③。先者，高满政以马邑郡（今朔州市朔城区）降，苑君璋则退保恒安镇（今山西大同市），高被授予朔州总管^④只领朔州一地^⑤，与《旧唐书·地理志》"北都太原府"条的武德六年（623）"又改朔州总管"^⑥之记载暗合。李渊在高满政死后发现了强化代北诸州军事协调的必要性，年末恢复了代府，辖境增加了朔州即当年废朔州总管府。随着代州总管府的复置，时任朔州总管的秦武通由于熟悉边情转任代州总管。次年，时任代州总管的秦武通率兵在管辖的朔州抵御突厥也是理所应当。

---

① 《资治通鉴》卷 190，唐高祖武德六年七月条，第 6082 页。
② 《资治通鉴》卷 190，唐高祖武德六年六月条，第 6080—6086 页。
③ 《资治通鉴》卷 191，唐高祖武德七年七月条，第 6100 页。
④ 《旧唐书》卷 57《李高迁传》，第 2297 页。
⑤ 《辽史·地理志》："唐武德中，置金城县，后改应州""隋大业末陷突厥。唐始置金城县，辽因之"，郭声波据此认为武德年间代北尚有应州（《中国行政区划通史·唐代卷》，第 196 页）。《大清一统志》卷 109 大同府："应州故城在今应州东，《五代史职方考》应州故属大同军，唐明宗应州人也，乃置彰国军；《舆地广记》应州唐末置，领金城、浑源二县；《旧志》金城故城在今州城东八里，即故州治，唐天宝初王忠嗣所筑，今治旧为天王村，乾符间李国昌以故城颓圮移筑于此名金凤城；按《辽史·地理志》武德中，置金城县，后改应州。考《通典》《元和志》《新·旧唐书》皆无金城县，《辽史》所云武德中置不知何据。"由此可见，清人认为武德年间无金城县和应州，否则高祖一朝不可能未存应州相关记载。
⑥ 《旧唐书》卷 39《地理志二》，第 1481 页。

第五节　回归守河战略：武德八年李世民三驻蒲州

李渊复置代州总管府不代表积极北上，一些军事部署表现出守河防御的战略回归。

（一）武德末的"弃代保并"策略

突厥频繁进犯代北，使得唐朝不得不主动采取阻断道路的行动。唐武德八年（625）六月，在并州大总管长史窦静的建议下[①]，朝廷派水部郎中姜行本断石岭道以备突厥。为什么让水部郎中来断石岭道？唐制："水部郎中、员外郎掌天下川渎陂池之政令，以导达沟洫，堰决沟渠，凡舟楫灌溉之利，皆总而举之。"[②] 水部郎中的职能偏向于实施工程，姜行本又是唐朝比较善于统筹工程的官员。贞观中，姜行本任将作大匠，为唐太宗修九成、洛阳二宫，其本身确有一定统筹实施工程的能力。由此可知，此时姜行本组织了大规模的施工，唐朝主动阻断了石岭关周边的道路以期造成代北与太原之间南北交通的不畅。这是一把双刃剑，虽然造成代州等地与太原联系不便，但可延缓突厥骑兵南下速度。

唐武德八年（625）七月，代州都督蔺謩与突厥战于新城，不胜。李渊命令行军总管张瑾屯兵石岭，李高迁屯兵太谷（今晋中市太谷区）提前布防。石岭在太原北，太谷在太原东南，这样的部署旨在防御突厥迂回至太原后方切断其与河东道南部联系。张瑾当时远在灵州[③]，并未如期抵达既定作战区域堵截突厥军队。李渊想在并州阻敌的计划落空，突厥深入至河东道南部。八月，突厥前锋部队翻越石岭，侵犯并州；进入潞（今山西长治市）、沁（今长治市沁源县）、

[①]　郁贤皓：《唐刺史考全编》，合肥：安徽大学出版社，2000年，第1273—1274页，郁贤皓考证窦静自武德六年至九年任并州总管府长史。又《旧唐书》卷61《窦静传》，第2369页，载："静又以突厥频来入寇，请断石岭以为障塞，复从之"，故知断石岭道由窦静所请。

[②]　（唐）李林甫等撰；陈仲夫点校：《唐六典》卷7《尚书工部》，北京：中华书局，2014年，第225页。

[③]　《资治通鉴》卷191，唐高祖武德八年六月条，第6108页，载："颉利可汗寇灵州。丁亥，以右卫大将军张瑾为行军总管以御之，以中书侍郎温彦博为长史"。

韩（今长治市襄垣县）三州辖地，后续颉利可汗率大军南下河东。①

李渊立刻调整部署，诏令安州大都督李靖出潞州道，行军总管任瑰屯太行山诸道间，抵御突厥。《新唐书·李靖传》载："八年，突厥寇太原，为行军总管，以江淮兵万人屯大谷。时诸将多败，独靖以完军归。俄权检校安州（今湖北省安陆市）大都督。"②时突厥深入到了潞州等地已威胁东都洛阳安全，李渊远调江淮军，旨在集中军队拱卫关中。于是，李靖率领江淮军队由潞州北上抵御突厥，战事结束后其返回了安陆。当时，任瑰率领军队防守太行山间的逐条道路，保证不留防御死角。

这时，李世民的动向颇具标志性意义。早在同年（625）七月，秦王出屯蒲州防备突厥③，且未见其北上支援并州解围。秦王屯兵蒲州不前足见李渊仍秉持据河守关中的策略。八月，颉利可汗领兵十余万大掠朔州。并州道行军总管张瑾与突厥战于太谷，郓州都督张德政战死④，军队损失惨重。不久，颉利可汗退兵，向唐朝遣使请和。

（二）武德年间河东道总管府的调整

既然蒲州是整个河东道沿河防御的宏观战略中心，那么并州至蒲州之间诸总管府的设置及行动就是宏观战略在微观层面的执行。至此，我们以总管府为线索回顾唐军的行动，探究关中支援河东的具体策略。

《旧唐书·地理志》："武德元年（618），置绛州总管府，管绛、潞、盖、建、泽、沁、韩、晋、吕、浍、泰、蒲、虞、芮、邵十五州。"⑤同时又载："武德元年，改（隋太原郡）为并州总管，领晋阳、太原、榆次、太谷、祁、阳直、寿阳、孟、乐平、交城、石艾、文水、辽山、平城、乌河、榆社十六县。"⑥并府

---

① 《新唐书》卷215上《突厥上》，第6032页，载："虏已逾石岭，围并州，攻灵州，转扰潞、沁"。

② 《新唐书》卷93《李靖传》，第3813—3814页。

③ 《资治通鉴》卷191，唐高祖武德八年七月条，第6108页。

④ 《新唐书》卷215上《突厥上》，第6032页，载："瑾战大谷，败绩，中书侍郎温彦博陷于贼，郓州都督张德政死之"。

⑤ 《旧唐书》卷39《地理志二》，第1471页。

⑥ 《旧唐书》卷39《地理志二》，第1480页。

辖州数不明，与绛府分统南北确切无疑。当时，南部唐军需集中军事力量形成对蒲阪的高压态势确保隋军不出城威胁河东与关中的联系，完成防守蒲津的全局性作战任务，还需兼顾支援并府。隋代总管府建制由纯军事性质逐渐过渡到以军领政的职能，成为地方常设权力机关。[①] 李渊选择地理位置处于雀鼠谷南端晋州（今山西临汾市）与蒲州（今山西永济市）中间的绛州置总管府，既可南压隋军于蒲阪、北援并州，又可兼理辖区诸州民政事务。

随着刘武周军开始南侵，两大总管府逐渐被诸多小总管府所取代。唐武德二年（1619）八月，裴寂介休度索原大败，唐军于雀鼠谷南北夹击敌军的作战计划失败。十月，刘武周兵临绛州，显然绛州总管府不可能顺畅传达军令于所统领河东道南部诸州。为了便于组织分散于各地的唐军抵抗刘军，李渊采取了小总管府各自为战的策略。先是，绛州总管府辖地析置蒲州总管府和潞州总管府：蒲州总管府管蒲、虞、泰、芮（今运城市芮城县）（《旧志》误作绛）、邵（今运城市垣曲县）、浍六州；潞州总管府管潞、泽、沁、韩、盖五州。[②] 蒲州总管府是贯彻守河战略的关键所在。绛州总管府虽然被保留下来，但蒲、潞二府的分置已使绛州总管府被严重削弱。

废绛州总管府而立晋州总管府的布局在对刘战争中已初见端倪。唐武德二年（619）四月，宋金刚部两万人联合突厥进犯并州，袭破榆次县和介州。六月，唐高祖遣李仲文、姜宝谊任行军总管在雀鼠谷阻击敌人失败，裴寂自请出征，任晋州（今山西临汾市）道行军总管，拥有"便宜从事"[③]之权，晋州道行军总管架空绛州总管府。临汾盆地内的军事重心由绛至晋的变化是由于当时唐军的处境所决定的。完整的雀鼠谷北起介休，中经灵石，南至霍州，长约70里。李世民曾由贾胡堡"傍山向霍邑，道路虽峻，兵枉行而城中不见"[④]，绕道千里径偷袭宋老生成功[⑤]。霍山郡（唐吕州，今山西霍州市）"西北抗汾水，东拒霍

① 艾冲：《唐代都督府研究：兼论总管府·都督府·节度司之关系》，西安：西安地图出版社，2005年，第39页。

② 《旧唐书》卷39《地理志二》，第1469—1476页。

③ 《资治通鉴》卷187，唐高祖武德二年六月条，第5969页。

④ （唐）温大雅撰；李季平、李锡厚点校：《大唐创业起居注》，上海：上海古籍出版社，1983年，第23页。

⑤ 靳生禾、谢鸿喜：《山西古战场野外考察与研究》，太原：山西人民出版社，2013年，177—182页。

太山，守险之冲，是为襟带"①，适合少量军队扼守阻击。唐初，军需运转困难。从代州都督张公瑾在贞观初年仍需置屯田②增加本地粮食自给的例子来看，河东道北部军队仍比较倚重外粮调入，而越北上运输越困难。相较之下，晋州位于汾水中下游的平原地带，本地粮食生产和水陆运输条件都要强于代北地区。从后勤补给便利度来看，晋州适宜大规模的军队驻扎与集结。

《唐六典·水部郎中》曰："若渭、洛、汾、济、漳、淇、淮、汉，皆亘达方域，通济舳舻，徙有之无，利于生人者矣"③，说明汾水是当时重要的西北水运航道。隋初，文帝鉴于京师粮食储备不足，无法因应水旱之灾，"诏于蒲、陕、虢、熊、伊、洛、郑、怀、邵、卫、汴、许、汝等水次十三州，置募运米丁……漕关东及汾、晋之粟，以给京师"④。这次漕运，利用汾水将汾州和晋州的粮食运到了关中。唐崔祐甫《汾河义桥记》载：

> 绛人有成桥于稷山县南汾河水上，入境称曰孝子。询之，三十丧父母，五十犹缞麻，故其乡党舍氏不名，贵之也。初，兹县有具舟之役，邻邑有官修之梁，自太原西河上党平阳，至于绛，达于雍。繇卒迫程，贾人射利，济舟为捷，渡口如肆。⑤

按常理来说，河道所经处即通航航道。如此，自太原南下至龙门县的汾河河道都可行船。然而，在实际的航运中，还必须根据水文和地理等因素综合研判河流不同地段的通行能力和航运价值。具体关于汾水，此河在太原盆地和临汾盆地之间经过雀鼠谷，其地两岸多山，造成河道狭窄，水流湍急。加之，北方河流丰水期和枯水期分明的季节性水文因素，使雀鼠谷成为汾河上游河段航运效能发挥和价值提升的瓶颈。⑥唐萧拱在《灵石高壁镇新建通济桥碑记》中描述汾水雀鼠谷中高壁镇段通航状况，曰："虽有叶舟，过者怀疑，或

---

① 《大唐创业起居注》，第 22 页。
② 《旧唐书》卷 68《张公瑾传》，第 2507 页。
③ 《唐六典》卷 7《尚书工部》，第 226 页。
④ 《隋书》卷 24《食货志》，第 683 页。
⑤ 《全唐文》卷 409，崔祐甫《汾河义桥记》，第 4191 页。
⑥ 李书吉：《张壁古堡的历史考察》，太原：三晋出版社，2013 年，第 242 页。

覆冲溪人，或驻滞游子，凡经渡者咸有咨愤之词。伏会兵马使清河张公领是镇，初有关城居人百姓等偕诣柳营，请创建长桥，以导达津阻。"① 显然，因航道通行条件受限，陆运比水运效率要高，所以当地人才会想要修建桥梁。在汾水中下游晋、绛等宽阔谷地，河道宽阔平缓，比较利于水上运输业的发展。《唐会要·漕运》载："咸亨三年（672），关中饥，监察御史王师顺奏请运晋绛州仓粟以赡之，上委以漕运，河渭之间，舟楫相继。"② 可见，受到雀鼠谷地形制约，汾水流域能够稳定利用的水运路线是从晋州至龙门间的河段。故唐朝要在解决军队粮食补给这一瓶颈的前提下提高作战效果，在河东道集结大规模军队进行布防的最北端只能是晋州。

唐武德初年，刘武周军击败唐军占领介州，坐困太原的李元吉也拥有"便宜从事"③ 的权力，与晋州裴寂调集河东道南部军队于雀鼠谷南北端形成夹击刘武周军之势，这就是唐军作战计划的预期效果。这种设想在晋州治所的变动中也有体现，《旧唐书·地理志》载：武德三年（620），晋州设总管府后，州治由平阳古城迁往了白马城，到贞观十二年（638）才迁回平阳古城。④ 平阳古城在今临汾市西南20里的金殿镇，白马城在今临汾市城区。⑤ 平阳古城无险可守，反而是白马城西有汾河为天然屏障，城又建在汾河二级阶地前缘，四周皆为断壁，易守难攻⑥。裴寂任晋州道行军总管，不在晋州据守，反而北上至雀鼠谷中的索度原（今灵石县两渡镇房家庄村⑦），初衷当是扼守谷道进行阻击，侧面证明平阳古城非地形险要。由于晋州治所的北迁，必然使整个总管府军事力量呈现向雀鼠谷压迫的态势。唐贞观四年（630），唐朝灭东突厥。至十二年（638），唐太宗有可能基于北疆防御形势的好转，认为雀鼠谷内疆阻击策略没有继续坚持的必要，于当年将晋州治所回迁平阳古城。（见表1）

---

① 景茂礼、刘秋根编著：《灵石碑刻全集》，保定：河北大学出版社，2014年，第13页。

② （北宋）王溥：《唐会要》卷87《漕运》，北京：中华书局，1955年，第1596页。

③ 《资治通鉴》卷185，唐高祖武德元年三月条，第5885页；《隋书》卷5《恭帝本纪》，第101页。

④ 《旧唐书》卷39《地理志三》，第1472页。

⑤ 刘纬毅：《平阳城与白马城》，载《山西师大学报（社会科学版）》，1990（3）：85页。

⑥ 王汝雕：《临汾建置沿革》，太原：山西人民出版社，2006年，第121页。

⑦ 景茂礼：《揭开历史神秘的面纱—与〈介休历史十题〉作者商榷》，网址：http://blog.sina.com.cn/s/blog_a4e0f2e90102y2a2.html。

表1　唐武德年间总管府沿革表①

年份＼府名	唐武德元年（618）	唐武德二年（619）	唐武德三年（620）	唐武德四年（621）	唐武德五年（622）	唐武德六年（623）	唐武德七年（624）	唐武德八年（625）	唐武德九年（626）
府名及沿革	敌对势力属地						朔州总管府（羁縻）	代州总管府	
	敌对势力属地			代州总管府	并州总管府	代州总管府	代州总管府		
	并州总管府	并州总管府被刘武周占领	因并州总管李仲文勾结突厥，废并州管府，礼部尚书唐俭代表中央安抚并州	并州总管府			并州总管府		
		岚州总管府（羁縻）②				石州总管府			
		石州总管府（羁縻）							
		隰州总管府③							
	绛州总管府	绛州总管府	晋州总管府						
		蒲州总管府							
		潞州总管府							

① 参考艾冲：《唐代都督府研究：兼论总管府·都督府·节度司之关系》，西安：西安地图出版社，2005年，第66—71页，结合本章及两唐书等制作。

② 《资治通鉴》卷187，唐高祖武德二年五月条，第5967页，载："隋末，离石胡刘龙儿拥兵数万，自号刘王，以其子季真为太子；隋虎贲郎将梁德击斩龙儿。（武德二年五月）至是，季真与弟六儿复举兵为乱，引刘武周之众攻陷石州，杀刺史王俭。季真自称突利可汗，以六儿为拓定王。六儿遣使请降，诏以为岚州总管"。又《旧唐书》卷56《刘季真传》，第2281—2282页，载："及义师起，季真与弟六儿复举兵为盗，引刘武周之众攻陷石州。季真北连突厥，自称突利可汗，以六儿为拓定王，甚为边患。时（武德三年三月）西河公张纶、真乡公李仲文以兵临之，季真惧而来降，授石州总管，赐姓李氏，封彭山郡王。季真见宋金刚与官军相持于浍州，久而未决，遂复亲武周，与之合势"。刘武周兴兵打乱了唐河东道统治秩序，为稽胡夺取地方控制权提供了契机，于是刘季真等与刘武周合流，攻陷石州。李渊则决定拉拢刘季真，承认其对石州的控制。武德二年（619）五月，刘武周围困太原城，并分兵南下趋介州。唐岚州在南面石州易主的情况下，显然已经无法长期坚守。与其被动等待岚州被刘武周军队蚕食，不如主动将其赠予刘季真，促使其保持中立。武德三年（620）四月，宋金刚率领军队撤至吕州（今山西霍州市），宋金刚与唐军战于浍州当在三月至四月之间。由此可见，在武德二年刘季真控制石州后，李渊为了拉拢刘季真等，顺势将岚州托其暂管。刘季真势及石、岚二州，暂时保持中立。却于武德三年（620）三月，刘季真待张伦等撤兵则倒向刘武周。四月，宋金刚在上谷被突厥杀死，刘六儿被李世民斩于介休，刘季真也被高满政杀死，羁縻性质的石、岚二应是被废。

③ 隰州总管主要作用是镇抚稽胡。《旧唐书》卷60《李琛传》，第2347页，载：（接下页）

　　此外，尚有一例可兹证明晋州在雀鼠谷阻击策略下是河东道仅次于蒲州的防御重点。据《独孤开远墓志》所载：武德九年（626）"诏授左领左右将军。十月，奉敕晋州道检点军□及安置诸府。事讫闻奏，深合圣情"[①]当年六月，李世民在长安发动玄武门之变，诛杀太子李建成、齐王李元吉，夺权成功。八月初，李世民继位。颉利可汗亲率大军南下，一直进攻至长安附近渭水。月末，太宗李世民亲往渭水便桥与颉利可汗杀白马盟誓，突厥退军。领左右府是隋朝继承和变革北魏、北齐的原有制度而设立的皇帝武官统领禁卫军的关键机构[②]；隋文帝时，左、右领左右府主要职责是负责皇帝贴身护卫，与左、右卫·左、右武卫·左、右武候·左、右监门·左、右领军诸府构成了禁军十二府；隋炀帝时，左、右领左右府改为左右备身府，与左、右卫·左、右骁卫·左、右武卫·左、右屯卫·左、右御卫·左、右候卫等十二卫及左、右监门卫共同构成禁军十六府[③]。由此可见，在渭水之盟后，左领左右将军独孤开远奉唐太宗命令将包含中央禁卫军在内的外地援军暂时编入晋州诸军府，加强当地军事力量，应是预防突厥南下。事后，独孤开远因部署得当获得了皇帝的褒扬。由于吕州

（接上页）"襄武王琛……历蒲、绛二州总管。及宋金刚陷浍州，时稽胡多叛，转琛为隰州总管以镇之。驭众宽简，夷夏安之"。《旧唐书》卷39《地理志二》，第1473—1474页，载："武德元年，改为隰州，领隰川、温泉、大宁、石楼四县。二年，置总管府，领隰（今临汾市隰县）、中（今临汾市大宁县）、昌（今临汾市蒲县）、南汾（今临汾市吉县）、东和（今临汾市永和县）、西德（今吕梁市石楼县）六州"。唐武德年间隰州总管与隋代隰州总管府的建制基本一致，辖区应相当于隋之龙泉、文成二郡之地（严耕望：《隋代总管府考》，收入《严耕望史学论文集》，上海：上海古籍出版社，2009年，第240—241页。）。隰府准确的建立时间无法精准到月日，但其明显不是从绛州总管府中析出。所以无论隰府设置于否，笔者倾向其地在军事上更受太原李元吉节制。由于裴寂军败介休及太原失守，并州总管府实际已不存在，隰府才独立运转。隰州因地理位置相对偏僻，辖地多有往来于关内道与河东道之黄河渡口，总管府独立运转承担军事防守之职责。隰州总管府辖地位于石州（今吕梁市离石区）与蒲州之间，石州是稽胡的主要分布区，当时这一族群在黄河东西的关内道与河东道的北部地区有着广泛的分布。隰府于武德年间一直存在。隰府区隔了石、岚二州伪中立的刘季真和蒲州王行本两股反唐势力，一定程度上减轻了绛州、蒲州等地军事压力，对沿黄防御具有一定作用。

　　①　吴钢主编；陕西省古籍整理办公室、洛阳市第二文物工作队编；王京阳、陈忠凯、袁宪等点校：《全唐文补遗》第3辑《唐左卫将军上开府考城县开国公独孤使君墓志铭》，西安：三秦出版社，1996年，第326页。

　　②　张金龙：《隋朝的领左右、备身府与骁果制度》，载《首都师范大学学报（社会科学版）》，2013（4）：1—10页。

　　③　《隋书》卷28《百官下》，第778，800—801页。

自唐武德三年（620）起就一直作为晋州总管府防区①且终高祖之世也未有改变，说明晋州总管府负责雀鼠谷南端防御的态势基本得到了贯彻。

　　唐朝以晋府取代地缘相近绛府可以最大限度地发挥雀鼠谷阻击敌人的效果，亦是唐武德年间河东军事最关键的防御部署。

第六节　小结

　　毛泽东《论持久战》言中日己方优势即彼方劣势，日本长处在于军队、经济和政治组织综合形成的短期战争攻击力，我国长处在于地广人多、物产丰富综合形成的长期战争续航力②，这种说法同样适用于唐突战争。

　　隋末唐初，李渊主要目标经略两京，制定了河东道以蒲州为核心沿河防御的保守战略。在这种战略下，长安拥有可靠的大战略纵深，唐军在由北至南的代州、并州、晋州、蒲州诸点构成了阶梯式的防御链条，充分依托地形据守待变，通过空间换取时间，有效地延缓了北边军队行军进程。其中尤以晋、蒲二州最为重要，由于汾河、黄河联动水运军粮比较便利，关内道唐军以逸待劳大规模集结在晋州，依托雀鼠谷保卫蒲州，或在蒲州凭借黄河保卫关中，尽量与敌周旋等待最佳时机，再决定反击或是决战。就皇子出征而言，五次中有四次皆驻守蒲州（见表2）且不北上，足见守河是作战的最低目标。具体析之，唐朝与突厥的持久战大致可分三个阶段。李刘战争期间即第一个阶段，呈现突之战略进攻、唐之战略防御。突厥企图利用刘军破坏唐朝河东道的防御体系，为自己进入关中扫清沿途军事障碍。此阶段中，唐军于官道干线沿途防御失败，关中军队被迫入援，但雀鼠谷南北夹击北敌的作战部署为晋州总管府代绛州总管府埋下伏笔，进而成为李世民在玄武门之变后急令独孤怀恩率河东道南部及关中军队在晋州防御突厥的缘始。李大恩任代州总管期间即第二阶段，呈现突之

---

　　①　《旧唐书》卷39《地理志二》，第1472页。

　　②　中共中央文献研究室、中央档案馆编：《建党以来重要文献选编（1921—1949）》第15册，北京：中央文献出版社，2011年，第388—391页。

战略防守、唐之战略反攻。唐朝不断蚕食并州以北地区，进展过于顺利导致李渊纵兵轻进，李大恩于唐武德五年（622）身死。此后至唐武德末年即第三个阶段，呈现唐之战略防守、突之战略退却。随着统一战事的结束，唐朝虽然坚持沿河防御战略至武德末年，实际自身可集中更大资源投入对突作战。在这种情形下，突厥在战略上已处劣势。

唐武德年间，李渊基本秉持河东道沿河防御的策略，在内线撤退中利用国家纵深优势有效遏制了突厥对关中的军事威胁。

表 2　武德年间皇子于河东道活动表

时间	地点	皇子	有无北上	内部关联事件或目的
武德二年（619）十月	蒲州	李世民	无	声援河东道诸路唐军
武德三年（620）七月	蒲州	李建成	无	并州总管李仲文疑似勾连突厥案
武德五年（622）八月	蒲州	李世民	无	五月，代州总管李大恩战亡
武德六年（623）七月	并州	李世民	无	突厥南下朔州
武德八年（625）七月	蒲州	李世民	无	突厥南下

第四章

粮路视角下的唐郑战争

在一场战争中，交通线由于承担的角色不同可以分为前方作战线和后方补给线。[1]作战线是以敌人为导向的前方进军路线，补给线则是以物资为导向的后方运输路线。一般来说，越远离战区的补给线越不需要保护，而越接近战斗前沿的补给线越无限接近作战线，也就越容易受到敌人威胁。隋大业十四年（618），宇文化及弑炀帝于江都，隋境内农民战争性质由反隋封建统治转化为封建统一。[2]经过激烈的兼并战争，在中原地区形成了李唐、王郑、李魏等诸割据势力，其中李唐、王郑分别源于旧隋义宁、皇泰政权，李魏则以瓦岗寨起义军为基础。由于战争频繁，这些政权域内的农业生产都受到了不同程度的影响，如何利用大地形区隔战场从而保护后方漫长的补给线就成了军事胜败的关键因素之一。今以军粮为切入点，尝试比较王郑、李唐粮道优劣，并讨论战时二者互断粮道之战略。

---

① ［法］拿破仑著；［法］科尔森编著；曾珠、郭琳、樊静薇等译：《拿破仑论战争》，上海：上海社会科学院出版社，2015年，252—258页；［瑞士］安托万·亨利·若米尼著；盛峰峻译：《战争的艺术》，武汉：武汉大学出版社，2014年，第80—81页。

② 漆侠：《漆侠全集》第7卷《有关隋末农民起义的几个问题》，保定：河北大学出版社，2009年，第279—284页。

第一节 洛阳附近隋代粮仓及大运河路线

隋开皇四年（584），隋开广通渠自大兴城（今陕西西安市）至潼关入黄河，代替渭水进行漕运；开皇七年（587）修凿自山阳（今江苏淮安市）至江都（今江苏扬州市）山阳渎，隋大业时加以疏浚，改称邗沟，成为江淮间主要通道；大业元年（605）营建东都洛阳后，疏浚东汉阳渠故道于洛口入黄河，后沿黄河自然河道至板渚（河南荥阳市西北汜水镇 30 里）经汴渠而可达于淮。大业四年（608）将有事于辽东，开永济渠北达涿郡（今北京市西南）。大业六年（610）又开自井口（今江苏镇江市）至余杭（今浙江杭州市）的江南河。①

同时自隋朝初年，专门为漕运在运河沿岸设置了一批大型官仓。其中洛阳城内有含嘉仓和子罗仓，城北有回洛仓；周边有河阳仓（今河南孟州市）、洛口仓（今河南巩义市）、武牢仓（今荥阳市汜水镇）。其中，回洛仓与洛口仓储存粮食规模十分巨大。回洛仓入唐后旋遭废弃，考古工作者通过发掘，估计该仓总储量大约有 1.93 亿公斤。②大业二年（606）九月，隋廷"置洛口仓于巩东南原上，筑仓城，周回二十余里，穿三千窖，窖容八千石以还，置监官并镇兵千人。十二月，置回洛仓于洛阳北七里，仓城周回十里，穿三百窖"③。大业十二年（616）李密攻下"米逾巨亿"④的洛口仓时，任"取之者随意多少"⑤，曹铁圈估计当时洛口仓至少储藏有大米 4.8 亿斤⑥。

---

① 邹逸麟：《从含嘉仓的发掘谈隋唐时期的漕运和粮仓》，载《文物》，1974（2）：57—66 页。

② 考古工作者根据钻探和发掘情况，以回洛仓发掘出的 3 号仓窖为例推算一座仓窖储放粮食大约 27.5 万公斤。目前钻探出该仓有仓窖 700 座左右，总储量大约 1.93 亿公斤，可见回洛仓城规模之大，储粮量十分惊人。参见洛阳市文物考古研究员编：《洛阳隋代回洛仓遗址 2012—2013 年考古勘探发掘简报》，载《洛阳考古第 5 辑》，郑州：中州古籍出版社，2014 年，第 30—48 页。

③ （北宋）司马光编：《资治通鉴》卷 180，隋炀帝大业二年十月条，北京：中华书局，1956 年，第 5732 页。

④ 《资治通鉴》卷 183，隋炀帝大业十二年十月条，第 5818 页。

⑤ 《资治通鉴》卷 186，唐高祖武德元年九月条，第 5919 页。

⑥ 当时农民军及其家属就食洛口仓的近百万口，食用约一年四个月，仓米还没有吃完。如果我们以每人一月 30 斤的消耗量计，则可知洛口仓在农民军攻占前至少藏有大米 4.8 亿斤。参见曹铁圈：《隋唐时期洛阳及其周围地区仓储初探》，载《中州学刊》，1996（5）：111—114 页。

与回洛、洛口仓相比，洛阳城内的含嘉仓、子罗仓储粮规模就相对小许多。《通典·食货》曰："隋氏西京太仓，东京含嘉仓、洛口仓，华州永丰仓、陕州太原仓，储米（大米）粟多者千万石，少者不减数百万石。"[①]《通典》所言当是隋朝局面安定时之事，时洛阳城先后遭李密与李渊围困，不可能完全储满粮仓。况且根据今人研究，含嘉仓在隋代作为回洛、洛口等的转运仓[②]，也就更加不会长期存储大量粮食。《大业杂记》载："东都右掖门街西，有子罗仓。仓有盐二十万石。子罗仓西，有粳米六十余窖，别受八千石"[③]。仅回洛、洛口储粮就远超洛阳城内含嘉、子罗二仓，这还尚未包括陕州常平仓（又名太原仓，今三门峡市陕州区）、华州广通仓（又名永丰仓，今陕西华阴市）、洛州河阳仓（今河南孟州市）、荥州虎牢仓（今荥阳市汜水镇）等。

隋大业十三年（617）春，李密兵锋直指洛阳之时，曾妄言："然兴洛、虎牢，国家储积，我已先据，为日久矣。既得回洛，又取黎阳，天下之仓，尽非隋有。四方起义，足食足兵，无前无敌。"[④]据兴洛、虎牢、黎阳、回洛四仓，李密竟言"天下之仓，尽非隋有"，实因四仓是隋代大运河布局上规模庞大的重要储粮基地。乱世之时，人皆以保命为先，李密坐拥粮仓，兼收运河交通之便利，足以养活更多的人口，兵精粮足，自然无敌。然隋洛阳城内含嘉、子罗二仓储量有限，粮食供应严重依赖城外运河沿岸粮仓。这种粮仓外重内轻之布局往往成为洛阳城战略攻防点之一。

第二节　李密、王世充粮仓之争

洛阳是仅次于长安的中心城市，又是大运河的起点，皇泰、王郑先后建都，

---

①　（唐）杜佑撰；王文锦等点校：《通典》卷7《食货》，北京：中华书局，1988年，第157页。

②　含嘉仓在隋代缺少记载，且王世充割据洛阳期间多有缺粮状况，从侧面说明时含嘉仓规模不大。参见余扶危、贺官保编：《隋唐东都含嘉仓》，北京：文物出版社，1982年，第49—51页。

③　（唐）韦述撰；（唐）杜宝撰；辛德勇辑校：《两京新记辑校·大业杂记辑校》，北京：中华书局，2020年，第194—195页。

④　（后晋）刘昫等撰：《旧唐书》卷53《李密传》，北京：中华书局，1975年，第2217页。

本地人口众多。隋末，洛阳又多战乱，统治者在这里集结大量来自江淮、河南、河北的军队。众多寄居和本地人口需要大量粮食，洛阳的脆弱粮路从王世充与李密的战争中可见端倪。

自隋大业十二年（616），以翟让为首的瓦岗军迅速崛起，时李密也依附于义军。十月，翟让、李密率军围困荥阳（今河南郑州市），隋将张须陀战死。炀帝以裴仁基为河南讨捕大使，徙镇虎牢（今荥阳市汜水镇）以阻义军。隋大业十三年（617）二月，翟、李二人率军迂回经阳城（河南登封市）越方山（今嵩山山脉），自罗口（今嵩山山脉西北）袭破兴洛仓（洛口仓）。裴仁基自虎牢企图与东都兵夹击义军，被大破于石子河东（今河南巩义市东南洛河支流）。三月，李密于兴洛仓自封魏公，建元帅府，天下群雄多附之。四月，李密占领回洛仓。兴洛、回洛二仓失守造成了洛阳城粮食供应不足。《资治通鉴》载：时"东都城内乏粮，而布帛山积，至以绢为汲绠，然布以爨"①。由于李密没能攻克偃师（今河南偃师市）、金墉，故还兴洛仓。越王杨侗趁李密东归之机，立刻派人取回洛仓粮接济洛阳。不久，李密再次占领回洛仓，于仓北败隋段达军7万。隋军连败，杨侗遣元善达至江都，奏称："李密有众百万，围逼东都，据洛口仓，城内无食。若陛下速还，乌合必散；不然者，东都决没。"②五月，隋关内军救援东都，段达、庞玉战李密于回洛仓西北，李密败归洛口。六月，李密复取回洛仓。七月，炀帝令王世充等率江淮、河北、河南诸地隋军赴东都讨伐李密。八月，李密自黎阳仓归，与王世充夹洛水对峙。十月与十一月，李密先后败王世充于洛北、石子河。隋军无法取外粮接济城内，"东都米斗三千，人饿死者什二三"③。王世充粮草将尽，欲夜袭回洛仓，李密又大败之。唐武德元年（618）正月，王世充洛北小胜，却于巩县大败，败走河阳，或暂就食河阳仓。后杨侗召其归洛阳，王世充屯兵含嘉城；李密则趁胜进据金墉城。因为严重的军事封锁，"东都乏食，太府卿元文都等募守城不食公粮者进散官二品；于是商贾执象而朝者，不可胜数"④。三月，宇文化及弑杀炀帝于江都（今江苏扬州市），于四月率关中军北归。六月，李密与宇文化及相持于黎阳仓附近，其间又与杨侗和

---

① 《资治通鉴》卷183，隋恭帝义宁元年四月条，第5836页。
② 《资治通鉴》卷183，隋恭帝义宁元年四月条，第5836页。
③ 《资治通鉴》卷184，隋恭帝义宁元年十二月条，第5878页。
④ 《资治通鉴》卷185，唐高祖武德元年一月条，第5884页。

解，外粮当可输入洛阳。七月，洛阳局势骤变，王世充诛杀元文都等人，夺权架空杨侗。李密闻讯，旋即勒兵据守金墉城，造成"东都大饥，私钱滥恶，太半杂以锡镮，其细如线，米斛直钱八九万"[①]。李密多胜而骄，于十月被王世充大败于偃师，无力再战，逃入关中。

隋末至唐武德元年，王世充与李密鏖战洛阳，洛阳城粮价受军事活动影响时常飞涨。金墉城北靠邙山，俯视洛阳城，是洛阳城外重要的军事要塞，李密屯该城以制洛阳内外水陆交通。正如经时事者墓志所言"初隋末土崩，洛中云扰，米遂腾跃，斗至十千。顿踬于是成行，骨肉不能相救"[②]。李密之所以多胜皆因占据储粮极丰之城外洛口、回洛二仓，而王世充不至于完败，乃凭借城内含嘉仓可供军需。

第三节　唐陕州总管府与洛西粮道

唐郑战争期间，李渊首先建立和巩固自己的粮路，进而利用洛阳粮仓分布缺陷断敌粮路。

（一）始控洛西道路

基于为永丰仓（今陕西华阴市）营造良好的防御环境，唐军东出潼关抢占崤函高地。

前文已述，李渊趁李密与王世充鏖战洛阳，逐步蚕食洛西高地。隋义宁元年（617）十二月，刘文静等引兵向东攻城略地，遂定新安以西，并设置了弘农郡（今三门峡市陕州区）、凤林郡（今河南灵宝市）、虢郡（今三门峡市卢氏县）。

---

① 《资治通鉴》卷185，唐高祖武德元年七月条，第5914页。
② 周绍良主编：《唐代墓志汇编》，上海：上海古籍出版社，1992年，第201页。

次年（618）正月，李建成、李世民东出"救援"洛阳，进一步占据了新安（今洛阳市新安县）及宜阳（今洛阳市宜阳县）。二李并没有在洛阳发生大规模的军事冲突，这是有原因的。李渊鉴于关中的形势并未牢固，根本没有多余的力量守卫东都，这次东征是为了控制崤函古道，为自己称帝营造安全的战略环境，坐关中而待东方局势变化。[①]

《张士贵墓志铭》载："武德元年（618），（张士贵）转运粮储，至于渑池，王（世）充将郭士衡等，潜兵而至，公掩击大破之……会朝廷将图嵩洛，敕公先督军储。太宗亲总戎麾，龚行吊伐……"[②]，可见自唐武德元年至武德三年唐军都一直有转运粮食至洛西。时陕州总管府下辖陕州（今三门峡陕州区）、鼎州（今河南灵宝市）、熊州（今洛阳市宜阳县）、函州（今洛阳市洛宁县）、谷州（今洛阳市新安县）。[③]总管府辖区全控长安、洛阳之间的整个崤函山地，占据了洛阳以西的险要关隘，尤其谷州、熊州分别位于伊洛盆地的西缘与西南缘，对洛阳形成"犬牙"楔入之势，且居上游，居高临下，控制通往长安的崤函南北二道。[④]而新安（谷州）、宜阳（熊州）二郡强化了谷水与洛水沿岸道路控制，利于军粮运输线向东扩展。

（二）陕州总管府负责军粮中转运输

陕州总管府辖关中至洛阳的众多道路，并承担军粮转运的职责。

唐武德三年（620）八月，王世充与唐军战于青城宫，隔涧而言曰："隋末丧乱，天下分崩，长安、洛阳，各有分地，世充唯愿自守，不敢西侵。计熊、谷二州，相去非远，若欲取之，岂非度内？既敦邻好，所以不然。王乃盛相侵

---

① 盛奇秀：《义宁二年唐出师东都议》，载《齐鲁学刊》，1985（3）：32—34 页；齐子通：《论义宁二年李建成东征洛阳》，载《珞珈史苑》，2015 年，第 83—94 页。

② 《唐代墓志汇编》上册《大唐故辅国大将军荆州都督虢国公张公墓志铭》，第 264 页。

③ 《旧唐书》卷 38《地理志一》，第 1427 页，载："武德元年，改为陕州总管府，管陕、鼎、熊、函、谷五州，仍割长水属虢州。其年，复立崤县。二年，复割崤县属函州。三年，又置南韩州、嵩州，并属陕府"。

④ 胡方、王元林：《唐两京之间政治地理格局——以陕州为中心的考察》，载《历史教学（下半月刊）》，2016（1）：23—27 页。

轶，远入吾地，三崤之道，千里馈粮，以此出师，未见其可。"①"三崤②之道"是指今"三门峡陕州区—渑池—新安—洛阳"和"三门峡陕州区—洛宁—宜阳—洛阳"的崤山北南两条道路③，"千里运粮"之词则又可佐证在洛阳西部唐军无法就地解决粮食补给。

又《崔长先墓志》载："于时东夏未宾，圣皇旰食，以公艺用优洽，谋略纵横，可绥静方隅，弼成岳牧，以本官（尚书比部郎中）检校陕州总管府长史。王世充窃名假号，旅拒三川，秦王受脤出军，方清四险，爰奉敕旨，总督军粮，洛中底定，特蒙褒赏，改授洛州总管府司马。"④就崔氏"尚书比部郎中检校陕州总管府长史"的头衔而言：比部郎中是刑部属官，"掌句会内外赋敛、经费、俸禄、公廨、勋赐、赃赎、徒役课程、逋欠之物，及军资、械器、和籴、屯收所入。京师仓库，三月一比，诸司、诸使、京都，四时句会于尚书省，以后季句前季；诸州，则岁终总句焉"⑤，有权调配来自关中、河东、洛西等地粮食；兼检校长史则专门负责陕州总管府辖境内陆路运输。另外，党仁弘曾任陕州总管，"转饷不绝"⑥，供应洛西军队。陕州临近永丰仓，境内亦有常平仓（即太原仓），储粮设施完备。

唐武德四年（621）七月，"丁卯，以天下略定，大赦百姓，给复一年。陕（今三门峡市陕州区）、鼎（今三门峡市卢氏县）、函（今洛阳市永宁县）、虢（今河南灵宝市）、虞（今山西运城市）、芮（今运城市芮城县）八州，转输劳费，幽州管内，久隔寇戎，并给复二年。"⑦平定王世充、窦建德之后，李渊立刻

---

① 《旧唐书》卷 54《王世充传》，第 2233 页。

② 关于"三崤"历代典籍记载不一，参见段木干主编：《中外地名大辞典》，北京：人文出版社，1981 年，第 112 页、3210 页；杨守敬、熊会贞疏，杨甦宏、杨世灿、杨未冬补：《水经注疏补·中篇》，北京：中华书局，2016 年，第 364—365 页。

③ 崤山南北二道即今三门峡陕州区东硖石镇一带为东崤，隘路盘曲如羊肠，两旁峭壁耸峙，是潼关以东最险之路。其西段陆路沿今青龙涧河支流交口河河谷、东段陆路沿谷水（今涧河）河谷而东至洛阳；今陕州区东南雁翎关一带为西崤，隘路也很险峻，沿今青龙涧河支流雁翎关河、洛河支流永昌河谷道而行，复循河东至洛阳。参见王文楚：《唐代两京驿路考》，载《历史研究》，1983（6）：62—74 页。

④ 《唐代墓志汇编》上册《崔长先墓志》，第 3 页。

⑤ （北宋）欧阳修、宋祁撰：《新唐书》卷 46《百官一》，北京：中华书局，1975 年，第 1200 页。

⑥ 《资治通鉴》卷 196，唐太宗贞观十六年十一月条，第 6295 页。

⑦ 《资治通鉴》卷 189，唐高祖武德四年七月条，第 6035 页。

下诏书大赦六州，实因诸州百姓负责关中、河东粮草转运洛阳，负担颇重。

陕州总管府将河东、关中的粮食经崤函古道运输至洛西，整个陕州总管府在转运过程中发挥了重要作用。

（三）粮源地关中、河东

除运输军粮的道路与负责转运的机构外，调出粮食的地方亦不可缺。
《郭敬善墓志》载：

> 皇运初兴，天下草昧，兵车九合，天下三分。袁、项相持，兵粮匮乏，擢拜公司农寺丞、京城已西营田勅使。公平分水土，敬授稼穑，漕红腐于万里，积仓庾于九年。[①]

司农寺"掌邦国仓储委积"，郭敬善为司农寺丞，兼任京城以西营田勅使，其死于唐武德七年（624）。对此，笔者认为，袁、项应是比喻王世充（项羽）与窦建德（袁绍）。五谷之一的黍即黄米，因未去壳呈红褐色，故称"漕红腐于万里"。郭氏以寺丞兼任勅使，说明这次组织营田范围应是很大，主要是为了加强长安以西的粮食生产，以便支援洛西前线军需。唐武德三年（620）三月，王世充以台省官为司（今河南洛阳市）、郑（今荥阳市汜水镇）、管（今郑州市管城区）、原（今新乡市原阳县）、伊（今许昌市襄城县）、殷（今新乡市获嘉县）、梁（今河南商丘市）、凑（今河南新密市）、嵩（今河南登封市）、谷（大谷关[②]，今偃师市寇店镇水泉村附近）、怀（今河南沁阳市）、德（今焦作市温县）等十二州营田使。[③]唐郑二国皆派人督导营田事宜，可见当时洛阳附近地区因长期战乱，粮食生产受到了较大的冲击，反倒是关中地区的农业生产比较稳定。李

---

① 周绍良、赵超主编：《唐代墓志汇编续集》，《大唐故郭府君墓志铭》，上海：上海古籍出版社，2001 年，第 116 页。

② 张衡《东京赋》曰："孟津达其后，大谷通其前"；晋陆机《洛阳记》曰："大谷，洛城南五十里，旧名通谷"；胡三省注曰："以大谷为谷州（《资治通鉴》卷 188，唐高祖武德三年三月条，第 5990 页。）"，大谷当是大谷关的简称。

③ 《资治通鉴》卷 188，唐高祖武德三年三月条，第 5990 页。

唐所据的关中以东地区，诸雄未平，人民流离失所，本地农业生产无法满足军事需要，故只能加强其他地方粮食生产。

在平定王世充期间，关中地区是整个唐军的军需供应基地自不必赘言。另外，河东地区也有粮食转运至洛西。武德四年（621）大赦六州，其中虞（今山西运城市）、芮（今运城市芮城县）二州就位于河东，恰好临近陕州与潞州。又据《杨敏墓志》载：

> 义宁元年……仍迁（杨敏）西德州（今吕梁市石楼县）刺史。上洛逆命，伊瀍作梗，皇上（唐太宗）总统六师，申兹九伐，粮馈之重，诚难其选，乃使君督运□事。俄而三川告捷，四表来王，东夏形势，旧维京宇，乃以君为洛州治中。①

《新唐书·地理志》载："武德二年（619）以县置西德州，并置长寿、临河二县。贞观元年州废，省长寿、临河，以石楼隶东和州，州废来属。"② 西德州恰是距离洛阳较远的河东辖州，显然李唐为平王世充从河东大部分地区征调了粮食。《故滕王府咨议杜公神道碑》载：

> 公讳义宽，字某，处杜氏，东郡濮阳人……繇是大业九年，以孝廉高第授河东郡法曹。已而隋氏弗纲，王充窃命。我太宗文武圣皇帝是以有陕东之师，公转饷如役，赢粮从径，军无后曩，士有余勇，郑是以殒，唐是以兴。帝将策勋，公乃辞赏，既不获命，请从叙迁，因授虞州司仓参军……③

杜义宽时任职河东郡法曹，若馈陕东唐军，则河东粮食由蒲津或大阳津（今运城平陆县西南茅津村）经水路至陕州比较便捷。

总之，河东及关中是平洛战争间军粮征调的主要区域。

<hr>

① 《唐代墓志汇编》上册《□□□国洛州长史金乡县开国公杨府君墓志铭并序》，第12页。
② 《新唐书》卷39《地理志三》，第1003页。
③ 周绍良主编：《全唐文新编》，长春：吉林文史出版社，2000年，第3567—3568页。

（四）释任瓌检校水运之事

至于又有任瓌负责水运，路线如何，笔者试着推断如下。《旧唐书·任瓌传》载："高祖即位，（任瓌）改授谷州刺史。王世充数率众攻新安，瓌拒战破之，以功累封管国公。太宗率师讨世充，瓌从至邙山，使检校水运以供饷馈。"[1]

唐武德三年（620）六月，李唐平定了盘踞陇右的薛举、李轨，又将刘武周驱逐至太原以北。七月，"太宗遣行军总管史万宝自宜阳南据龙门，刘德威自太行东围河内，王君廓自洛口断贼粮道。又遣黄君汉夜从孝水河中下舟师袭回洛城，克之。黄河已南，莫不响应，城堡相次来降"[2]。《资治通鉴》则载："世民遣行军总管史万宝自宜阳南据龙门，将军刘德威自太行东围河内，上谷公王君廓自洛口断其饷道，怀州总管黄君汉自河阴攻回洛城；大军屯于北邙，连营以逼之。"[3]《隋书》载：隋炀帝"发河南诸郡男女百余万，开通济渠，自西苑引谷、洛水达于河，自板渚引河通于淮"[4]。孝水河在今洛阳新安磁涧镇孝水村境，黄君汉舟师进军路线当依"孝水—谷水—洛水—回洛仓"[5]，该条线路当可行舟运粮。

任瓌时任谷州刺史，该州应是水运的重要节点，加以"检校水运"之名，水运范围必定比谷州更大。谷州以西已有崔长先检校陕州总管府长史总督军粮，任瓌不大可能再负责陕州至关中、河东的水上运粮。结合李世民大军屯驻邙山（今洛阳北），方加任瓌以"检校水运"之名的情况，主要目的是向谷州以东运粮供应洛北唐军主力军需。

自唐武德元年（618）起，唐军一直通过陕州陆运粮食。武德三年（620），任瓌才以谷州刺史检校水运，故其水运路线应是将陕州总管府陆运向东延伸。

---

①　《旧唐书》卷 59《任瓌传》，第 2323 页。

②　《旧唐书》卷 2《太宗本纪》，第 26 页。

③　《资治通鉴》卷 188，唐高祖武德三年七月条，第 5998—5999 页。

④　（唐）魏征、令狐德棻撰：《隋书》卷 3《炀帝本纪》，北京：中华书局，1973 年，第 63 页。

⑤　孝水由南向北流于今孝水村汇入谷水，后隋炀帝开运河，引谷水、洛水达于河，故存在"孝水—谷水—洛水—回洛仓"之水路。孝水相关参见（清）徐松撰；李健超增订：《增订唐两京城坊考》，西安：三秦出版社，2006 年，23—24 页（图），第 280—282 页（字）；刘咏章主编：《新安地名故事》，郑州：黄河水利出版社，2013 年，第 19—21 页；王胜明：《质疑王祥"卧冰求鲤"三题》，载于伏俊琏、徐正英主编：《古代文学特色文献研究》第 1 辑，上海：上海古籍出版社，2016 年，第 66—76 页。

后唐军占据回洛仓，当可利用其贮藏陕州总管府运来的粮食，经由谷水连通旧隋运河体系，激活整个水路运输，为迂回至洛阳东方的军队供应粮食。

第四节　唐潞州总管府与上党粮道

唐军通畅了洛西粮道，同时于上党另开粮路，解决了洛阳以东军队的粮食供应。

（一）潞州总管府建立与总管到任时间不同

《旧唐书·地理志》载："武德元年（618），（唐）置绛州总管府，管绛、潞、盖、建、泽、沁、韩、晋、吕、浍、泰、蒲、虞、芮、邵十五州。"① 又"武德元年（618），（隋上党郡）改为潞州，领上党（今长治市上党区）、长子（今长治市长子县）、屯留（今长治市屯留区）、潞城（今长治市潞城区）四县。二年（619），置总管府，管潞、泽、沁、韩、盖五州"②。同年八月，刘武周占领太原，遣宋金刚攻下晋州。宋金刚又进逼绛州（今运城市新绛县），攻陷龙门，刘军兵锋已及绛州，显然会影响总管府与其西部诸州的联系。另据《新唐书·地理志》载：武德元年（618）于盖州丹川县置建州③，该州于武德六年（623）被废，时应属于潞州总管府。也就是说，潞（今山西长治市）、盖（今山西高平市）、韩（今长治襄垣县）、泽（今山西晋城市）、沁（今长治市沁源县）、建州属于原绛州总管府管辖，在刘武周军进逼绛州的情况下，实际若以绛州总管府为中心统辖诸州是不合适的。李渊通过设置潞州总管府，旨在统一绛州以西诸州军政，抵抗刘武周进攻，又以潞州总管府辖地供应坚守河内唐东军的粮食。

　　虽然在刘军攻势下，李唐被迫建立了潞州总管府，但整个总管府真正运转

---

① 《旧唐书》卷39《地理志二》，第1471页。
② 《旧唐书》卷39《地理志二》，第1476页。
③ 《新唐书》卷39《地理志三》，第1008页。

要更晚一些，总管也并未到任潞州城。武德三年（620）二月，刘武周攻陷了潞州附近长子、壶关，并围困潞州城，这时潞州城内唐臣却出现了争权的问题。《新唐书·王行敏传》载：

> 王行敏，并州乐平人。隋末为盗长，高祖兴，来降，拜潞州刺史，迁屯卫将军。刘武周入并州，寇上党，取长子、壶关。或言刺史郭子武懦不支，且失潞，帝遣行敏驰往。既至，与子武不叶，贼围急，储偫空乏，众恫惧，行敏患之。会有告子武谋反，遂斩之。州民陈正谦者，以信义称乡里，出粟千石济军，由是人自奋，贼乃去。①

此事见于《资治通鉴》载：

> 刘武周遣兵寇潞州，陷长子、壶关。潞州刺史郭子武不能御，上以将军河东王行敏助之。行敏与子武不叶，或言子武将叛，行敏斩子武以徇。乙巳，武周复遣兵寇潞州，行敏击破之。②

先是刘武周遣兵入侵潞州（今长治市），占领长子、壶关；中经王、郭二人争权；后王杀郭，暂管潞州城军政，并击退了刘军。王行敏与郭子武不合的原因很可能是出于对于潞州军政指挥权的争夺，王为身受皇命的前任潞州刺史，郭为长期坚守的现任潞州刺史，二者皆认为自己应该指挥潞州的军政。若这一时期有人在任潞州总管，指挥潞州军政权力的正当性一定是高于屯卫将军与潞州刺史，也就不会发生王、郭二人争权之事。况且王行敏进入潞州以后，"贼围（潞州）急"，外部人员更加难以进入潞州城中，因此潞州总管当时并未到任③。

当时，辽州刺史独孤开远"奉敕所部兵马从井陉路，杜塞隘险"④，与潞州总

---

① 《新唐书》卷191《王行敏传》，第5500页。

② 《资治通鉴》卷188，唐高祖武德三年二月条，第5988页。

③ 郁贤皓：《唐刺史考全编》，合肥：安徽大学出版社，2000年，第1230—1231页，郁贤皓论及此事，认为当时行敏再刺潞州；笔者以为不妥，《资治通鉴》言李渊派行敏往"助之"，似有潞州之事以刺史郭子武为主，行敏辅之的意味；二人应是因争夺战时指挥权而关系不睦。

④ 吴钢主编；陕西省古籍整理办公室编；王京阳等点校：《全唐文补遗》第3辑《唐左卫将军上开府考城县开国公独孤使君墓志铭》，西安：三秦出版社，1996年，第326页。

管府将突厥进入河北的道路基本控制。

（二）李袭誉到任潞州与东军供粮

《李袭誉墓志》云："武德初，拜太仆卿，出为潞州总管，寻征拜太府卿。"[①] 李袭誉由长安外派至河东为潞州总管之前，已经附籍李唐皇室，说明这次外派十分重要。《旧唐书·李袭誉传》载：武德三年（620）六月，"太宗讨王世充，以袭誉为潞州总管。时突厥与国和亲，又通使于世充，袭誉掩击，悉斩之。因委令转运以馈大军"[②]。又《新唐书·李袭誉传》载："伐王世充也，拜潞州总管。时突厥已和亲，又通使世充，袭誉捕斩之。诏委典运，以馕东军。"[③] 西军应是 "太行山—洛阳"以西唐军关中主力，而以东唐军则处于窦建德和王世充的势力之间，基本集聚在河内地区，这部分军队是由潞州总管府辖地供应粮食。早在武德二年（619），窦夏、王郑同时向太行山以东唐属州县进军。九月，窦建德攻陷了黎阳[④]，潞州总管府辖地必须供粮原依靠黎阳仓的东军余部。次年（620）六月，李世民平定河东刘武周之后，河东其他的地区才与潞州总管府下辖地区恢复正常的联系。也就是说，长安至潞州的道路才算通畅，李袭誉到任潞州，潞州总管府才真正运作，其任务是保障"潞州—河内"粮道，供应据守河内的行怀州总管黄君汉所辖军队以及后来取道上党围困王郑怀州的刘德威军队。王世充割据洛阳，妨碍了李唐东西方人员物资的往来，"山东—洛阳—长安"的道路基本不通，山东之人只能取道较为艰难的上党地区。刘武周被平定之后，关中、河东的粮食可经上党运往河内，稳定东军粮食供应。

潞州总管府虽于武德二年（619）从绛州总管府析出，但因刘武周兵锋横扫河东，实际运转要迟至武德三年（620）六月李袭誉到任，而最初该总管府的作用是供应唐东军粮食。

——————————

① （宋）赵明诚：《金石录》，济南：齐鲁书社，2009年，第195页。

② 《旧唐书》卷59《李袭誉传》，第2332页。

③ 《新唐书》卷91《李袭誉传》，第3790页。

④ 《旧唐书》卷54《窦建德传》，第2239页，载：武德二年九月，窦建德"南侵相州，河北大使淮安王神通不能拒，退奔黎阳。相州陷，杀刺史吕珉。又进攻卫州，陷黎阳，左武卫大将军李世勣、皇妹同安长公主及神通并为所虏"。

第五节　唐郑间的粮路攻防

孙子云："通形者，先居高阳，利粮道，以战则利。"[①]唐朝利用崤山和太行山居高临下，王世充为扭转战略被动，重点进攻谷、熊二州及河内地区。

（一）潞州前线河内的争夺

河内中心是明清时期的怀庆府（今河南焦作市辖区及济源），隋唐此处称怀州或河内郡。[②]"河内带河为固，户口殷实，北通上党，南迫洛阳"[③]，具有重要的战略意义，所以武德元年（618）九月，"密欲南阻河，北守太行，东连黎阳，以图进取"[④]，暂居河内，可待时机再起。河内是洛阳获取河北粮食必经之路，隋炀帝修建通济渠加强了其战略重要性。

李密兵败洛阳，黄君汉在崔义玄的劝说下归唐，仍拜怀州总管，崔义玄为司马。武德二年（619）二月，王世充攻下获嘉（今新乡市获嘉县）。三月，王世充遣其将高毗攻打义州（今河南卫辉市）被崔玄义击退。五月，王世充占领义州，继续攻打西济州（今河南济源市）；李渊遣右骁卫大将军刘弘基率兵救援。七月，行军总管刘弘基遣大将种如愿袭击王世充河阳城，毁其河桥得胜而还。十月，王世充自率兵徇地至滑台（今安阳市滑县），在黎阳（今鹤壁市浚县）与窦建德短兵相接[⑤]。同年，王世充攻下怀州，唐怀州被迫侨治济源之柏崖

---

① （春秋）孙武撰；（三国）曹操等注；杨丙安校理：《十一家注孙子校理》卷下《地形篇》，北京：中华书局，1999 年，第 218 页。

② 广义的河内泛指黄河以北的冀州，狭义的河内包括北至安阳、林县、东至滑县、新乡，西至济源、孟县的广大地区，参见程民生：《论中国古代河内地区经济的稳定发达——以焦作地区为中心》，载《中州学刊》，2007（2）：168—171 页。

③ （南朝宋）范晔撰，（唐）李贤、张大安、刘纳言等注：《后汉书》卷 16《寇恂传》，北京：中华书局，1965 年，第 621 页。

④ 《资治通鉴》卷 186，唐高祖武德元年九月条，第 5923 页。

⑤ 《旧唐书》卷 54《王世充传》，第 2232 页，载：武德二年"十月，世充率众东徇地，至于滑州，仍以兵临黎阳。十一月，窦建德入世充之殷州，杀掠居人，焚烧积聚，以报黎阳之役"，盖九月，窦建德先取黎阳仓于李唐，后王世充进攻河北，与窦建德在黎阳发生战斗。

城。①时"建德鸱张河朔，王充狼戾伊潼，绝地为妖，滔天肆虐""柏崖山河表里，密迩寇雠，跨太行之险，扼崇邙之背"②，黄君汉坚守柏崖为潞州总管府构建了安全的军事屏障。翌年（620），李唐行怀州总管黄君汉大破王世充太子玄应于西济州，又遣校尉张夜叉以舟师袭取回洛城，断河阳南桥而招降了郑国的 20 多个城堡。

"黎阳—洛阳"之间道路容易受到李唐、窦夏军队的威胁。在洛阳被围困的情况下，王世充无暇顾及河北的州县。当王世充亲自带兵与窦建德兵戎相见，说明这次军事行动非常重要。沿永济渠北上，王世充意图打通经河内至黎阳道路，获取黎阳仓粮食，建立"洛阳—河内—黎阳"粮道，改善洛阳粮食供应窘况。隋末唐初，黎阳仓重要性不言而喻，李渊、李密、王世充、窦建德、宇文化及皆觊觎其丰富储粮。必须指出，三政权逐鹿于河内，黄君汉坚守柏崖并与郑、夏拉锯于河内太行山沿线诸州，不仅保卫上党地区从而维护东军粮道安全，还对其他二国构成一定军事威胁。

（二）陕州前线谷、熊二州的争夺

既然李唐陕州总管府通过陆、水运输将河东、关中粮食运往谷州等作战前线。"陕州—谷州"道路是洛阳西部唐军最主要的粮道，李唐亦先后两次出此进军洛阳。要断唐军粮道，王世充必然重点进攻谷州从而突破崤函山地威胁陕州。

武德元年（618）十二月，王世充率众 3 万围困谷州，被刺史任瓌击退。武德二年（619）闰二月，王世充先攻谷州，随后率领 5 万军队前往熊州，途中在黄泽战胜张士贵③，接着与唐兵战于熊州的九曲（今洛阳宜阳县西北 5 里）之地。三月，王世充军至谷州地界，唐刺史史万宝阻击失败，郑军接着围困新安。二月至三月间，他还派兵与李唐争夺慈涧镇（今新安县磁涧镇），占领该镇后又被唐军夺回。④七月，王世充亲自带兵两次进攻谷州，属将罗士信降唐。正如《旧唐书·窦琮传》载："武德初，以元谋勋特恕一死，拜右屯卫大将军，复转右领

---

① 《新唐书》卷 39《地理志三》，第 1010 页。
② 《全唐文新编》卷 143《虢州都督黄君汉碑铭》，第 1623 页。
③ 《唐代墓志汇编》上册《大唐故辅国大将军荆州都督虢国公张公墓志铭》，第 264 页。
④ 《册府元龟》卷 126《帝王部·纳降》，第 1375 页。

卫大将军。时将图洛阳，遣琮留守陕城以督粮运。王世充遣其骁将罗士信来断粮道，琮潜使人说以利害，士信遂帅众降。"① 王世充频繁进攻谷州就是为了截断唐军粮道。同月，郑将郭士衡进攻谷州，被刺史任瑰打败。

（三）唐军对郑国黄淮间粮道的打击

武德三年（620）五月，李世民基本平定了河东的刘武周。六月，李世民大军屯驻邙山，也并不急于攻拔城池，而是以偏师控制交通，杜绝外粮输入洛阳：黄君汉攻回洛仓；王君廓则占据洛口仓；史万宝则据守龙门，切断洛阳与襄阳等地来往；刘德威围困河内则是为了切断洛阳与黄河北岸州县的来往。同月，黄君汉遣校尉张夜叉以舟师攻下了回洛城，又断河阳南桥；王世充则筑月城于其西，留兵防守。八月，刘德威袭击怀州，进入外郭，攻下了周围的堡垒。九月，王世充显州（今驻马店市泌阳县）总管田瓒以所部二十五州来降，洛阳完全失去了与襄阳的联系。不久，唐右武卫将军王君廓下轘辕关（今河南偃师市东南），至管城（今郑州市管城区）而还。唐军的活动对江淮之间郑国属地造成巨大的军事压力，河南郡县相继归降。王世充尉州刺史时德叡率所部杞（今开封市杞县）、夏（今周口市太康县）、陈（今周口市淮阳县）、洧（今许昌市鄢陵县）、许（今河南长葛市）、颍（安徽阜阳市）、尉（今开封市尉氏县）七州降唐。十月，唐罗士信连克谷水沿岸硖石堡（今新安县西）、千金堡（今洛阳市东北），打通谷水航道。时郑太子王玄应军于汴、荥之间，应是为了保障汴州至黄河间通济渠畅通，却于管城（今郑州管城区）被徐世勣（又名李勣、徐懋功）所败。在李唐军事攻势与政治招降的双重压力下，王世充荥州（今河南郑州市）刺史魏陆、阳城（今河南登封市）令王雄、汴州（今河南开封市）刺史王要汉接连降唐。王玄应见嵩南之路断绝，立刻奔归洛阳。《册府元龟》记载："玄应既见诸州相率归国，由是大惧，奔还东都，李绩乃得安慰东夏。于是，伪蔚（尉）州总管时德叡、伏州刺史王孝矩、袁州刺史（今江西宜春市）杨奉先、封州（今邢台市平乡县）刺史郭神会、行军总管武贾等并首尾来降。世充东道

---

① 《旧唐书》卷61《窦琮传》，第2367页。

粮运自是而绝。"① 十二月，许（今河南禹州市）、亳（今安徽亳州市）等十一州陆续降唐，这些黄淮间州县既是郑国都城洛阳军队的粮源地，境内通济渠还是南粮北运的重要交通线。武德四年（621）正月，时郑国尚控制虎牢仓，王玄应运粮济洛却被唐将李君羡袭击②。二月，李世民总攻洛阳，世充败绩。其间郑河阳（今河南孟州市）、怀州（今河南沁阳市）降唐，郑国又失去了虎牢关，至此洛阳城外粮仓皆入唐军。三月，"唐兵围洛阳，掘堑筑垒而守之。城中乏食，绢一匹直粟三升，布十匹直盐一升，服饰珍玩，贱如土芥。民食草根木叶皆尽，相与澄取浮泥，投米屑作饼食之，皆病，身肿脚弱，死者相枕倚于道。皇泰主之迁民入宫城也，凡三万家，至是无三千家。虽贵为公卿，糠核不充，尚书郎以下，亲自负戴，往往馁死"③。于是，李世民迂回至黄淮地区瓦解王世充军队补给线的作战计划基本成功。

在本轮对郑战争中，李世民攻洛阳并不急于决战，而是严控交通，分兵迂回东方切断洛阳与江淮等地联系，杜绝外粮输入。王世充失去粮源，只能困守孤城，待窦建德救援。

第六节　小结

战争中不可忽视补给线的安全，故孙子云："是故军无辎重则亡，无粮食则亡，无委积则亡。"④ 凡欲战，必供粮以实军需，而建粮道，"粮、路、仓"三者缺一不可。洛阳虽是隋代大运河的中心，但其城内含嘉、子罗二仓规模有限，实际运河沿岸兴洛、虎牢、回洛、黎阳四仓储粮更丰。这样外重内轻的粮仓布局造成洛阳粮食供应严重依赖外部输入，李密围困洛阳时城内粮价飞涨便

---

① （北宋）王钦若等编纂；周勋初等校点：《册府元龟》卷19《帝王部·功业》，南京：凤凰出版社，2006年，第194页。

② 《资治通鉴》卷188，唐高祖武德四年二月条，第6014页。

③ 《资治通鉴》卷189，唐高祖武德四年三月条，第6020页。

④ 《十一家注孙子校理》卷中《军争篇》，第140页。

是佐证。隋义宁年间，李渊固然无暇东顾，却很有远见地抢先占据关中至谷州间的道路，为李世民武德三年（620）东征提前完成了主要的粮路布局。武德二年（619）九月、十月之间，黎阳仓先后易手窦夏、王郑，该仓之于郑则可改善洛阳粮食紧缺状况。但在窦夏与李唐的夹击下，王世充无法保证"洛阳—黎阳"道路畅通，取粮河北以供洛阳计划难以成行。由于皇亲经常作为统帅进行讨伐，位于战争最前沿的总管府的战斗职能会发生弱化，转而成为暂时的运粮机构。武德三年（620）六月，李世民总率唐军经略山东，一方面安排位于后方的陕州总管府与潞州总管府依托"关中—洛阳"与"潞州—河内"的诸条道路稳定地将河东、关中粮食运往洛阳前线，保证东、西二军供给；另一方面，采取先断洛京粮源的战略部署，力求削弱敌人战斗力。唐、郑二军于粮食供应方面高下立判。隋代洛阳粮仓布局外重内轻，王郑虽多据运河，交通四通八达，国境四周却皆与他人接壤，境内又多平原，粮运所经之地反倒不如李唐陕州、潞州易守难攻。世民施断洛阳粮道之策略，而世充进不能威胁李唐粮道，退不能守运河及诸仓取河北、江淮之粮，焉能不败？

纵观整个唐郑战争，唐朝在据守崤函、太行山避免前方战争波及河东、关中补给线的基础上着重打击郑国运河补给线，从而取得最终胜利。

第五章

贞观至天宝年间河东军力的作用

武德九年（626）中，李世民发动玄武门之变实际掌控政权。不久，李世民登基称帝。突厥颉利可汗趁唐朝内部的权力更迭之际，由关内道南下直指长安。数次激战后，李世民因为国内情势并不稳定，无奈妥协，唐朝突厥会盟于渭水，战端暂熄。太宗一朝，唐朝与突厥攻守易位，唐朝边防形势持续向好。然武则天执政时期，后突厥汗国复兴及东北契丹部落亦时常叛乱，边防形势进入动荡期。经中宗、睿宗二朝经营，玄宗在位期间的北疆形势基本保持安稳。

第一节　东突厥及薛延陀汗国兴亡与阴山防线的防御

太宗至高宗初年，唐朝的国力进入上升期，再加上皇帝任用了一批有能力的将领负责北部战事，先后在军事上重挫漠北强敌东突厥及薛延陀，阴山一线的边防形势比较稳定。

（一）东突厥之亡与阴山防线的确立

东突厥之亡为李唐拒敌于阴山提供了契机。

贞观元年（627）五月，苑君璋"见颉利政乱"①降唐，被封隰州都督、芮国公。七月，北地遭逢大雪，突厥畜产多死，又加之连年饥荒，部民多亡。颉利可汗任用汉人赵德言，多变突厥旧俗，政令烦苛，又信任胡人，疏远突厥族人，屡开战端。②不少部落不堪剥削，敕勒族薛延陀、回纥、拔野古等部相继起兵反抗其暴政。颉利可汗派遣兄子欲谷设率领10万骑兵征讨，被回纥酋长菩萨大败于马鬣山（今蒙古国西南），再败于天山（今蒙古国天山），自此回纥声势大振。不久，薛延陀又连破突厥四设。颉利可汗不能反制，又恐唐朝趁机袭击，于是陈兵朔州边境。唐鸿胪卿郑元璹出使突厥，多知虚实，言于太宗："戎狄兴衰，专以羊马为候。今突厥民饥畜瘦，此将亡之兆也，不过三年。"③

贞观二年（628）四月，奚、霫等数十部多叛突厥降唐，颉利可汗责备建牙于幽州北的突利可汗。不久，与薛延陀、回纥等部作战失利的突利可汗被颉利可汗当众挞辱。突利可汗不堪忍受颉利频繁征调自己的军马，于是遣使上表归唐。在内忧外患的双重打击下，颉利可汗声势大不如前，无法继续庇护梁师都。唐朝派出军队围困朔方郡，师都族亲洛仁杀师都投降。同年，北边诸姓叛颉利可汗者多依附薛延陀，共推其俟斤夷男为可汗。蒙古草原出现了两汗并立的局面，双方都需要拉拢唐朝巩固自己的地位。唐太宗派乔师望册封夷男为真珠毗伽可汗，并赐鼓纛，明确自己的立场。由于新获册封，夷男正式建牙于郁督军山（今蒙古国杭爱山），"东至靺鞨，西至西突厥，南接沙碛，北至俱伦水；回纥、拔野古、阿跌、同罗、仆骨、霫诸部皆属焉"④。

贞观三年（629）八月，薛延陀与唐朝修好，颉利可汗为求自保也遣使向唐称臣并求尚公主。在听取了代州都督张公瑾关于突厥军情的汇报后，唐太宗命其任行军总管辅助兵部尚书李靖谋划北讨突厥的事宜。十一月，兵部尚书李

① （北宋）司马光编：《资治通鉴》卷192，唐太宗贞观元年五月条，北京：中华书局，1956年，第6148页。
② 《资治通鉴》卷192，唐太宗贞观元年七月条，第6149—6150页。
③ 《资治通鉴》卷192，唐太宗贞观元年十一月条，第6158—6159页。
④ 《资治通鉴》卷193，唐太宗贞观二年十二月条，第6173—6174页。

靖节度 10 万大军北伐突厥：通汉道 ① 行军总管并州都督李勣（徐世勣）出白道（今呼和浩特市土默特左旗）；定襄道（今内蒙古和林格尔县）行军总管李靖自引主力继勣军之后；华州（今渭南市华州区）刺史柴绍兼金河道行军总管由金河（今内蒙古大黑河）沿岸围堵突厥东侵；灵州（今宁夏灵武市）大都督任城王李道宗兼大同道行军总管自河套地区东进合击颉利可汗；幽州都督卫孝节出恒安道（今山西大同市）及营州都督（今辽宁朝阳市）薛万淑 ② 出畅武道，接管河东道军队西进留下的防线空隙及监视突利可汗等东北部众。同月，李道宗率先击破灵州附近的突厥。十二月，突利可汗及郁射设、荫奈特勤等率所部投降唐朝。

---

① 亦作"通漠道"。（北宋）乐史撰；王文楚点校：《太平寰宇记》卷 49《河东道十·云州》，北京：中华书局，2007 年，第 1035 页，载：云州云中县，阴山道"按《冀州图》云：'云中，周回六十里，北去阴山八十里，南去通漠长城百里，即白道川也。南北远处三百里，近处百里，东西五百里。'艮沃，沙土而黑，省功多获，每至七月乃热。白道川，当原阳镇北，欲至山上，当路有千余步地，土白如石灰色，遥去百里即见之，即是阴山路也。从此以西，及紫河以东，当阴山北者，唯此道通车轨，自外道皆小而失次者多"。根据张鼎彝编：《绥乘》（《近代中国史料丛刊三编》第 45 辑）卷 5《山川考上》，台湾：文海出版社，1988 年，第 12 页，载：通漠长城即大业年间所筑的古长城，通漠道当在其间。此段长城循浑河之南而筑西起十二连城东南黄河东岸的王桂窑乡二道塔村北，东至杀虎口的二道边村，长约 100 公里（参见崔树华，赵静波：《筑苍茫横漠，绕如练浑河—内蒙古境内长城系列之隋长城》，载《内蒙古日报》，2018 年 7 月 13 日）。由此可见，白道川即由原阳镇出通漠长城至云中间的道路，整个白道川路又是阴山道的一部分，而李勣之进军路线当经通漠长城，故称通漠道，亦知李勣为前军出白道往阴山。

② 关于贞观三年（629）唐朝北伐突厥战事，两唐书、《资治通鉴》记载不一。《新唐书》卷 2《太宗本纪》，第 30 页，载：贞观三年"八月己巳朔，日有食之。丁亥，李靖为定襄道行军大总管，以伐突厥。九月丁巳，华州刺史柴绍为胜州道行军总管，以伐突厥。十一月庚申，并州都督李世勣为通漠道行军总管，华州刺史柴绍为金河道行军总管，任城郡王道宗为大同道行军总管，幽州都督卫孝节为恒安道行军总管，营州都督薛万淑为畅武道行军总管，以伐突厥"。同书卷 215 上《突厥上》，第 6034—6035 页，载："于是诏并州都督李世勣出通漠道，李靖出定襄道，左武卫大将军柴绍出金河道，灵州大都督任城王道宗出大同道，幽州都督卫孝节出恒安道，营州都督薛万淑出畅武道，凡六总管，师十余万，皆授靖节度以讨之"。《资治通鉴》卷 193，唐太宗贞观十一月条，第 6178 页，载：十一月，"庚申，以行并州都督李世勣为通汉道行军总管，兵部尚书李靖为定襄道行军总管，华州刺史柴绍为金河道行军总管，灵州大都督薛万彻为畅武道行军总管，众合十余万，皆受李勣节度，分道出击突厥"。盖唐朝调军行动自八月一直持续道十一月。周绍良主编：《全唐文新编》卷 152，许敬宗《大唐故开府仪同三司特进户部尚书上柱国莒国公唐（俭）君墓志铭并序》，长春：吉林文史出版社，2000 年，第 1754 页，载："于时颉利北通，种落犹繁，息马休兵，阴图后举。公张旃出境，约使入朝，李靖总戎，闻其驰备。遂便远袭，因破其庭"。故知李靖为主帅，所以新唐书记载准确。又《旧唐书》卷 194 上《突厥上》所记载与《新唐书》略同。

贞观四年（630）正月，李靖自马邑城经恶阳岭（定襄城南）夜袭定襄城（今呼和浩特市和林格尔县），颉利可汗败走碛口（今白云鄂博东北[①]），其亲信康苏密携隋萧后及炀帝孙政道降唐。李勣自云中大败突厥于白道（今内蒙古呼和浩特境）。李靖破突厥颉利可汗于阴山，至此东突厥灭亡。具体到河东道，唐收复了隋恒安、定襄之地。[②]后太宗采纳温彦博的建议，"处突厥降众，东自幽州，西至灵州；分突利故所统之地，置顺、祐、化、长四州都督府；又分颉利之地为六州，左置定襄都督府，右置云中都督府，以统其众"[③]。自此，突厥离散，薛延陀尚未全据漠北，唐朝北部形势比较安稳。

唐朝灭东突厥，重新控制了代北的恒安、定襄地区，将唐军防线北扩至长城沿线，既有利于保证河东道南部的农业区，也可由东面侧应关内道军事行动，巩固阴山防线，保障长安安全。

（二）薛延陀之亡与阴山防线的巩固

东突厥亡，唐太宗设置了众多的羁縻府州强化蒙古高原附近游牧部落的控制，以软防线的形式尊重了游牧民族固有"逐水草而居"的生产生活习惯，降低了军事冲突的概率。贞观中，薛延陀的扩张挑战了唐朝北边的固有秩序。

贞观十二年（638），夷男建牙于郁督军山，拥兵20万众。唐朝行"分而治之"的策略，利用游牧民族常立小可汗的旧俗，册封夷男二子拔酌、颉利苾为小可汗分主南、北[④]。次年（639），突利可汗之弟结社在长安谋刺晋王李治未果，一些大臣多主张将突厥移往黄河以北。七月，唐太宗诏立右武侯大将军、化州都督、怀化郡王李思摩为乙弥泥孰俟利苾可汗，率突厥及部分胡人渡河，并令薛延陀不得侵犯。贞观十五年（641），利苾可汗率部落渡河，建牙帐于故定襄城（今呼和浩特市和林格尔县）。面对薛延陀不断侵逼阴山防线，唐朝被迫做出反击。十一月，薛延陀侵逼利苾可汗，唐太宗遣营州都督张俭率所部骑兵及奚、

---

① 许程诺：《唐李靖定襄道行军中所见"碛口"考释》，载《敦煌学辑刊》，2015（4）：159—165页。

② 《资治通鉴》卷193，唐太宗贞观四年二月条，第6183—6185页。

③ 《资治通鉴》卷193，唐太宗贞观四年二月条，第6185页。

④ 《资治通鉴》卷195，唐太宗贞观十二年八月条，第6253—6254页。

霫、契丹等威胁薛延陀东部；兵部尚书李勣兼朔州道行军总管，领兵 6 万、骑 1200 屯驻朔州；右卫大将军李大亮兼灵州道行军总管，领兵 4 万、骑 5000 屯驻灵武；右屯卫大将军张士贵为庆州道行军总管，率兵 17000 出云中（今内蒙古和林格尔县）；凉州都督李袭誉兼凉州道行军总管，自陇右道侧应诸军。[①] 李勣择汉军及突厥精骑 6000 自直道踰白道川（今土默川），追及薛延陀于青山（今大青山），在诺真水（今内蒙古乌兰察布市境内）处大败薛主力大度设部。[②] 贞观十九年（645），唐朝与高句丽交战正酣，薛延陀欲伺机再次侵犯利芯可汗部。十二月，薛延陀多弥可汗（夷男长子）在河南夏州被左武侯中郎将田仁会与右领军大将军思力执失部击败。唐太宗欲在河南与薛延陀展开决战，先征调胜州都督宋君明、左武侯将军薛孤吴率灵、原、宁、盐、庆五州兵进驻灵州，再遣右卫大将军代州都督薛万彻、左骁卫大将军阿史那社尔率胜、夏、银、绥、丹、延、鄜、坊、石、隰十州兵接替宋君明驻守胜州；后执失思力、李道宗等部游逸于塞下。[③] 多弥可汗见唐朝有备，旋即退兵。

贞观二十年（646）六月，多弥可汗暴政，国人不附，又连续败于回纥酋长吐迷度与仆骨、同罗的联军。太宗趁薛延陀内部不稳，诏以江夏王李道宗、左卫大将军阿史那社尔为瀚海安抚大使；又遣右领卫大将军执失思力率突厥兵，右骁卫大将军契苾何力率凉州军队，代州都督薛万彻、营州都督张俭各率所部兵，分道并进，以击薛延陀。[④] 年末，唐军平定薛延陀。自此至调露元年（679），漠北游牧部众与唐朝关系基本融洽，并未见河东道有大的战事。

唐朝灭亡薛延陀，巩固了阴山防线。就出兵路径而言，河东道北部是农耕与游牧政权重要的攻防点，唐军必在此布兵设防。当需要征讨北方游牧部落时，此地也是出兵要路。这一时期，无论东突厥，或是薛延陀都未能在代北有所胜绩，唐朝实力已远超二者。

---

① 《资治通鉴》卷 196，唐太宗贞观十五年十一月条，第 6284 页。
② 《资治通鉴》卷 196，唐太宗贞观十五年十二月条，第 6285 页。
③ 《资治通鉴》卷 198，唐太宗贞观十九年十二月条，第 6345 页。
④ 《资治通鉴》卷 198，唐太宗贞观二十年六月条，第 6350 页。

第二节 后突厥汗国兴亡与北疆防线弱点

唐朝沿燕山和阴山的布防构建起北部防线的主干。随着高宗至武后之间北部战事的增多，防线上的弱处日益显现。

(一)阴山的短暂挑战：温傅、奉职之叛

仪凤年间前，唐朝国力强盛，周边部族势力相对较弱，唐朝处于明显优势地位，因此对外采取攻势战略。[①] 在此之后，唐朝被新兴的吐蕃牵制了不少精力，一些少数民族自身独立意愿空前高涨。

调露元年（679）十月，突厥阿史德温傅、阿史那奉职二部叛唐，拥立阿史那泥熟匐为汗，"二十四州酋长皆叛应之，众数十万"[②]。单于大都护府长史萧嗣业等讨伐，先胜后败。突厥顺势南下至定州，被刺史霍王李元轨击退。左金吾卫将军曹怀舜驻屯井陉，右武卫将军崔献驻屯龙门、绛州[③]，分别防备突厥由河东道突入关中及河北。突厥煽动奚、契丹侵犯营州，被唐休璟击退。十一月，定襄道行军大总管裴行俭率唐军主力18万，并节度西面军检校丰州（今巴彦淖尔市五原县）都督程务挺部；东面军幽州都督李文暕、营州都督周道务部，共30余万讨伐突厥。永隆元年（680）三月，裴行俭出朔州，大破突厥于黑山（今内蒙古包头市西北），擒阿史那奉职。七月，突厥余众围困云州（今山西大同市），代州都督窦怀悊与右领军中郎将程务挺领兵将其击退。

开耀元年（681）正月，突厥阿史那伏念自立可汗，与阿史德温傅连兵叛唐。定襄道大总管裴行俭为主师，右武卫将军曹怀舜、幽州都督李文暕为副将，唐朝出兵平叛。三月，唐前军曹怀舜等部被伏念败于横水（今呼和浩特市南黑河附近）岸。曹怀舜以重金贿赂伏念，突厥结盟北还。闰七月，裴行俭屯兵代州陉口（今山西代县西北隋岭关口），纵反间计使阿史那伏念与阿史德温傅互相

---

① 孙继民：《唐代行军制度研究》，台北：文津出版社，1995年，第20—21页。
② 《资治通鉴》卷202，唐高宗调露元年十月条，第6507页。
③ 《资治通鉴》卷202，唐高宗调露元年十月条，第6508页，载："右武卫将军崔献屯龙门，以备突厥"；《新唐书》卷215上《突厥上》，第6043页，载："右武卫将军崔献屯绛、龙门"。

猜忌。伏念留妻子、辎重于金牙山（今阿尔泰山），唐将何迦密自通漠道，程务挺自石地道（今朔州市平鲁区北）奇袭突厥。[1] 伏念还军金牙山，大本营已失，又遭唐军追击，损失惨重。不久，伏念缚温傅诣营降于裴行俭，突厥叛乱暂平。十月，高宗斩阿史那伏念、阿史德温傅等 54 人于长安。

唐朝虽然仍能集中兵力出河东等道平叛，但龙门、绛州、井陉等地的部署显示并无十足把握拒敌于阴山。

（二）后突厥复兴重点挑战燕山防线

高宗中后期至武周朝，北部边防的形势一直不容乐观，突厥、契丹频频进入唐朝腹地，河北、河东诸地唐军疲于应付，奏效甚微。

1. 武后都洛阳与北疆防御重点移至燕山

阿史那伏念、阿史德温傅反叛点燃了突厥人复兴本民族的激情，反唐运动进一步高涨。时吐蕃、西突厥频繁进攻西北，阿史那骨笃禄乘唐廷内忧外患交加之机兴兵向其发难。

永淳元年（682），阿史那骨笃禄、阿史德元珍等召集突厥流散部众占据黑沙城（今内蒙古呼和浩特市北），入寇并州及单于府（治内蒙古和林格尔县西北）北境，杀岚州（今吕梁市岚县）刺史。右领军卫将军薛仁贵检校代州都督阻击元珍于云州（今山西大同市），突厥惨败。[2] 弘道元年（683）二月，突厥侵犯定州（今河北定州市），被刺史霍王李元轨击退，又侵妫州（今张家口市涿鹿县）。三月，阿史那骨笃禄、阿史德元珍围困单于都护府，杀司马张行师。五月，突厥阿史那骨笃禄等入侵蔚州（今张家口市蔚县），杀刺史李思俭，再败丰州都督崔智辩于朝那山（今包头市固阳县境）东北。六月，突厥别部与唐将杨玄基战于岚州。十一月，右武卫将军程务挺任单于道安抚大使，讨伐阿史那骨笃禄等。光宅元年（684）七月，阿史那骨笃禄等突入朔州（今朔州市朔城区）。垂拱元年（685）二月，突厥多次犯唐，左玉钤卫中郎将淳于处平任阳曲（今太

---

① 《资治通鉴》卷 202，唐高宗开耀元年闰七月条，第 6519 页。

② 《资治通鉴》卷 203，唐高宗永淳元年十月条，第 6527 页。

原市阳曲县）道行军总管进行反击。三月，淳于处平北往总材山（唐岚州境①），在忻州（今山西忻州市）被突厥击败。垂拱二年（686）和三年（687），黑齿常之先后在两井（今石家庄市鹿泉区北）②、昌平（今北京市昌平区）③、朔州黄花堆④击败突厥。永昌元年（689）五月，新平道行军大总管薛怀义率军于紫河沿岸讨伐作战，未见突厥而还。⑤九月，薛怀义再任新平道行军大总管率唐军20万出讨突厥。⑥《新唐书·突厥传》载：

> （长寿二年即693年）武后以薛怀义为朔方道行军大总管，内史李昭德为行军长史，凤阁鸾台平章事苏味道为司马，率朔方道总管契苾明、雁门道总管王孝杰、威化道总管李多祚、丰安道总管陈令英、瀚海道总管田扬名等凡十八将军兵出塞，杂华蕃步骑击之，不见虏，还。俄诏孝杰为朔方道行军总管备边。⑦

这次出兵共十八军⑧，大致是"左—中—右"或"前—中—后"的三军组合模式，各道行军一主将、两副将的配置恰十八将军，即本次出征仅六路。《旧唐书·西戎传》载："安西都护，则天时有田扬名"⑨，瀚海道进军或由陇右道出塞向蒙古高原。丰安城即今中宁县石空堡附近⑩，此路军出自关内道北部。《旧唐书·地理志》"威州条"载："武德二年，置辽州总管，自燕支城徙寄治营州城内……后

---

① 吴钢主编；陕西省古籍整理办公室、洛阳市第二文物工作队编；王京阳等点校：《全唐文补遗》第8辑《大唐故羽林卫将军上柱国定阳郡开国公右北平阳君墓志铭并序》，西安：三秦出版社，2005年，第330页，载：永淳元年，墓主奉敕任岚州总材山守捉。
② 《资治通鉴》卷203，周则天后垂拱二年九月条，第6557页。
③ 《资治通鉴》卷204，周则天后垂拱三年二月条，第6558页。
④ 《资治通鉴》卷204，周则天后垂拱三年七月条，第6560页。
⑤ 《资治通鉴》卷204，周则天后永昌元年五月条，第6573页。
⑥ 《资治通鉴》卷204，周则天后永昌元年十月条，第6575页。
⑦ （北宋）欧阳修、宋祁撰：《新唐书》卷215上《突厥上》，北京：中华书局，1975年，第6045页。
⑧ 《唐代行军制度研究》，第223页。
⑨ （后晋）刘昫等撰：《旧唐书》198《西戎·龟兹传》，北京：中华书局，1975年，第5304页。
⑩ 宁夏百科全书编纂委员会：《宁夏百科全书》，银川：宁夏人民出版社，1988年，第192页。

契丹陷营州乃南迁，寄治于良乡县石窟堡，为威化县，州治也"①，威化道是由旧威化县燕支城（今阜阳市细河区华东街道高林台）向蒙古高原进军，因为李多祚于天授二年（691）下半年至长寿元年（692）在粟末水和今拉林河之间对战粟末靺鞨，又于长寿二年（693）末开始在粟末水和那河交汇处直到他漏河一带对战室韦②。朔方道行军大总管下设朔方道总管，说明关中军队是这次讨伐的主力。

延载元年（694），突厥可汗骨笃禄亡，弟默啜自立可汗，随即兵临灵州。二月，代北道行军大总管薛怀义出河东道讨伐默啜。③证圣元年（695），默啜请降。万岁通天元年（696），契丹松漠都督李尽忠、归诚州刺史孙万荣起兵反唐，攻陷营州。上溯至武德元年，唐朝以营州都督为中心建立起了强大的区域治理体系，保证了东北的有效控制。④《敕幽州张守珪书》曰："平卢信息，日夕往来，数与筹宜，首尾相应"⑤，唐朝掌控营州在某种程度是会减轻幽州边防压力的。同年中，唐军与契丹作战多败。九月，默啜向武后索要河西降户及求尚公主，并自率部众讨伐契丹以表诚意。十月，李尽忠亡，孙万荣代领部众，默啜偷袭松漠成功，契丹声势稍衰。孙万荣整合余众，别遣骆务整、何阿小率先锋军攻陷冀州，杀刺史陆宝积。再攻瀛州，河北局势急转直下。神功元年（697），突厥默啜攻灵州，再犯胜州（今内蒙古准格尔旗二十连城乡），被平狄军（代州境）副使安道买击退。三月，孙万荣败清边道总管王孝杰等所率唐军17万于平州境东硖石谷。契丹乘胜进军幽州，武攸宜也无法将其击退。武则天为了安抚突厥，避免双线作战，"悉驱六州（丰、胜、灵、夏、朔、代）降户数千帐以与默啜，并给谷种四万斛，杂彩五万段，农器三千事，铁四万斤，并许其昏，默啜由是益强"⑥。四月，唐廷以右金吾卫大将军武懿宗为神兵道行军大总管与右豹韬卫将军何迦密率军抵抗契丹，武攸宜具体负责燕山防线核心城市幽州的防御。五月，清边道副大总管娄师德、右武威卫将军沙咤忠义为前军总管，增兵20

---

① 《旧唐书》卷39《地理志二》，第1522页。

② 魏国忠、朱国忱、郝庆云：《渤海国史》，哈尔滨：黑龙江人民出版社，2014年，第11—15页。

③ 《资治通鉴》卷205，周则天后延载元年二月条，第6609页。

④ 宋卿：《试论营州在唐代东北边疆的地位与作用》，载《东北师大学报（哲学社会科学版）》，2011（2）：71—75页。

⑤ （唐）张九龄著；刘斯翰校注：《曲江集》，广州：广东人民出版社，1986年，第440页。

⑥ 《资治通鉴》卷206，周则天后神功元年三月条，第6632页。

万。[①] 沙咤忠义、王伯礼、安道买等部防守易水与河东道桑干河谷。御史大夫娄师德、总管高再牟、薛思行拒敌于中山（今河北定州市）。河东道军队聚集在北至燕山、南至滏口陉间太行山诸道，侧应河北唐军。后鹿城县令李怀璧投降契丹，井陉道门户大开。时契丹骆务整部在冀州，武懿宗至赵州惧战而退守相州，契丹遂下赵州。武懿宗亲率部队于邢州、相州布防，又遣唐奉一率洛阳、魏州的部队驻防白马津（今安阳市滑县西北），防止契丹军队渡河威胁东都和汴州。[②] 正在这时，默啜成功袭取契丹后方辎重要地新城（今朝阳市凌源市西北）。[③] 契丹闻讯，军心不稳。奚人又叛，联合神兵道总管杨玄基部倒戈追击孙万荣。杨玄基、杨玉铃、李弘颜等部相继进军。孙万荣逃至潞水（今北京市潮白河）东，被手下所杀。至此，契丹被平，其余众及奚、霫皆降于突厥。

契丹军队已突破燕山防线，武周军被迫据守太行山及黄河，后联合突厥将其逐出河北。突厥利用征讨契丹不断敲诈周朝，收服了许多游牧部族，燕山南北军事力量悬殊趋势更甚从前。

2. 府兵军力造就燕山、阴山防线的强、弱势

阴山与燕山防线的强弱对比必须结合唐朝可集结防御的兵力进行考察。

周圣历元年（698）八月，突厥默啜欲嫁女于李氏，随拘前来和亲的武延秀于别所，兴兵袭击静难、平狄、清夷等军。由于周朝静难军使慕容玄崱投敌，突厥大举进犯妫、檀（今北京市密云区）等州。《资治通鉴》载：

---

① 《资治通鉴》卷205，周则天后神功元年五月条，第6633页。

② （清）董诰等编：《全唐文》卷225，张说《为河内郡王武懿宗平冀州贼契丹等露布》，北京：中华书局，1983年，第2266—2269页，载："清边道大总管建安郡王攸宜仗钺蓟门，作镇燕国……总管沙咤忠义、王伯礼、安道买等兵临易水，使接桑河……御史大夫娄师德、总管高再牟、薛思行捍敌中山……其余部散校分，离纲别绪，兵车星布，巡太行而缀碣石，介马云罗，挟衡漳而连海浦……以藩臣默啜统率毡裘，控弦逾于万骑，带甲弥于千里，长驱松漠，掩集柳城，巢穴是空，胎卵皆覆……鹿城县令李怀璧，衣冠贵胄，令长崇班。背我朝恩，归于狄寇，潜修甲杖，输以利器之资，见委兵权，当其上将之任……臣乃盛兵邢赵，塞井陉之隘，命虎贲之将，遏其冲突之锋，长史唐奉一驰使洛魏，据阿曹之津，纵羽林之雄，挫其侵轶之势。臣又遣将军总管忠武将军行左卫翊府中郎将上柱国定阳郡开国公杨元基……等徇其东北，又遣子总管游击将军玉铃左司阶伏羌县开国男李宏颜……略其西南……"

③ 《资治通鉴》卷205，周则天后神功元年五月条，第6637页。

默啜移书数朝廷曰："与我蒸谷种，种之不生，一也。金银器皆行滥，非真物，二也。我与使者绯紫皆夺之，三也。缯帛皆疏恶，四也。我可汗女当嫁天子儿，武氏小姓，门户不敌，罔冒为昏，五也。我为此起兵，欲取河北耳。"①

缘由皆为兴兵之说辞，可不深究，唯取河北关乎军事攻防，概以析之。唐朝有明显实行两都制的迹象，高宗就经常驾幸洛阳。天授元年（690），武则天建立周朝，迁都洛阳。西魏时，宇文泰以关中之地建立府兵制度，故关中府兵数量最多。北周、隋、唐更迭，关中府兵之中心地位并不改变，局部调整确实存在。武则天定都洛阳，必须在洛阳周边设置兵府以强化军事防御存在。政治中心由西迁东，北方游牧民族南下进攻目标转向洛阳。也就是说，帝国的防御中心由关内道移至河南道，我们不妨结合谷霁光先生的相关研究看看唐朝前期兵府的分布情况（表3）。

表3 唐十道折冲府府数比较表②

道名	关内	河东	河南	河北	陇右	山南	剑南	淮南	岭南	江南	合计
军府数	288	164	74	46	37	14	13	10	6	5	657
占军府总数的百分比	43.9	24.9	11.2	7	5.6	2.13	1.98	1.52	0.91	0.76	100.0

唐朝兵府数量关内、河东、河南、河北道居前四位，但河北道、河南道的数量远少于关内道与河东道。唐朝都长安时期，以首位之关内道，辅以第二位的河东道及第五位的陇右道，占全国军府总数的74.4%，在对抗北敌方面组合实力最强。这一组合中，关内道军事力量居首，河东道次之，陇右最末。孙逖《伯乐川记》曰："幽州、太原，襟带之地。自河以北，幽州制之；自河以东，太原制之。"③若都洛阳，以第三位的河南道与第四位河北道，辅以第二位的河东道，占全国军府总数的43.1%，这一组合远逊关内、河东、陇右的组合。河东道

---

① 《资治通鉴》卷205，周则天后圣历元年八月条，第6647页。
② 谷霁光：《府兵制度考释》，北京：中华书局，2011年，第143页。
③ 《全唐文》卷312，孙逖《伯乐川记》，第3170页。

军事力量居首，河南次之，河北道最末。李繁《邺侯家传》载："玄宗时，奚、契丹两蕃强盛，数寇河北，诸州不置府兵番上，以备两蕃"，唐长孺[①]、张国刚[②]、毛汉光[③]都据此阐述过自己的观点。在我看来，河北的府兵是专注于本地防御而不上番宿卫的。若这种特殊政策在玄宗前就已实行，岂不是更加说明当地府兵力量的不足。况且"河北之地，人逐渐逃散，年月渐久，逃死者不补"[④]，道域府兵军力下降的趋势已不可逆。具体言之，防御最薄弱的河北道却处于承压最重的对敌最前线，突厥与契丹可以于武后执政时期深入河北也是必然。由于河东道军队于侧翼的牵制，突厥始终未能突破黄河。当时，突厥等北方游牧民族未能深入河东道，也可佐证河东道军事力量要强于河北道。唐兵府"举天下不敌关中，则居重驭轻之意明矣"[⑤]。固有军事力量布局决定了北疆阴山防线守御能力要远超燕山防线，而燕山防线更加倚重于河东道军事力量的支援。先前，武攸宜因王孝杰东硤石谷军败而上表求他将代己领军，自述："统率将士，驱关陇之马，引淮海之饷，旗幕亘于边城，弓甲倾于内府。"[⑥]由此可见，武则天驱逐契丹竟然远调关陇军队驰援。太宗、高宗二朝，唐军以关陇军队远征东北之高句丽，御敌于他国之境，燕山防线之弱并未显现。武后执政，东北防线不断收缩，北敌易突破弱势燕山防线而入内地，正如张说《论幽州边事书》所言："幽州兵马寡弱，卒欲排比，未可即戎，城中仓粮，全无贮积，设若来迫，臣实忧之。"[⑦]早在神功元年（697）九月，靺鞨族首领大祚荣在天门岭"合高丽、靺鞨之众"，大败周将李楷固；圣历中，"自立为振国王，遣使通于突厥"。[⑧]新罗、靺鞨等族的异变令武周东北的处境进一步恶化。

　　武则天针对府兵制下河南道和河北道兵力的孱弱也作出了一些调整。据

---

①　唐长孺：《唐书兵志笺正：外两种》，北京：中华书局，2001年，第11页。

②　张国刚：《唐代府兵渊源与番役》，载《历史研究》，1990（4）：145—158页。

③　毛汉光：《唐代军卫与军府之关系》，载《中正大学学报》，第五卷第一期，1994年，第119页。

④　（北宋）王溥撰：《唐会要》卷72《府兵》，北京：中华书局，1955年，第1298页。

⑤　（唐）陆贽撰；王素点校：《陆贽集》卷11《论关中事宜状》，北京：中华书局，2006年，第338页。

⑥　《全唐文》卷222，张说《为清边道大总管建安王奏失利表》，第2244页。

⑦　《全唐文》卷224，张说《论幽州边事书》，第2257页。

⑧　《旧唐书》卷199下《北狄·渤海靺鞨传》，第5360页。

《废潼关雍洛州置开郑汴许卫等州府制》载：

> 鸾台：朕闻上图列宿，垂七纪而环紫微……王业肇基，创神郊
> 于景亳。虽政或沿革，道有污隆，强干弱枝，率由兹典……绍隆周之
> 睿业，因丕洛之鸿基，相彼土中，实惟新邑，五方入贡，兼水陆之
> 骏奔；六气运行，均霜露而调序。山川形胜，祥祉荐臻，远瘳乾心，
> 近收盱欲。式建宗社，大启神都……所以东姬握图，王畿存千里之
> 制……可以洛东郑州、汴州；南汝州、许州；西陕州、虢州；北怀州、
> 泽州、潞州；东北卫州；西北蒲州为王畿内。郑州、汴州、许州可置
> 八府；汝州可置二府；卫州可置五府；别兵皆一千五百人。所司详依
> 格式，明为条例。庶使固本之道，辖辚于前修，足兵之义，牢笼于振
> 古，主者施行。天授二年四月二十九日。[1]

默啜意取洛阳，之所以敢于叫嚣占领河北道，也是洞察到了孙万荣叛乱折
射出的河北、河南二道府兵军力不足的缘故。天授二年（691），武则天援引周
朝王畿的千里之制在洛阳附近建立了一个兵府防御圈，意图在军事上打破李唐
的"关中本位政策"。七月，武则天徙雍、同等州10万户充实洛阳[2]，这些东迁
人口自然扩充了本地兵府兵源。长寿元年（692）九月，基于弱化关中、长安和
强化河东防务的双重考量，武则天将并州升置北都。[3]

面对突厥再次大规模入侵，武周军事力量分布依旧呈现西强东弱的态势。
圣历元年（698）八月，司属卿武重规兼天兵中道大总管出并州，右武卫将军
沙咤忠义兼天兵西道总管出朔方，幽州都督张仁愿兼天兵东道总管出幽州，共
30万以讨突厥默啜，又以左羽林卫大将军阎敬容兼天兵西道后军总管，率兵
15万为后援。[4] 从关内道抽调军队作为后援，说明该道军力相对充足。"以关

---

① （北宋）李昉等编纂：《文苑英华》卷464《废潼关雍洛州置开郑汴许卫等州府制》，北京：
中华书局，1966年，第2367—2368页。
② 《旧唐书》卷6《则天皇后》，第122页。
③ 齐子通：《武则天设置北都时间及其背景考辨》，载《中国历史地理论丛》，2015（4）：
109—113页。
④ 《资治通鉴》卷206，周则天后圣历元年八月条，第6648—6649页。

中制天下"的军事格局自西魏延续至此时，根基之深不是一朝一夕的若干措施就可以改弦更张的。默啜由飞狐道攻陷定州，杀刺史孙彦高①；再陷赵州（今石家庄市赵县），长史唐般若投降，刺史高叡死节。突厥至相州，沙吒忠义为河北道前军总管，杨玄基为副将，李多祚为后军总管，大将军富福信为奇兵总管，前往迎战。②先是，太子李显任河北道元帅，未成行，继以狄仁杰任河北道行军副元帅③，负责追击突厥。默啜见武周军队集结，自五回道返回漠北。④次年（699）二月，魏元忠检校并州长史充天兵军大总管，整军河东道强化对突防御。

久视元年（700）十月，萧关（今宁夏固原市东南）道大总管魏元忠于关内道防备突厥。长安元年（701）八月，突厥默啜寇边，安北大都护李旦任天兵道元帅统诸路唐军迎击，未及出征而突厥自退。⑤长安二年（702），突厥经盐（今榆林市定边县）、夏（今靖边县红墩界镇白城子村）二州东侵河东道。三月，突厥破石岭，进犯并州。雍州长史薛季昶摄右台大夫充山东防御军大使，节度河北道沧、瀛、幽、易、恒、定等州诸军。此事在《新唐书·突厥传》亦有明记："以雍州长史薛季昶为持节山东防御军大使，节度沧、瀛、幽、易、恒、定、妫、檀、平等九州之军，以瀛州都督张仁愿统诸州及清夷、障塞军之兵，与季昶犄角。"⑥薛季昶绛州龙门（今山西河津市）人，为名将薛仁贵之子，早年于万岁通天元年（696）任河北道按察使负责纠察工作，后在久视元年（700）自定州刺史迁任雍州长史。⑦薛季昶是出身将门的河东道人，又长期在河北道任官，十分符合在两道间执行抗突任务，而指挥中心很有可能是其曾任刺史的定州。同年四月，幽州刺史张仁愿专门统筹安排幽、平、妫、檀等州军事事宜，与定州薛季昶形成了南北两道抵御突厥的防线。不久，并州牧李旦任安北道行军元帅，魏元忠为其副职。⑧七月，突厥至代州。九月，突厥南下攻忻州。大总

---

① 《资治通鉴》卷 206，周则天后圣历元年八月条，第 6649 页。

② 《新唐书》卷 4《则天本纪》，第 99 页。

③ 《资治通鉴》卷 206，周则天后圣历元年九月条，第 6650 页。

④ 《资治通鉴》卷 206，周则天后圣历元年九月条，第 6651 页。

⑤ 《资治通鉴》卷 207，周则天后长安元年八月条，第 6672 页。

⑥ 《新唐书》卷 215 上《突厥上》，第 6047 页。

⑦ 《旧唐书》卷 185《薛季昶传》，第 4805 页。

⑧ 《资治通鉴》卷 207，周则天后长安二年三月条，第 6675 页。

管武三思出太谷道（今晋中市太谷区）未行，又以相王李旦任并州道元帅，率武三思、武攸宜、魏元忠等诸军反击，也未真正成行。[①] 十二月，安东道安抚大使魏元忠政治招安东北少数民族部众，右羽林卫将军薛讷、左武卫将军骆务整辅助检校幽州都督的羽林卫大将军李多祚[②]，整顿燕山边防。

由于燕山防线的弱势，突厥、契丹等游牧民族很容易自幽州南下深入河北道，严重威胁洛阳。

3. 中宗都长安与北疆防御重点回归阴山

中宗重都长安，国家政治中心置于强势阴山防线羽翼之下，北疆形势趋于好转。

长安四年（704），神龙政变，中宗反正。神龙元年（705）二月，中宗仍在洛阳，李唐复国，朝服、文字等也恢复永淳以前的旧制，改神都为东都，北都为并州。神龙二年（706）十月，唐朝还都长安。十二月，默啜侵犯鸣沙（今宁夏青铜峡南），沙吒忠义军败。突厥深入原（今固原市原州区）、会（今白银市靖远县）等州，夺陇右牧监马万余匹而退。景龙元年（707）五月，左屯卫大将军张仁愿任朔方道大总管，以备突厥。十月，张仁愿败突厥于朔方境。景龙二年（708）三月，朔方道大总管张仁愿修筑三受降城。《资治通鉴》载：

> 以拂云祠为中城，距东西两城各四百余里，皆据津要，拓地三百余里。于牛头朝那山北，置烽候千八百所，以左玉钤卫将军论弓仁为朔方军前锋游弈使，戍诺真水为逻卫。自是突厥不敢渡山畋牧，朔方无复寇掠，减镇兵数万人。[③]

"主父偃言朔方地肥饶阻河，蒙恬筑城以逐匈奴，灭胡之本"[④]，张仁愿建三

---

① 《资治通鉴》卷207，周则天后长安二年九月条，第6676页。
② 《资治通鉴》卷207，周则天后长安二年十二月条，第6677页。
③ 《资治通鉴》卷209，唐中宗景龙二年三月条，第6737—6738页。
④ （唐）李德裕撰；傅璇琮、周建国校笺：《李德裕文集校笺》，北京：中华书局，2018年，第796页。

受降城突破了武则天圣历年间"以河为界"的被动防御格局①。关内道军事防线由黄河南岸扩张至北岸，强化对水草丰美的河套地区的控制，从而减轻河东道的协防压力，开启了唐朝河东、朔方一带的边防线于中宗至玄宗时期向北推移的趋向②。

唐朝北部边疆防线要者有二：一是阴山，一是燕山。先天元年（712）八月，玄宗即位，就马上在莫州设置渤海军，恒、定州境设置恒阳军，妫、蔚州境设立怀柔军。③这些军队加强了河北北部的防御力量。十一月，奚、契丹两万联军侵犯渔阳，幽州都督宋璟闭城坚守，奚、契丹大掠而退。当月，睿宗于弥留之际仍付遗诰命玄宗巡边，"西自河、陇，东及燕、蓟，选将练卒"，玄宗即"以幽州都督宋璟为左军大总管，并州长史薛讷为中军大总管，朔方大总管、兵部尚书郭元振为右军大总管"④，以强化关内、河东、河北的边防。默啜于景云二年（711）正月及开元元年（713）八月分别两次求尚公主，或许由于内部统治不稳，希冀结援唐朝巩固自身地位。开元三年（715），"上以十姓降者浸多""以右羽林大将军薛讷为凉州镇大总管，赤水等军并受节度，居凉州；左卫大将军郭虔瓘为朔州镇大总管，和戎等军并受节度，居并州，勒兵以备默啜"。⑤即便在前一年（714）⑥已经设置了幽州节度使，玄宗仍然强调并州郭虔瓘需与幽州都督甄道一"共为掎角，勿失权宜……宜排比兵马，精加教练，幽州有事，即令虔瓘将和戎兵马，从常山土门与甄道一计会，共讨凶逆"⑦。恐怕在募兵制建立与府兵制瓦解的交叉时期，燕山防线兵力愈加虚弱，更加倚重河东道军援。都城回归长安，唐朝边防重点自然回归以关内道为主，河东道、陇右道辅之的军事格局。次年（716）六月，拔曳固斩突厥可汗默啜首级来献，突厥贵族立左

---

① 李宗俊：《唐代安北单于二都护府再考》，载《中国史研究》，2009（2）：61—76 页。
② 冻国栋：《唐代前期的岢岚镇与岢岚军：读敦煌所出〈诸道山河地名要略〉残卷札记之一》，载《魏晋南北朝隋唐史资料》，1996 年，第 100—107 页。
③ 《资治通鉴》卷 210，唐玄宗先天元年八月条，第 6793 页。
④ 《资治通鉴》卷 210，唐玄宗先天元年十月条，第 6797 页。
⑤ 《资治通鉴》卷 211，唐玄宗开元三年四月条，第 6828—6829 页。
⑥ 关于幽州节度使的设置时间，《旧唐书·方镇表三》、《资治通鉴》等史料记载多有不同，大致有景云元年（710）、先天二年（713）、开元二年（714）三种说法（参见 黄永年：《三至九世纪中国政治史》，上海：上海书店出版社，2004 年，第 295—302 页）。
⑦ 《全唐文》卷 26，玄宗《命薛讷等讨吐蕃诏》，第 304—305 页。

贤王默棘连为毗伽可汗。此后至安史之乱爆发，唐军主要集中精力应对东北的
奚、契丹及西北的吐蕃。具体而言，东北卢龙、幽州二镇互为犄角，遏制了奚、
契丹二族的内侵，减轻了河东道的军事负担。

武周代唐，武则天将都城由长安迁至洛阳，唐朝北疆防御重点由强势的阴
山防线转至弱势的燕山防线。契丹叛乱助力下，突厥军队多深入河北道内地及
河东道代州以南地区。中宗反正，军事防御中心回归关中，亦是关陇集团本位
政策的归回，唐朝北部边防形势逐渐稳定。

第三节　小结

关陇集团立足于关中而控制天下。唐朝于贞观至显庆间都于长安，阴山防
线是其重点，因依托强势之关内道与河东道，防线牢不可破。颉利可汗及伏念
等人裹足于阴山防线附近，自然对唐朝威胁不大。显庆年间之后，唐朝渐营洛
阳，高宗与武后多幸其地。至武周立国，定都洛阳，燕山防线是其重点，必依
靠河东、河北、河南三道，防御能力大大降低，突厥、契丹肆虐河北便是明证。
唐初河东道皆拒敌于代北、塞外，至武后执政却被迫于内疆置防，与周朝军事
力量有所下降及配比失衡不无关系。同时，也与武后军事用人变化有关。武后
初登帝位，尚能重用黑齿常之等有经验的武将。随着年岁的增长，武后愈加不
信任朝臣和边将，亦恐李氏接触军事有威胁自己统治之虞，实际用人圈子愈加
狭窄。既无帅才又无经验的男宠、武氏宗亲难堪大任，进一步弱化了边疆防御。
武则天退位，中宗将都城迁回长安，凭借强势之阴山防线抵御北敌，重拾己方
关内道兵力优势。

综上可知，河东道因处于阴山防线与燕山防线之间，辅西援东皆必不可少。
若以府兵制下军力分布而论，河东道军援对于燕山防线更加重要。

第六章
安史叛乱与唐朝内疆防御的重建

盛唐之前，唐朝北部防线主要围绕燕山与阴山两大山脉进行建设。安史之乱后，唐中央政府对地方的掌控力日渐下降，藩镇与中央直辖区之间边界愈加清晰。于是，在战略要地周边必须建立内疆防线，遏制藩镇对于中央政府直辖区的蚕食。针对来自河北藩镇关于洛阳、汴州及回纥、吐蕃关于长安的军事威胁，河东道被划入不同的城市防御圈。

第一节　安氏与唐朝河东道军事攻防

安禄山起兵，迫使唐朝政府重新调整河东道的军事部署。

天宝十四年（755）十一月，安禄山率领范阳（今北京市）、平卢（今辽宁朝阳市）、河东道云中（今山西大同市）的军队，拉拢同罗、奚、契丹、室韦等部族共同反叛。安禄山属将范阳节度副使贾循留守范阳，保卫大本营；平卢节度副使吕知诲防守平卢，防止东北少数民族由后方袭击范阳；别将高秀岩防守大同，阻遏河东道军队出蔚州威胁范阳。[①]不久，安禄山派遣何千年、高邈等劫持北京副留守、河东节度使杨光翙欲夺取太原控制权而未获成功，就将其带离

---

① （北宋）司马光编：《资治通鉴》卷217，唐玄宗天宝十四年十一月条，北京：中华书局，1956年，第7053页。

了当地。即便这样，河东节度使被劫还是造成了太原地方的军政系统短时间内的混乱，延缓了太原军队东援的进度，减少了叛军行进的阻力。《新唐书·安禄山传》载：

> 何千年亦劝贼令高秀岩以兵三万出振武，下朔方，诱诸蕃，取盐、夏、鄜、坊，使李归仁、张通儒以兵二万道云中，取太原，团弩士万五千入蒲关，以动关中；劝禄山自将兵五万梁河阳，取洛阳，使蔡希德、贾循以兵二万绝海收淄、青，以摇江淮；则天下无复事矣。禄山弗用。[①]

安禄山并没采纳何千年的建议，唐朝军队确实基本上是围绕着云中、太原（今山西太原市）、蒲州（今山西永济市）、河阳（今河南孟州市）、潞州（今山西长治市）等诸点布防守卫洛阳。

安禄山叛乱的消息正式传至长安。唐廷先是派金吾将军程千里到河东简募了数万人的军队，又令安西节度使封常清至长安组织首都防御工事。[②] 山东唐军主动截断河阳桥，阻止叛军进攻洛阳。早在开元十八年（730），河东节度使兼领大同军使，副使领代州刺史[③]，河东道军事重心已经移至代北。安禄山任上因与杨国忠不和就将河东节度使治所由位于河东道西陉关以南属于杨国忠势力范围的太原迁至更接近范阳的大同。[④] 玄宗允许治所迁移是基于开元、天宝时期国力的强盛，唐朝已没有必要利用内地城池消耗北敌，自身军力足以拒敌于塞外。时程千里部出太原北上收复了云中郡（今山西大同市）。[⑤] 安禄山在博陵（今保定市博野县）南杀死了附庸杨国忠的杨光翙并留安忠志（李宝臣）携精兵驻守

---

① （北宋）欧阳修、宋祁撰：《新唐书》卷225《安禄山传》，北京：中华书局，1975年，第6417页。

② 《资治通鉴》卷217，唐玄宗天宝十四年十一月条，第7054页。

③ （清）吴廷燮：《唐方镇年表》，北京：中华书局，1980年，第408页。

④ 高贤栋：《唐天宝十四载至至德元载河东节度使考》，《北方论丛》，2014（2）：81—85页。

⑤ 《资治通鉴》卷217，唐玄宗天宝十四年十二月条，第7058页，载：安史叛军占领洛阳后，"临汝、弘农、济阴、濮阳、云中郡，皆降于禄山"。又《旧唐书》卷187《程千里传》，第4903页，载："禄山之乱，诏千里于河东召募，充河东节度副使、云中太守"。由此推之，时程千里收复云中郡。

土门（今石家庄市鹿泉区），阻截河东道唐军。唐常山（恒州，今石家庄市正定县）郡太守颜杲卿在孤立无援之际，选择伪降暂栖于叛军阵营，伺机归唐。安禄山控制常山后，拨调李钦凑士兵数千进驻井陉山口，再次强化井陉道方向守卫力量。

与此同时，皇都长安政治清洗行动和局地军事调整也在进行。唐玄宗首先着手处理"亲安禄山群体"：处斩安禄山子太仆卿安庆宗，赐其妻荣义郡主自尽；把安禄山堂兄弟朔方节度使安思顺内调长安任户部尚书，实际解除兵权。在控制朔方军权后，玄宗一步对有关地方官员及将领进行调整：九原郡（丰州，今内蒙古包头市）太守郭子仪任朔方节度使兼朔方右厢兵马使；右羽林大将军王承业任太原尹；张介然任河南节度使，领陈留（汴州，今河南开封市）等十三郡；程千里由太原南下至潞州（今山西长治市）就任长史。① 唐军作战部署非常明确，首先将叛军限制在河北道后围而歼灭之。王承业只是任职太原尹②，暂摄太原地方军事事务，防止叛军由井陉道攻打太原；程千里从北上云中郡改为南下坐镇上党郡，防止叛军经此方向西侵河中威胁长安，并协同河内（怀州，今河南沁阳市）唐军拱卫洛阳；张介然任河南（治所汴州）节度使③，于黄河南岸配合河内、上党地区唐军保护洛阳和江南不受侵犯，保障大运河运输顺畅。唐廷部署依托太行山脉与黄河力求有限兵力下极大化防御效果。值得注意的是，时程千里官职是河东节度副使兼潞州长史④，说明河东节度使仍对潞州事务具有一定话语权，太原与潞州之间实际处于一种松散的隶属关系。绝对隶属至松散隶属关系之间的转变，说明叛军进军速度超出了唐中央政府的预期，经云中郡（云州，今山西大同市）东取幽州的速战计划无法成行，唐廷已经开始着手准备

① 《资治通鉴》卷217，唐玄宗天宝十四年十一月条，第7055页，载："斩太仆卿安庆宗，赐荣义郡主自尽。以朔方节度使安思顺为户部尚书，思顺弟元贞为太仆卿。以朔方右厢兵马使、九原太守郭子仪为朔方节度使，右羽林大将军王承业为太原尹。置河南节度使，领陈留等十三郡，以卫尉卿猗氏张介然为之。以程千里为潞州长史。诸郡当贼冲者，始置防御使"。

② （北宋）王钦若等编纂；周勋初等校订：《册府元龟》卷122《帝王部·征讨第二》，南京：凤凰出版社，2006年，第1330页，载："天宝十四年十一月，范阳节度使安禄山反，遣将何千里劫太原尹杨光翙，害之。诏以右羽林大将军王承业为太原尹"。

③ 案：时设河南节度使，治汴州陈留郡，辖宋州、滑州、陈州、颍州、亳州、曹州、濮州、淄州、沂州、泗州、徐州、海州。

④ 《新唐书》卷193《程千里传》，第5546页，载："禄山反，诏募兵河东，即拜节度副使、云中太守，迁上党长史"。

持久战了。

十二月初，唐高仙芝部抵达陕州（今三门峡市陕州区）驻屯。安禄山从灵昌郡（滑州，今安阳市滑县）渡河攻打河南郡县。接着，叛军占领汴州并杀河南节度使张介然，叛将李庭望任节度使驻防其地。就在这时，颜真卿起义兵于河北，减缓了叛军的进军速度。[①] 时安禄山占领荥阳（今河南荥阳市），先后败封常清于虎牢关（今荥阳市汜水镇）、洛阳（今河南洛阳市）郊外。在叛军的凌厉攻势下，一些唐朝地方官员纷纷叛唐。洛阳失守，河南尹达奚珣叛唐，其管下怀州[②] 一同归于安禄山。封常清等率残部退回陕州，但太守窦廷芝已逃往河东，现有兵力不足以拒敌。高仙芝、封常清二人被迫退至潼关，叛将崔乾祐屯兵陕州与其形成对峙。其间，叛军再次占领云中郡。

就在此刻，颜真卿杀安禄山党羽段子光，于是河北许多州郡都以颜真卿为盟主抵抗叛军。[③] 河北形势恶化，安禄山急调张献诚率领上谷（今保定市易县）、博陵、常山、赵（今河北石家庄市）、文安（今河北任丘市）五郡团结兵万人围困饶阳（今衡水市饶阳县）。唐朔方节度使郭子仪在振武军（今呼和浩特市格林达尔县）击败叛军大同军使高秀岩部，李光弼等人顺势收复静边军（今朔州市右玉县）及云中郡（今山西大同市）。[④] 唐公孙琼岩部破马邑（今山西朔州市），下东陉关，打通了代北与太原间通道。

同月，哥舒翰代替高仙芝负责前线指挥。颜真卿等杀叛军土门守将李钦凑，先后擒叛将高邈于藁城（今石家庄市藁城区）、何千年于常山醴泉驿（今石家庄

---

① 《资治通鉴》卷 217，唐玄宗天宝十四年十二月条，第 7056—7057 页，载："初，平原（今山东德州市）太守颜真卿知禄山且反，因霖雨，完城浚壕，料丁壮，实仓廪；禄山以其书生，易之。及禄山反，檄真卿以平原（今山东德州市）、博平（今山东聊城市）兵七千人防河津，真卿遣平原司兵李平间道奏之。上始闻禄山反，河北郡县皆风靡，叹曰：'二十四郡，曾无一人义士邪！'及平至，大喜曰：'朕不识颜真卿作何状，乃能如是！'真卿遣亲客密怀购贼牒诣诸郡，由是诸郡多应者"。

② 郁贤皓：《唐刺史考全编》，合肥：安徽大学出版社，2000 年，第 669 页，郁贤皓考证裴宽弟恂在安史之乱时伪降安禄山。

③ 《资治通鉴》卷 217，唐玄宗天宝十四年十月条，第 7060 页。

④ 《资治通鉴》卷 217，唐玄宗天宝十四年十二月条，第 7063 页，仅载郭子仪围云中，未见结果。据《旧唐书》卷 120《郭子仪传》，第 3449—3450 页，载："十四载，安禄山反。十一月，以子仪为卫尉卿，兼灵武郡太守，充朔方节度使，诏子仪以本军东讨。遂举兵出单于府，收静边军，斩贼将周万顷，传首阙下。禄山遣大同军使高秀岩寇河曲，子仪击败之，进收云中、马邑，开东陉，以功加御史大夫。十五载正月……"可知，郭子仪攻下了云中。

市南），叛将张献诚弃守博陵郡。颜真卿等河北义军将叛军分割包围在燕山附近范阳（幽州，今北京市）、卢龙（平州，今秦皇岛市卢龙县）、密云（檀州，今北京市密云县）、渔阳（蓟州，今天津市蓟州区）及黄河北岸汲（今河南卫辉市）、邺（今河南安阳市）诸郡。若唐军能如叛将何千年所言"深沟高垒，勿与（叛军）争锋，俟朔方军至，并力齐进，传檄赵魏断燕蓟要膂"①的话，一举平定叛军指日可待。其间，颜杲卿试图拉拢范阳守将贾循，策反后方叛军。安禄山派韩朝阳杀贾循，别派牛廷玠暂摄范阳军事。叛将史思明、李立节部蕃汉步骑万人围困博陵郡、常山郡，意图夺回井陉道附近河北城池控制权。已至新安（今洛阳市新安县）的安禄山突闻颜杲卿等兴义兵于河北道，立即折返洛阳，抽调河内蔡希德部北上进攻常山。

第二节　安氏燕国与唐朝河东道军事攻防

唐至德元年（756）正月，安禄山自称大燕皇帝，改元圣武，建都洛阳。颜杲卿子泉明等献李钦凑首及何千年、高邈于长安。王承业使者亦至京师，玄宗大喜，并封其为羽林大将军，征调颜杲卿任卫尉卿。②时史思明、蔡希德围困常山日久，后攻下该郡。既克常山，燕军分诸路攻河北郡县，于是邺、广平（洺州，今邯郸鸡泽县）、巨鹿（邢州，今河北邢台市）、赵（赵州，今石家庄市赵县）、上谷（易州，今保定市易县）、博陵（定州，今河北定州市）、文安、魏（魏州，今邯郸市大名县）、信都（冀州，今衡水市冀州区）等郡失守。③时燕军再次占领云中郡，郭子仪遵从肃宗旨意撤兵返回朔方（今靖边县东北白城子古城）。同月，唐廷以李光弼为云中太守、河东节度使④，继续围困云中郡⑤。郭子仪至朔方，

---

① 《资治通鉴》卷217，唐玄宗天宝十四年十二月条，第7064页。
② 《资治通鉴》卷217，唐肃宗至德元年正月条，第7070页。
③ 《资治通鉴》卷217，唐肃宗至德元年正月条，第7071页。
④ （后晋）刘昫等撰：《旧唐书》卷110《李光弼传》，北京：中华书局，1975年，第3304页。
⑤ 《资治通鉴》卷217，唐肃宗至德元年二月条，第7072页，引《河洛春秋》载："光弼从大同城下领蕃、汉兵马步一万余人，并太原弩手三千人，救真定"。

建议由李光弼率军出井陉道。① 旋即，唐廷更改部署，李光弼赶赴河北。唐军既未及时出井陉道与恒州颜杲卿汇合，也未持续控制云中郡进而切断前线叛军与后方范阳联系，无法形成对叛军的有效遏制。

二月，李光弼加魏郡太守、河北道采访使。② 唐廷决心兵出井陉道以魏郡为中心，联合河北义兵反转战局。李光弼部蕃、汉军队万余人，太原弩手 3000 人经井陉道至常山郡。当地守军发生兵变，执燕将安思义归唐。安思义提醒李光弼及早预防时在饶阳的叛军史思明部动向。③ 史思明闻常山失守，自饶阳（今衡水市饶阳县）回师攻打常山。李光弼与史思明战于常山城外滹沱河。李光弼留 500 人于石邑县（今河北鹿泉市），余下六县皆留 300 人驻守，燕军却只占据常山郡九县中九门（今河北藁城市东北）、藁城二县。④ 河南方面战事胶着。唐张巡暂时击退燕令狐潮部于雍丘（今开封市杞县）。早在一月，唐廷以南阳太守鲁炅任南阳节度使，率领岭南、黔中、襄阳士兵 5 万人屯驻叶（今平顶山市叶县）北，薛愿任颍川（今河南许昌市）太守兼防御使，求力阻叛军于"淮河—伏牛山"以北。

三月，郭子仪率精兵自朔方向河东道代州进军。⑤ 李光弼专任范阳长史、河北节度使兼河东节度使。⑥ 颜真卿集合清河（贝州，今邢台清河县）郡兵四千及博平（博州，今山东聊城市）郡兵千人，由录事参军李择交及平原令范冬馥率领大败燕军，收复魏州（今邯郸市大名县）。这样一来，上党程千里军可不经燕军所控制的河内而取道崞口出援河北。史思明、蔡希德部攻打石邑，欲断常山至太原间唐军补给线，幸被张奉璋击退。⑦

四月，郭子仪至常山郡，与李光弼合军共 10 余万。官军与史思明战于九

---

① 《资治通鉴》卷 217，唐肃宗至德元年正月条，第 7071 页，载：郭子仪"还朔方，益发兵进取东京；选良将一人分兵先出井陉，定河北，子仪荐李光弼，（正月）癸亥，以光弼为河东节度使，分朔方兵万人与之"。

② 《旧唐书》卷 110《李光弼传》，第 3304 页。

③ 《资治通鉴》卷 217，唐肃宗至德元年二月条，第 7073 页，载：思义之言即"大夫士马远来疲弊，猝遇大敌，恐未易当。不如移军入城，早为备御，先料胜负，然后出兵。胡骑虽锐，不能持重。苟不获利，气沮心离，于时乃可图矣。思明今在饶阳，去此不二百里"。

④ 《资治通鉴》卷 217，唐肃宗至德元年二月条，第 7073—7074 页。

⑤ 《资治通鉴》卷 217，唐肃宗至德元年三月条，第 7076 页。

⑥ 高贤栋：《唐天宝十四载至至德元载河东节度使考》，载《北方论丛》，2014（2）：81—85 页。

⑦ 《资治通鉴》卷 217，唐肃宗至德元年三月条，第 7078 页。

门城南，燕军大败。史思明逃归赵郡、蔡希德则退至巨鹿，唐军随即收复赵郡。五月，郭子仪、李光弼军返回常山，又败史思明于沙河（今河北沙河市）。面对李、郭二人的不时兵扰河北道，安禄山决定增兵常山，将唐军驱赶回河东道。燕蔡希德部自洛阳、牛廷玠部自范阳，汇合史思明部驻守恒阳县（今保定市曲阳县）。郭子仪等与史思明在嘉山（今曲阳县东）展开决战，唐军大胜。于是，河北十余郡皆杀燕守将归唐。[①] 至此，安禄山完全失去与后方大本营范阳的联系。唐廷乃以太原之兵攻河内，最终威胁洛阳，行围魏救赵之计，欲缓解潼关军事压力。

正当河北局势一片大好的时候，关中局势却急转直下。哥舒翰引兵出潼关，被燕崔乾祐部大败于灵宝（今河南灵宝市）。哥舒翰本自率 3 万士兵于黄河北面观战，北军见南军败亦四散溃逃。哥舒翰率残部由首阳山（今永济市南）西渡黄河回防潼关。由于潼关唐军损失惨重，崔乾祐顺利占领潼关。于是，河中防御使吕崇贲[②] 与华阴、冯翊、上洛等处防御使一起弃城而逃，长安陷入四面环敌的窘境。至德元年（756 即天宝十五年）五月，玄宗入蜀，太子则北上灵武。郭子仪、李光弼得知长安失守，收兵经井陉撤回河东道，颜真卿再次主持河北军事。[③]

----

① 《资治通鉴》卷 218，唐肃宗至德元年五月条，第 7082—7083 页。

② 《资治通鉴》，唐肃宗至德元年六月条，第 7088 页，载："潼关既败，于是河东（今山西永济市）、华阴（今陕西华阴市）、冯翊（今渭南市大荔县）、上洛（今陕西商洛市）防御使皆弃郡走，所在守兵皆散"。结合《资治通鉴》卷 217，唐玄宗天宝十四年十一月条，第 7055 页，载：天宝十四年（755）十一月，丙子，"以程千里为潞州长史。诸郡当贼冲者，始置防御使"，蒲州（河东郡）应在此后设立防御使。《旧唐书》卷 112《李麟传》，第 3339 页，载："十四年七月，以本官出为河东太守、河东道采访使，为政清简，民吏称之。其年冬，禄山构逆，朝廷以麟儒者，恐非御侮之用，仍以将军吕崇贲代还"。至于《新唐书》卷 66《方镇表三》，第 1838 页，载：至德元年（756），置"河中防御守捉蒲关使"，实际上是河中防御使兼任蒲津关守捉使，强调原有河中防御使对于蒲津关的镇守职责，或许本来蒲津关就有守捉使率领了一支军队。当时，河东道军事力量多集中于北部，故以蒲州刺史升任防御使兼任蒲关守捉，从而令地方刺史有军队可用于抵抗叛军。《新唐书》卷 66《方镇表三》，第 1838 页，载：至德二年（757），"升河中防御为河中节度"，亦可佐证早已存在河中防御使。由此可知，天宝末年就存在蒲关防御使，与"诸郡当贼冲者，始置防御使"相合。另外，（唐）林宝撰；岑仲勉校记：《元和姓纂：附四校记》卷六，北京：中华书局，1994 年，第 875 页，载："河东吕氏"条"崇贲，剑南、河东、成都、河中节度，郓国公"。《资治通鉴》卷 218，唐肃宗至德元年七月条，第 7101 页，载：至德元年七月，肃宗"以前蒲关防御使吕崇贲为之（关内节度使）"。又《新唐书》卷 147《王思礼传》，第 4750 页，载："潼关失守，思礼与吕崇贲、李承光同走行在，肃宗责不坚守，引至纛下将斩之"。故天宝十四年（755）十一月，程千里为潞州（今山西长治市）长史的同时，河中亦置防御使，而潼关陷落时吕崇贲居河中防御使任上。

③ 《资治通鉴》卷 218，唐德宗至德元年六月条，第 7099 页。

安禄山叛乱，燕山防线突然崩溃。唐廷以太行山、黄河为屏障仓促应对叛军南下及东侵。基于防卫洛阳与长安的考量，河东道根据地缘近疏分区域纳入不同东西二都防区即河中从属于西京防区，太原及潞州地区则从属于东都防区，河东节度使仍是名义上本道的军政首长。井陉道乃是唐燕攻守易位、扭转战局的关键。安氏燕国时期，唐军击退了叛军自太行山沿线发起的进攻，并经由河东道在河北道局部实施了战略反攻。至德元年（756）七月，太子至灵武，继位改元。当时，河北常山郡、信都郡尚为唐将乌承恩所守，河东节度使李光弼退至晋阳。史思明、蔡希德攻九门县（恒州所属），败归博陵。同月，郭子仪、李光弼等率军 5 万自河北至灵武向肃宗述职[①]，王承业暂任河东节度使。八月，郭、李二人至朔方表达了对肃宗的忠心，郭子仪仍为灵州大都督府长史兼任朔方节度使[②]；李光弼出任户部尚书、北都留守充河东节度使[③]。时颜真卿表章至灵武，肃宗以其为工部尚书兼御史大夫，仍为河北招讨、采访、处置使，并专门向河北道颁布赦书[④]。与河北联络的恢复促使唐军再出井陉道。八月，唐廷诛杀王承业，李光弼从灵武至太原又斩杀了交兵不恭的侍御史崔众[⑤]。燕史思明再克九门县，又引兵东陷藁城县。两城临近常山郡，一定程度上减少了燕军夺取井陉关的阻力。九月，史思明接连攻陷常山郡、赵郡。十月，燕尹子奇占领河间（今河北河间市），史思明也在控制景城（今河北沧州市）后招降了乐安（属棣州，今滨州市无棣县）。河北大部分州县又重新被燕军占领，颜真卿弃平原郡渡黄河

---

① 《资治通鉴》卷 218，唐肃宗至德元年八月条，第 7109 页，载："以李光弼为户部尚书，北都留守，并同平章事，余如故"。又（清）董浩等编：《全唐文》卷 342，颜真卿《唐故开府仪同三司太尉兼侍中河南副元帅都督河南淮南淮西荆南山南东道五节度行营事东都留守上柱国赠太保临淮武穆王李公（李光弼）神道碑》，北京：中华书局，1983 年，第 3470 页，载："属潼关不守，肃宗理兵于灵武，尽追朔方之师，加公太原尹。公以麾下及景城河间之卒数千人至"。可知，李光弼亦从郭子仪至朔方。

② 《旧唐书》卷 120《郭子仪传》，第 3450 页。

③ 《旧唐书》卷 145《刘全谅传》，第 3938 页，载：安禄山反，"以太原尹王承业为河东节度"。笔者前文已述，李光弼是河东节度使兼任范阳节度使，王承业担任河东节度使应是在李光弼随郭子仪到灵武述职的七月。《新唐书》卷 136《李光弼传》，第 4585 页，载："肃宗即位，诏以兵赴灵武，更授户部尚书、同中书门下平章事，节度如故"。以此推之，朝见肃宗后，李光弼再任河东节度使，而王承业在李光弼来往朔方的途中暂任河东节度使。

④ 《资治通鉴》卷 218，唐肃宗至德元年七月条，第 7109 页。

⑤ 《资治通鉴》卷 218，唐肃宗至德元年八月条，第 7109—7110 页。

南逃。史思明占领清河、博平二郡，回师招降信都郡乌承恩，再次攻陷饶阳郡，河北义军无法再配合官军行动。河北道大部丢失直接导致河东道上党地区战事威胁增大。于是，唐终于置上党节度使，领潞州上党郡，泽州长平郡，沁州阳城郡。① 节度使的建立明确上党作为单一防区的独立性，明晰了上党与河东节度使的权责，利于前线防御作战。时肃宗与李泌讨论进军方略，见于《资治通鉴》记载：

> 今若令李光弼自太原出井陉，郭子仪自冯翊入河东，则思明、忠志不敢离范阳、常山，守忠、乾真不敢离长安，是以两军縶其四将也，从禄山者，独承庆耳。愿敕子仪勿取华阴，使两京之道常通，陛下以所征之兵军于扶风，与子仪、光弼互出击之，彼救首则击其尾，救尾则击其首，使贼往来数千里，疲于奔命，我常以逸待劳，贼至则避其锋，去则乘其弊，不攻城，不遏路。来春复命建宁为范阳节度大使，并塞北出，与光弼南北犄角以取范阳，覆其巢穴。贼退则无所归，留则不获安，然后大军四合而攻之，必成擒矣。②

时燕军控制云中郡（今山西大同市），也看到了唐军太原对于范阳的威胁。不久，叛军大规模集结于太原，试图消灭唐军李光弼部。

至德二年（757）正月，安庆绪杀安禄山于洛阳，自立大燕皇帝。燕将史思明自博陵（今河北定州市）郡，蔡希德自太行山，高秀岩自大同（今山西大同市），牛廷玠自范阳（今北京市），共 10 万军队围攻太原。史思明派胡兵从河北道搬运攻城器具，至广阳（今阳泉市平定县南）途中被唐将慕容溢、张奉璋击溃。③ 安禄山死后，安庆绪以史思明归防范阳，留蔡希德等继续围困太原。安史叛军占据河东（今山西永济市）十分不利于唐军开展收复长安的军事行动。郭子仪"以河东居两京之间，得河东则两京可图"④，于是先遣人入河东约为内应。同月，安东（今秦皇岛市卢龙县）都护王玄志与侯希逸杀燕平卢节度使徐道归，

① 《资治通鉴》卷219，唐肃宗至德元年十二月条，第7129页。
② 《资治通鉴》卷219，唐肃宗至德元年十二月条，第7126页。
③ 《资治通鉴》卷219，唐肃宗至德二年正月条，第7133页。
④ 《资治通鉴》卷219，唐肃宗至德二年正月条，第7135页。

又使董秦率兵以苇筏渡海，与大将田神功攻克平原（德州，今山东德州市）、乐安（棣州，今滨州市无棣县），唐廷以李铣任防河招讨使，董秦擢升平原太守。郭子仪在河东司户韩旻等人内援下顺利收复河东郡。崔乾祐由安邑（今运城市安邑镇）经白迳岭（今晋城市陵川县东）逃往洛阳。二月，李光弼率领敢死士击破蔡希德军，太原之围解除。燕军攻取太原的计划没有成功，安庆绪一方面在河北州县广泛征募士兵，另一方面重点调整常山和邺郡（即相州，今河南安阳市）附近军事部署：针对唐太原方面军，以史思明任范阳节度使兼领恒阳（今保定市曲阳县）军事，辅以张忠志为常山太守兼团练使加强井陉口的防守；针对唐潞州方面军，以牛廷介领安阳军事专责滏口陉附近防守。①关内战事，郭子仪遣其子旰等渡河夺潼关，先胜后败，仆固怀恩率残部至蒲州。三月，燕安守忠部两万进犯蒲州，被郭子仪击退。四月至六月末，唐军与叛军先后战于长安、陕州，胜绩不多。七月，燕蔡希德部围困上党郡，至九月俘虏程千里，久攻郡城未下，安庆绪自引大军攻陷上党郡（今山西长治市）②。正在此刻，关内唐军收复西京长安，郭子仪率领蕃、汉军队收复华阴（今陕西华阴市）、弘农（今河南灵宝市）二郡，打通了关中至洛阳间的道路。十月，郭子仪进军至陕州以东曲沃（今灵宝市东），击溃了驻守当地的燕军。在唐军的步步紧逼下，安庆绪弃守洛阳逃往河北，东京随即收复。郭子仪分兵左兵马使张用济、右武锋使浑释收复河阳（今河南孟州市）及河内（今河南沁阳市），唐军有分割叛军于黄河两岸的趋势。燕军连逢挫败，士气低落，一些地方的军事占领无法维持。陈留人杀燕将尹子奇；田承嗣自颍川（许州，今河南许昌市）逃归河北，黄河以南燕军主力基本瓦解。当月，安庆绪至邺郡（今河南安阳市），改元天成，改邺郡为安成府，重整军队，召回散居于河北、河南的残部。唐关内道节度使王思礼

---

① 《资治通鉴》卷219，唐肃宗至德元年二月条，第7137页。

② 《旧唐书》卷187《程千里传》，第4904页，载："至德二年九月，贼将蔡希德围城，数以轻骑挑战。千里恃其骁果……反为希德所执。仰首告诸骑曰：'非吾战之过，此天也！为我报诸将士，午可失帅，不可失城。'军人闻之泣下，昼夜严兵守城，贼竟不能拔"，《资治通鉴》略同。《新唐书》卷6《肃宗本纪》，第159页，载："九月丁丑，庆绪陷上党郡，执节度使程千里"。由此可知，燕军擒程千里被时未能顺势攻取上党，但九月终陷之。

也收复了上党，并兼领潞、沁（今长治市沁源县）等州。[1]十一月，张镐率鲁炅、来瑱、吴王祗、李嗣业、李奂五节度使分兵平定了河南、河东郡县。燕军唯能元皓据北海（今山东青州市），高秀岩据大同未降。唐军完成既定作战目标，将燕国势力重新压缩至"太行山—黄河"的河北道区域之内。安庆绪因洛阳等地战斗失利损失了大量直属军队，反而无法控制留守后方的史思明。安庆绪除去史思明的计划未获成功，却恶化了双方关系。史思明遣人奉表以所部十三郡[2]及兵8万降唐，燕伪河东节度使高秀岩亦降唐，安庆绪仅余相州一地。十二月，唐升河中防御使为节度使，领蒲、绛等七州[3]，与河东节度使再无隶属关系。

乾元元年（758）三月，镇西、北庭行营节度使李嗣业驻屯河内，加强了"河内—上党"一线的防御，保障洛阳安全。四月，安庆绪自邺郡攻河内（怀州，今河南沁阳市）郡，与唐军战于沁水沿岸，不胜而还。六月，常山郡守乌承恩在唐廷授意下谋杀史思明于范阳未成，埋下了日后史思明叛变的隐患。九月，唐廷一方面强化关中东部防御，以右羽林大将军赵泚任蒲（今山西永济市）、同（今渭南市大荔县）、虢（今河南灵宝市）三州节度使；另一方面，调集散居山东各地的唐军向安庆绪发起总攻：朔方郭子仪、淮西鲁炅、兴平李奂、滑濮许叔冀、镇西北庭李嗣业、郑蔡季广琛、河南崔光远七节度使及平卢兵马使董秦共步骑20万，辅以河东节度使李光弼、泽潞兼关内节度使王思礼所部。[4]十月，郭子仪等先后败安庆绪于卫州（今河南卫辉市）、相州愁思冈（今安阳市西南），兵围相州城。十一月，史思明兵分三路援助安庆绪，一出邢（今河北邢台市）、洺（今邯郸市永年区），一出冀（今河北衡水市）、贝（今邢台市清河县），一自洹水取魏州（今邯郸市大名县），旋即魏州沦陷。

---

[1]《资治通鉴》卷220，唐肃宗至德二年十月条，第7160—7161页，载："安庆绪走保邺郡，改邺郡为安成府，改元天成；从骑不过三百，步卒不过千人，诸将阿史那承庆等散投常山、赵郡、范阳。旬日间，蔡希德自上党，田承嗣自颍川，武令珣自南阳，各率所部兵归之。又招募河北诸郡人，众至六万，军声复振"。又《新唐书》卷147《王思礼传》，第4750页，载："长安平，思礼先入清宫；收东京，战数有功。迁兵部尚书，封霍国公，食实户五百。寻兼潞、沁等州节度。乾元元年……"可见，史思明召回了军队，蔡希德应是主动放弃上党，唐任王思礼为节度使守之。

[2]案：十三郡即范阳、北平、妫川、密云、渔阳、柳城、文安、河间、上谷、博陵、勃海、饶阳、常山。

[3]《资治通鉴》卷220，唐肃宗至德二年十二月条，第7169页。

[4]《资治通鉴》卷220，唐肃宗乾元元年九月条，第7179页。

安氏燕国期间，唐河东道潞州、河中不再与太原保持松散的隶属关系，三家分晋的局面正式形成，确立了疆内拱卫洛阳的“山河”及协防长安的“关河”防线。

第三节　史氏燕国与唐朝河东道军事攻防

安庆绪势衰，史思明实际控制燕国政权，唐燕攻守再次易位。

乾元二年（759）正月，史思明于魏州称大燕圣王；次月，引兵前往邺城援助安庆绪。三月，史思明战郭子仪等九节度使于安阳河（今洹河）北，败唐大军60万众。唐军主动截断河阳桥，战略上优先防守洛阳，又建河阳南北两城，于黄河形成多层阻击叛军的防线。就在这时，史思明杀安庆绪于相州。唐廷以郭子仪为东畿、山东、河东诸道元帅，权知东京留守；以河西节度使来瑱为陕、虢、华州节度使，重点加强关中和洛阳的防御。四月，史思明选择避开河内唐军，先解除潞州方面威胁。燕将杨旻部溯浊漳河进军，经潞城（今长治市潞城区）至潞州，被泽潞节度使王思礼在直千岭击败。[①] 不久，史思明自称大燕皇帝，改元顺天，建都范阳。七月，肃宗召郭子仪至京师，李光弼代朔方节度使、兵马元帅；后改以赵王系为天下兵马元帅，李光弼为副元帅仍节制诸行营军队。[②]同月，唐潞沁节度使王思礼兼太原尹，充北京留守、河东节度使，表明这时唐廷要以河东与潞沁两节度兵力固守上党，与河内军队首先保护洛阳。九月，史思明畏惧“河阳—上党”防线坚固，命燕军分四道迂回进攻汴州（今河南开封市）：令狐彰自黎阳（今鹤壁市浚县）渡河取滑州（今安阳市滑县）；史朝义自白皋津（今滑县东北）；史思明自濮阳（濮州，今河南濮阳市）；周挚自胡良渡（胡梁渡，今滑县东北）渡河，汴州沦陷。[③] 李光弼主动撤出洛阳，退往河阳。

---

① 《资治通鉴》卷221，唐肃宗乾元二年四月条，第7192页；《新唐书》卷6《肃宗本纪》，第162页。

② 《资治通鉴》卷221，唐肃宗乾元二年七月条，第7179页。

③ 《资治通鉴》卷221，唐肃宗乾元二年七月条，第7201页。

十月，史思明进兵河清渡口（今洛阳市孟津县白鹤镇河清村），欲断李光弼河东粮道①，李光弼调部分唐军进驻野水渡（野戍渡，今济源市与孟津县之间的黄河上）。时李抱玉防守河阳城，李光弼在中滩和北城连败敌军，燕安太清退守怀州（今河南沁阳市）。十二月，燕军继续西进陕州，不敌唐军而退。

上元元年（760）二月，李光弼攻怀州，途中破史思明于沁水。三月，李光弼破安太清于怀州城；次月，再破史思明于河阳西渚。至十一月，李光弼终于收复怀州。上元二年（761）二月，李光弼坚壁不出，陕州观军容使鱼朝恩却鼓动肃宗收复范阳。于是，李光弼不得已留郑陈节度使李抱玉守河阳，自己会同鱼朝恩及神策节度使卫伯玉进攻洛阳。唐、燕会战邙山，李光弼军败，鱼朝恩、卫伯玉率残兵返回陕州，李光弼渡河至闻喜县（今运城市闻喜县），同月兼任河中节度使②。邙山会战失利，唐军防线全面收缩，相继弃守怀州、河阳，集中兵力强化长安周边防御。三月，史朝义因惧怕礓子岭（今三门峡陕州区东南）战败被追责，杀史思明于鹿桥驿（今洛阳市永宁县境）。五月，李光弼自河中入朝。燕令狐彰以滑、卫等六州降唐。八月，李光弼改赴位于泗州（今淮安市盱眙县）的河南行营，应付江淮间的袁晁义军。唐殿中监李若幽任朔方、镇西、北庭、兴平、陈郑等节度行营兼河中节度使；兴平、陈郑行营驻绛州（今运城市新绛县），镇西、北庭行营驻翼城县。③肃宗《授李若幽朔方节度使制》曰："今河洛之境，未殄馀氛；晋魏之郊，比仍多垒。山河襟带，关辅要冲，东尽大

① 《资治通鉴》卷221，唐肃宗乾元二年二月条，第7188页，载："时天下饥馑，转饷者南自江、淮，西自并、汾，舟车相继"。时汴州已经沦陷，李光弼粮道大致应是由河东道沿黄诸州经黄河河道运至洛阳沿黄诸渡口。

② 《旧唐书》卷10《肃宗本纪》，第261页，载：上元二年三月，授李光弼侍中、河中尹、晋绛等州节度观察使。《新唐书》卷136《李光弼传》，第4589页，载：上元元年，邙山兵败，李光弼至闻喜，"恳让太尉，更拜开府仪同三司、中书令，河中尹、晋绛等州节度使"。《全唐文》卷342，颜真卿《唐故开府仪同三司太尉兼侍中河南副元帅都督河南淮南淮西荆南山南东道五节度行营事东都留守上柱国赠太保临淮武穆王李公（李光弼）神道碑》，第3471页，载：上元二年，"二月，拜开府仪同三司、中书令、兼河中尹、节度使"。

③ 《资治通鉴》卷222，唐肃宗上元二年八月条，第7234页，"以殿中监李若幽为镇西、北庭、兴平、陈郑等节度行营及河中节度使，镇绛州"。又唐肃宗宝应元年建卯月条，第7237页，载：李国贞被杀于绛州，时"镇西、北庭行营兵屯于翼城，亦杀节度使荔非元礼，推裨将白孝德为节度使，朝廷因而授之"。又《新唐书》卷6《肃宗本纪》，第164页，载："八月辛巳，殿中监李国贞都统朔方、镇西、北庭、兴平、陈郑、河中节度使"。故知，镇西、北庭行营屯翼城，河中地区以绛州为中心另有朔方、兴平、陈郑等行营军，这一时期李光弼、郭子仪、李国贞等皆在绛州驻防。

行，南邻魏汭，拥旄亘野，精骑成群，必俟元戎，以清妖孽。"[1]蒲州位于河东道一隅，陈郑[2]、镇西、北庭、兴平、朔方诸军驻屯交通干线交汇处绛州利于援助周边河内、上党等地友军。建寅月，李光弼克许州，破史朝义于城下。建卯月，邓景山继管崇嗣任太原节度使。太原军乱杀邓景山，代州刺史辛云京任节度使。绛州军乱，杀李国贞，白孝德继任河中节度使。郭子仪继续出镇绛州，准备随时进军河北。建辰月，郭子仪遣军救援被史朝义围困的李抱玉于泽州。建巳月，泽州（今晋城市泽州县）刺史李抱玉破史朝义兵于城下，燕军无法越该州威胁潞州。

宝应元年（762）七月，郭子仪总领朔方、河东、北庭、潞、仪、泽、沁、陈、郑等节度行营并兼任兴平等军副元帅。八月，郭子仪自河东入朝，卸任副元帅及所兼使职，不再返回前线。九月，仆固怀恩、回鹘可汗由太原经大阳津（今运城市平陆县）渡河至陕州。十月，唐诸军出陕州，仆固怀恩与回纥左杀为联军前锋，陕西节度使郭英乂与神策观军容使鱼朝恩为后军自渑池（今三门峡市渑池县）、潞泽节度使李抱玉自河阳、河南等道副元帅李光弼自陈留合兵进攻洛阳；雍王留镇陕州。[3]不久，唐军克洛阳、河阳，史朝义奔濮州。至广德元年（763）初，河北燕将纷纷降唐，同年正月史朝义死于平州（今秦皇岛市卢龙县）温泉栅（今河北滦州市南）。

史氏燕国时期，唐朝军事卜略微扭转颓势，在暂失洛阳的情况下成功将叛军阻于太行山以东，保证了长安的安全。太原、潞州唐军在后方牵制和消耗叛军，为取得持久战的最终胜利贡献颇多。

第四节　河朔式诸侯的雏形高秀岩

唐元和二年（807）十二月，冯令问撰《渤海郡王高秀岩墓碑》立于高氏家

---

① 《全唐文》卷42，肃宗《授李若幽朔方节度使制》，第464页。
② 邙山失利，李光弼所率部分军队退至河中，因原驻扎郑陈节度使所辖河阳，故称陈郑行营。
③ 《资治通鉴》卷222，唐肃宗宝应元年十月条，第7252页。

乡，碑文所记可弥补安史之乱若干史实，今取碑文试论之：

按礼记曰：国家将兴，必有征祥。非止黄龙丹凤，庆云醴泉如文考卜叶渭滨之兆，武丁寐感版筑之梦，斯为祥也。上天降瑞，欲济生灵，不必风调雨若，时和岁丰，如蜀主委国于卧龙，越王任征于范蠡，斯为福也。我渤海高公，实四君子之亚与，乃知佳瑞奇祥，不若贤人喆士。明矣。公讳秀岩，渤海人也，其先出自西岳齐太公之后，齐之公族，食采于高，因而命氏。王侯将相，于焉踵武，道德忠孝，莫不驾肩，源深派长，高位世蹑。曾祖（高）表仁，隋朝鸿胪少卿归德县开国公、郇易延三郡太守；皇祖（高）章，皇太中大夫、太子家令；皇考（高）守礼，皇朝请大夫、鄜州司马、赠绛（州）太守。天宝季尘起东北，箭入西南，万乘为之蒙尘，八方为之涂炭，于戏，天祚我唐，必将有主。主唐运者，非唐子孙，孰能当之，而佐之者则我渤海高公其人也。公刚毅正直，简易精密，许国忘躯，刚而忠也。临敌无惧，毅而勇也。求德不回，直而质也。秉心无邪，正之中也。进退执一，简之本。举措无难，易之用。百炼不耗，精之至。六马数对，密之表。刚忠以匡国，毅勇以宁乱，质直以示操，中正以通和，简易以容众，精密以藏用，备此八者，公实兼之。开元中，随陇右经略使张志高与吐蕃战于大非川。公跃马援枪，麾阵尝寇，搴旗斩将，左拂右萦，丑虏周章，莫敢仰视，官军乘便大破凶徒，公之力也。国家酬勋一十二转，授华州万福府别将，赐绯鱼袋，仍留宿卫皇居，扈从金舆，秋狝冬狩，射牲对御，不发虚声，授壮武将军、同州襄城府折冲都尉，赐紫金鱼袋，上柱国，旋改左虎贲将军。时丁家难，归于绛郡，河东节度使王忠嗣请起复，克河东节度都虞候。廿八年（740），为临洮军大使，加辅国大将军，陇州刺史。又克河西陇右两道副持节河源军城使领所统将士。陇右节度使公攻破石堡城于念川，又攻剥掬子城及树敦城，筹策无遗，攻战必取，前后大阵三十，小阵数百，皆能外仗天威，内凭忠勇，或抽戈直进，或去胄先登，或系桑示威，或鞭马突入，履危若闲，游刃其间，武冠三军，贾予余勇，瞋目裂眦，怒发指冠，视敌如讐，奋不领死。幽州节度慕其嘉声，表奏蓟州刺史，续除河东节度留后。乾元二年（759），迁户部尚书兼御史大夫、河东节度使、渤海郡王、上柱国，实封七百户。时叛臣窃据东都，伪元僭号，河洛无象，宇内毒痛，潼关失守，銮驾西幸，王方在镐，吾谁适从，而公愤气填膺，扼腕抵掌，誓雪国耻以答皇恩，精练晋阳之甲，缮习楼烦之射，募扛鼎拔拒之雄，集投石蒙轮之士，曾未一旬，师逾十万，大誓于易水之阳，众皆敢死，一可当百。肃宗皇帝蒙尘灵武，刁斗惊急，燧火联飞，公于是东遏同罗，北和猃狁，风驰星奔，聿来行在，奋斯进取，献是谋猷，设左广石拒之规，陈后劲前矛之势，指期刻日，收复两郡。帝曰：俞往钦哉。乃随朔方节度使郭公子仪、北庭节度使郭（李）公嗣业等鸣鼓而行，以张天讨。援手扑在原之燎，濡足拯天人之溺。王师一举，逆党冰消，日月再清，衣冠重睹，天下蒙赖，岂非公之力耶？时危方见忠臣之节，微矣猗与。无公之功，吾人其龙乎，吾人其鱼乎。（肃宗）上元二年（761），八月二日薨。请权殡于幽陵，春秋七十有二。元和二年（807）十一月二十三日，自幽陵起发，归合祔于绛州稷山县廉城之原，礼也。公夫人孙氏，陇州司马直之女，内则是修，外言不入，贞节懿德，禀之自然，仪行温柔，受之天性，主祭享则敬，待宾客则恭，道颇协于懿亲，工不惭于刀尺。尔惠归我，琴瑟友之，嫔我周星，贻我八子，先予徂落，葬于绛州。虽礼著明文，凶事先远，未遑合祔，难故也。今则仲子御史大夫霖，皇营备迁举之仪，资闻竭产，孝以尽忠，岂惟人谋，抑以神助，于焉同穴，永此休风。夫人所生八子：孟曰颂，皇瀛州别驾、太仆卿；次曰震，皇卫尉少卿；次曰霁，皇桓州别驾、试太常卿；次曰霞，皇太子仆；次曰霖，皇开府仪同三司、检校国子祭酒兼御史大夫、克成德宣节度步军使兼都虞候经略副使；次曰雪，皇试太常卿；次曰雾，皇试太仆少卿；季曰需，皇试卫尉少卿。威负奇才，俱登清秩，克遵治命，早训义方，如琢如磨，有典有则，遗芳余烈，百代传庆，脉分派别，千载通波。其中亚相曰霖，其道直方，如彼珪璋。高氏八龙，唯霖最良。秋霜既降，凄然之感自增。春露既濡，惕恭之心方至。于是徒跣扱袵，扶护灵襯。归先人之旧闾，葬善党之故里，孝乎？惟孝，孝莫大焉。初公之疾亟也，乃遗训于子曰：洁己者，事君之本；狥善者，从政之具；恪谨者，悠久之资；精诚者，神明之祐。罔有近于憸人，罔有惰于好德，无废吾言，无坠家声，则吾没而不恨矣。尔其识之。伯仲等泣血

祗命，不敢坠越。公树勋艰时，策名圣代，道光显扬，功济生灵，人
臣之事君，尽矣，人子之奉亲，深矣。功名双举，忠孝两全，夐古超
今，罕闻俦匹，没而不朽，善莫大焉。旌德纪功，勒名贞石。铭曰：
华山西岳，其壮崇崇，洪河北来，休气汎汎，河岳降神，是生喆人，
喆人其谁，高公应之。英英高公，百夫之特，克宣忠勇，好是正直，
斩鲸宴海，扫氛开固，丧乱既平，系君之力。我德孔彰，我武维扬，
公卫社稷，力竭疆场，勋庸不泯，邦家之光。维绛神州，我高旧里，
瞻彼原田，实曰桑梓，游魂合葬，新坟崛起，身没功存，德音不已。[①]

1. 府兵至募兵：与王忠嗣祸福相依的高秀岩

高秀岩早年在军中一直处于荣高位低权轻的窘境。唐开元中，他在大非川
之战中战功卓著，就已经"策勋十二转"，勋官位至正二品上柱国，却只是以
兵府别将"上府正七品下，中府从七品上，下府从七品下"[②]之间的职事官品守
卫皇廷。因在长安表现出色，授武散官庄武将军正四品下、同州襄城府折冲都
尉即"上府从四品上，中府从四品下，下府正五品下"[③]之间的职事官，赐紫金
鱼袋，上柱国，旋改左虎贲将军。《通典》载："隋炀帝十二卫，每卫置护军四
人，以副将军，将军无则一人摄。寻改护军为虎贲郎将。大唐采前代旧名，置
上护军、护军"[④]，知其勋官由正二品上柱国降至从三品护军。《旧唐书·职官
志》载：

（勋官无职事者）永徽已后，以国初勋名与散官名同，年月既久，
渐相错乱。咸亨五年三月，更下诏申明，各以类相比。武德初光禄大夫

---

① 陈尚君：《全唐文补编》，北京：中华书局，2005年，第729—730页。

② （唐）李林甫等撰；陈仲夫点校：《唐六典》卷25《诸卫府》，北京：中华书局，2014年，
第645页。

③ 《通典》卷29《折冲府》，第810页，载："满一千二百为上府，千人为中府，八百人为下
府""两京城内虽不满此数（1200），亦同上府""两畿及岐、同、华、怀、陕等五州所管府，虽不满
此数（1000），亦同中府"。又《新唐书》卷49上《百官四上》，第1287页，载：折冲都尉上府正
四品上，中府从四品下，下府正五品下。由此可知高秀岩、同州襄城府折冲是正四品上或从四品下。

④ （唐）杜佑撰；王文锦等点校：《通典》卷34《职官十六》，北京：中华书局，1988年，第
945页。

比今日上柱国，左光禄大夫比柱国，右光禄大夫及上大将军比上护军，金紫光禄大夫及将军比护军，银青光禄大夫及上开府比上轻车都尉，正议大夫及开府比轻车都尉，通议大夫及上仪同三司比上骑都尉，朝请大夫及仪同比骑都尉……授勋者动盈万计。每年纳课，亦分番于兵部及本郡当上省司。又分支诸曹，身应役使，有类僮仆，据令乃与公卿齐班，论实在于胥吏之下。盖以其猥多，又出自兵卒，所以然也。①

唐咸亨年间前后，战事比较多导致勋级滥授，国家没有相应的资源来兑现所承诺的赏赐，勋级形同虚设就会不为人所重视。②武散官和勋官的高品掩盖下是职事官低品的窘况，在达官贵人聚集的都城中，即便高秀岩不会像一般士兵一样沦为他人的仆人，社会地位却仍处于底层，怀才不遇的境地可想而知。

开元年间是兵农合一府兵制向兵农分离募兵制过渡的重要阶段，面对日益严峻的边防形势，兵制上的变革已是刻不容缓。在府兵制下行的初期，由州县强征并官赐装备（不足或自备）的白丁即兵募；及由中央会同地方共同征发的自愿兵即健儿③充当了府兵的补充。兵募和健儿存在制度上的番代与实际上的长镇间的相悖，促使唐玄宗在开元末年转向以建立职业兵为目的的募兵制。④随着府兵制愈加接近崩溃，将领想要经府兵系统诸官晋升愈加困难。高秀岩想要军旅生涯有所突破，必须借由新生的地方节度使幕府系统才有机会。王忠嗣初任河东节度使在开元二十八年（740）末至二十九年（741），再任河东节度使在天宝四年（745）至五年（746）。⑤高秀岩在开元二十八年末被夺情任河东都虞侯之前应与王忠嗣是旧识。两人人生交集可能是王忠嗣自小养于宫中时期即高秀岩宫中护卫期间，也可能是王忠嗣在河西从军的开元时期。高秀岩自河东调入河西应是受到了王忠嗣的举荐，后升任临洮军（今青海乐都县）大使，武

---

① 《旧唐书》卷42《职官一》，第1808页。

② 徐连达：《关于隋唐官员的职、散、勋、爵制度》，收入同氏著《隋唐史政治制度研究论集》，桂林：漓江出版社，2015年，第59—79页。

③ 孙继民：《中古史研究汇纂》，天津：天津古籍出版社，2016年，第110—116页。

④ 唐长孺：《武汉大学百年名典：魏晋南北朝隋唐史三论》，武汉：武汉大学出版社，2013年，第332—335页。

⑤ （清）吴廷燮：《唐方镇年表》，北京：中华书局，1980年，第410—411页。

散官即辅国大将军从二品。王忠嗣担任河西节度使在天宝五年（746）或六年（747）[1]，高秀岩任"河西陇右两道副持节河源军城使"即两道节度副使应在这一时期。同年，李林甫借玄宗不满于王忠嗣在董延光夺取石堡城时接应不利的机会，诬告王忠嗣准备拥立太子继位。不久，王忠嗣被远斥汉阳等地，自此高秀岩在河西军中失势。《资治通鉴》载：天宝八年（749）四月，哥舒翰率西军进攻石堡城，"数日不拔，召裨将高秀岩、张守瑜欲斩之"[2]。当时高秀岩已经60岁，屈侍小自己10岁的哥舒翰并受斩杀之辱，离开是保命和改善自己升迁环境的无奈之举。

2. 西军至东军：与安禄山殊途同归的高秀岩

高秀岩通过安禄山表兄安思顺的关系离开了河西[3]，并在安禄山的支持下升任了河东节度使留后，其权力达到了以往不曾有过的高度。他长时间从戎于河西和河东二镇，其中在河东任都虞侯，与后来安禄山主导的卢龙和范阳二镇的联系并不紧密。安禄山兼任河东节度使以后奏请皇帝将高秀岩由河西远调幽州。开元二十八年（740），安禄山任平卢兵马使。不久，朝廷授予他营州都督、平卢军使官衔。天宝元年（742），唐玄宗在平卢设置节度使，任命安禄山为御史中丞、平卢节度使。天宝三年（744），安禄山接替裴宽任范阳节度使，仍兼河北采访、平卢军等使。安禄山最早经营的地区是平卢，也就是杂胡聚集最多的地区，其次才是后来的范阳。天宝十年（751），安禄山兼任河东节度使，但是控制的势力范围大致只限于雁北地区。

安禄山在兼任范阳节度使后将自己的经营中心转移至范阳，必须有两个信任的将领代其监视河东和平卢二镇的日常事务。于是，高秀岩和史思明就成了安禄山的左膀右臂。高秀岩的军中资历（表4）不仅实际高于安禄山，更甚于史思明。

---

① 《唐方镇年表》，第 1222 页。

② 《资治通鉴》卷 216，唐玄宗天宝八年四月条，第 7015 页。

③ 刘子凡：《安史之乱前幽州节度使中的西北旧将》，载《辽宁大学学报（哲学社会科学版）》，2019（4）：126—131 页。

表 4　高秀岩与安禄山、史思明军职升迁一览表

年份 ＼ 将领	高秀岩	安禄山	史思明
开元中之前	在陇右任职		
开元中至开元二十八年（740）前	1. 勋官：上柱国（正二品） 职事官：华州万福府别将（上府正七品下，中府从七品上，下府从七品下） 任务：仍留宿卫皇邑； 2. 武散官：庄武将军（正四品下）① 职事官：同州襄城府折冲都尉（从四品上至从四品下） 勋官：上柱国（正二品） 3. 武散官：左虎贲将军（从三品护军）	1. 开元二十年（732）幽州偏将 2. 开元二十四年（736）果毅都尉（折冲果毅，从五品至从六品）	1. 开元二十四年（736）果毅都尉（折冲果毅，从五品至从六品）
开元二十八年（740）	1. 使职：河东节度都虞候 2. 使职：临洮军大使 武散官：辅国大将军（从二品）② 职事官：陇州刺史（从三品下至从五品下）	1. 开元二十八年（740）使职：平卢兵马使 2. 开元末使职：幽州节度副使 职事官：营州都督、平卢军使、顺化州刺史	
？—天宝八年（749）	使职：河西陇右两道副持节河源军城使	1. 天宝元年（742）职事官：御史中丞 使职：平卢节度使 天宝三年（744）使职：范阳节度使兼平卢节度使 2. 天宝六年（747）职事官：御史大夫	1. 天宝元年（742）知平卢军事
天宝十年（751）—	使职：河东节度使留后	1. 天宝十年（751）使职：范阳节度使兼任河东、平卢节度使 2. 天宝十三年（754）使职：闲厩使、陇右群牧等都使	1. 天宝十年（751）职事官：北平太守（刺史，从三品下至从五品下） 使职：卢龙军使 2. 至德元年（756）授封于安禄山。 使职：范阳节度使留后

① 《旧唐书》卷42《职官一》，第1784页。
② 《旧唐书》卷42《职官一》，第1784页。

将领 年份	高秀岩	安禄山	史思明
至德二年（757）—	1. 授封于安庆绪。 使职：河东节度使 2. 同年降唐，授封于肃宗。 名义职事官：户部尚书（正三品）兼御史大夫（从三品） 实际职事官：云中太守（云州刺史，从三品下至从五品下） 爵位：渤海郡王 勋官：上柱国	1. 至德元年（756）称帝	1. 至德二年（757）授封于安庆绪。 爵位：妫川郡王 使职：范阳节度使，兼领恒阳军事 2. 同年降唐，授封于唐肃宗。 爵位：归义郡王 实际职事官：范阳长史 名义职事官：御史大夫 使职：河北节度使 3. 乾元二年（759）称帝

这里必须强调的是，与史思明相比，安禄山在与高秀岩的互动中处于一种弱势的地位。平卢是安禄山最早任节度使的方镇，故掌控力度最强，其次是范阳镇，最后才是河东镇。史思明在叛乱后，欲取安庆绪而代之，判官耿仁智建议：

> 大夫久事禄山，禄山兵权若此，谁敢不服。如大夫比者，逼于凶威耳，固亦无罪。今闻孝感皇帝（肃宗）聪明勇智，有少康、周宣之略。大夫发使输诚，必开怀见纳，此转祸为福之上策也。①

史思明执掌平卢、范阳实权，是倚靠安禄山的声望。恰恰相反，高秀岩执掌河东，是出于安禄山的需要。《安禄山事迹》载：

> 禄山遣副将何千年奏表陈事，请以蕃将三十二人以代汉将。遣中使袁思艺宣付中书门下，即日进画，便写告身付千年。②

这一换将事件大致发生在安禄山起兵的半年前，据此可以认为安禄山也有意利用玄宗对自己的信任将平卢、范阳、河东三镇中大部分的中层指挥官员替

---

① 《旧唐书》卷 200 上《史思明传》，第 5378 页。

② （唐）姚汝能撰；曾贻芳点校：《安禄山事迹》卷中，上海：上海古籍出版社，1983 年，第 19 页。

换成自己所亲信的蕃将。高秀岩在安禄山在世时一直主持代北战事，如果不是安禄山的核心亲信，那么安禄山在起兵前完全有条件及理由将其从河东军的指挥层中清除，可见其备受安禄山信赖。通过高秀岩在河东的根基，安禄山强化对该镇的渗透力，比较稳定地控制了代北军队。

高秀岩为什么没有能够在早期节度一方，这与唐玄宗在李林甫的怂恿下大量进用蕃将有很大的关系。《新唐书》曰："时宰相李林甫嫌儒臣以战功进，尊宠间己，乃请颛用蕃将，故帝宠禄山益牢，群议不能轧，卒乱天下，林甫启之也。"① 从李林甫支持牛仙客在中央政府任职，我们就可以看出他希望朝堂上多一些无家世背景、无中央任职经历、无政治派别、无执政阶层人脉的寒门人士，不会对自己的相权构成威胁。② 具体到任用蕃将，他主要是阻止那些有功业的儒将进入中枢。这一政策的最大排他性就是针对汉将，以致在天宝年间形成了哥舒翰为代表的西胡与安禄山为代表的东胡共治北边的军事格局。唐朝作为汉族政权，最重要的北部防御竟然都假手于少数民族，这是一个并不常见的现象。大量少数民族将领的晋升导致类似于高秀岩这种长期辗转军中任职的汉族将领升迁困难。即使李林甫在这种政策下暂时获得了远超前任姚崇、宋璟等人的朝政掌控力③，却长远地割裂了边将与唐朝的向心力，加深了边军与中央的离心力。同时，东北战事频繁利于将领取得足够军功保证升迁，蕃将也获益颇多。

可以说，安禄山成就了高秀岩，高秀岩亦以行动回报了安禄山的提携之恩。安禄山在世时，高秀岩对其忠心始终不移。由于军中资历可与郭子仪、李光弼匹敌，即便在安史之乱爆发以后郭子仪和李光弼先后任河东节度使，都未能瓦解高秀岩对于大同地方军队的控制，这也是后来唐朝默许其事实割据代北的原因之一。高秀岩节镇河东，使官军与叛军在雁门关一线形成对峙，保障了燕国大本营幽州的安全，支援了安禄山南下经略洛阳、长安等地的军事行动。

3. 叛臣至忠臣：与史思明两歧遂分的高秀岩

"安史之乱"之称易使今人认为安禄山和史思明在政治及行动上完全一致，然"安、史两个政权在蕃部结构、权力建设、礼制信仰等诸多内部特质上存在

---

① 《新唐书》卷225上《逆臣上·安禄山传》，第6412页。
② ［加］蒲立本著；丁俊译：《安禄山叛乱的背景》，上海：中西书局，2018年，第86页。
③ ［英］崔瑞德：《剑桥中国隋唐史》，北京：中国社会科学出版社，1990年，第408页。

显著差异，两者之间变革性大于延续性"①。安禄山在天宝十年（751）兼任河东节度使以后，重新对平卢和河东二节度加强了控制，最直接的办法就是将史思明和高秀岩分别任用为平卢军使和河东节度使留后。出于开元、天宝之际集中东北军事力量镇压契丹和奚族的防御需要，安禄山自以范阳节度使兼任平卢节度使，而史思明仅兼北平太守充卢龙军使而非节度使留后，一定程度上说明对史思明并不信任。李协民在《试论安禄山与史思明的微妙关系》根据《资治通鉴》等史料，认为安禄山起兵前并未让史思明参与起兵计划的决策层，甚至在南下初期也只是象征性给予其少量的军力，后因颜真卿领导的义军在河北声势日涨使史思明开始受到倚重。安禄山在向润客杀贾循后任用史思明为范阳节度使留后希望扭转颓势，也给了其壮大自身势力的机会。安禄山对史思明的态度始终处于一种防范和利用兼有的状态。②

确实，在安庆绪败逃之际，史思明远带军队来到邺城。《资治通鉴》载：

> 张通儒、高尚等言于庆绪曰："史王远来，臣等皆应迎谢。"庆绪曰："任公暂往。"思明见之涕泣，厚礼而归之。经三日，庆绪不至。思明密召安太清令诱之，庆绪窘蹙，不知所为，乃遣太清上表称臣于思明，请待解甲入城，奉上玺绶。思明省表，曰："何至如此！"因出表遍示将士，咸称万岁。乃手疏唁庆绪而不称臣，且曰："愿为兄弟之国，更作藩篱之援。鼎足而立，犹或庶几；北面之礼，固不敢受。"并封表还之。庆绪大悦，因请歃血同盟，思明许之。庆绪以三百骑诣思明营，思明令军士擐甲执兵以待之，引庆绪及诸弟入至庭下。庆绪再拜稽首曰："臣不克荷负，弃失两都，久陷重围，不意大王以太上皇之故，远垂救援，使臣应死复生，摩顶至踵，无以报德。"思明忽震怒曰："弃失两都，亦何足言。尔为人子，杀父夺其位，天地所不容！吾为太上皇讨贼，岂受尔佞媚乎！"即命左右牵出，并其四弟及高尚、孙孝哲、崔乾祐皆杀之；张通儒、李庭望等悉授以官。思明勒兵入邺城，收其士马，以府库赏将士，庆绪先所有州、县及兵皆归于思明。遣安

---

① 李凤艳：《史思明与范阳》，载《文史知识》，2021（2）：96—101页。
② 李协民：《试论安禄山和史思明的微妙关系》，载《河北大学学报（哲学社会科学版）》，1983（3）：103—105页。

太清将兵五千取怀州，因留镇之。思明欲遂西略，虑根本未固，乃留
其子朝义守相州，引兵还范阳。①

安庆绪态度佐证史思明和安禄山关系并非表面上那么亲近。《安禄山事迹》
载："思明复称大燕，以禄山为伪燕"②，根据安史降臣墓志也可以看出史思明有意
和安氏燕国有所区别③。史思明称安庆绪谋害亲父故而杀之，理由看似正当。但波
及安庆绪的四个兄弟和崔乾佑等人都一起被杀，打击面如此之大，目的是为了拔
除军中安氏故党，从而建立起以自己为核心的燕国政权，可以利用追封死人安禄
山为光烈皇帝拉拢非核心的叛军将兵，却必须扫除在世的安氏核心旧臣。

因此，高秀岩这样参与叛乱的安氏核心党羽，必然是史思明必须除掉的对
象。此前，高秀岩和史思明虽然在同一时间一起降唐，也不足以说明其与史思
明构成从属关系。相反，降唐应看作一种自保行为，大同处于东西两大阵营之
间必择一方为主。高秀岩知道安、史二人互相利用的关系，回归唐朝麾下既保
证了自己的安全，也比称臣资历浅薄且不忠不义的史思明要合适许多。

4. 太守至节使：应宪宗政治理想的高秀岩

(1) 高秀岩反正后的功绩

从"公于是东遏同罗，北和猃狁，风驰星奔，聿来行在，奋斯进取"和参
与诸节度使合攻安庆绪于相州说明高氏仍然站在唐廷一边。通过深入推敲相州
会战的细节，邺城中的安庆绪既然有了禅让的打算，那么这时在叛军中占据主
导的就已经是史思明了。与其说这场是安庆绪和唐朝之间的关键战役，不如说
是史思明和唐朝之间的战争更为确切。

首先，关于同罗相关问题。其部在安史叛乱前主要分裂为三部分：一是河
曲一部；二是天宝初年阿布思降唐后被安禄山诱引至幽蓟地区的一部；三是漠
北故地余部。④ 天宝十五年（756）十一月，"贼将阿史那从礼以同罗、仆骨五千

---

① 《资治通鉴》卷223，唐肃宗乾元二年三月条，第7190页。
② 《安禄山事迹》卷下，第41页。
③ 彭文峰：《〈大燕赠右赞善大夫段夫人河内郡君温城常氏墓志铭并序〉的系年分析》，载
《宋史研究论丛》，2015：384—390页。
④ 张方：《铁勒同罗部的盛衰和迁徙》，载《河南教育学院学报（哲学社会科学版）》，2006
（1）：73—76页。

骑出塞，诱河曲九府、六胡州部落数万，欲迫行在。子仪与回纥首领葛逻支往击败之，斩获数万，河曲平定。"① 显然，同罗是广泛存在于安史叛军中的少数民族，"东扼同罗"的军事动作指向的是大同以东的地区。至德二年（757）十二月，安庆绪自东都溃败渡河北逃，大将北平王李归仁及精兵曳落河、同罗、六州胡数万人也随之溃逃返回范阳。"史思明厚为之备，且遣使逆招之范阳境，曳落河、六州胡皆降。同罗不从，思明纵兵击之，同罗大败，悉夺其所掠，余众走归其国。"②《旧唐书·史思明传》载："安庆绪为王师所败，投邺郡，其下蕃、汉兵三万人，初不知所从，思明击杀三千人，然后降之。"③ 同罗一部本就是从敕勒族中分化出来的较小部族，在唐朝和突厥、薛延陀、回纥、契丹的军事压力下，其部落广泛分布于河套至幽燕之间，可见其部落凝聚力远不及漠北诸强势部族，且时常依附于强族。这些长期跟随安禄山南征北战的同罗人，在安氏政权瓦解之际选择返国，即漠北龟林府④ 故地。更重要的是，这些同罗人是安禄山叛军的核心成员。《新唐书》载：安禄山"养同罗、降奚、契丹曳落河（意谓健儿）八千人为假子"⑤。天宝十四年（755），安禄山就"以同罗、契丹、室韦曳落河，兼范阳、平卢、河东、幽蓟之众，号为父子军"⑥。唐人受胡人影响盛行假子制度。⑦ 王忠嗣即唐玄宗义子，杨贵妃亦曾收安禄山为义子，安禄山即张守珪义子。边军当中很早就盛行以上下级隶属关系为基础的伪父子关系，一方面弱势的一方期利用上级权力达到自身仕途的突破，另一方面强势的一方期利用下级的功勋巩固自身的权力。安禄山亦深谙此道，至少在范阳和卢龙二镇中，长期存在着收假子的习惯，李宝臣即安禄山义子。同罗作为安禄山的嫡系部队，他们对于史思明的抗拒是最激烈和彻底的，佐证安禄山旧部确实与史思明并不相容。由于同罗在叛军中比较重要，与唐朝中央直系军队互有攻防，亦互有损伤。若大同一地直属于官军，则会加重北归同罗部对自身安全的担忧。同理，若东部同罗经大同入河曲与西部同罗合流，轻则袭扰边境安全，重则瓦解脆弱的北

---

① 《旧唐书》卷 120《郭子仪传》，第 3451 页。

② 《资治通鉴》卷 220，唐肃宗至德二年十二月条，第 7165 页。

③ 《旧唐书》卷 200 上《史思明传》，第 5378 页。

④ 《旧唐书》卷 195《回纥传》，第 5196 页。

⑤ 《新唐书》卷 225 上《逆臣上·安禄山传》，第 6414 页。

⑥ 《安禄山事迹》卷中，第 22 页。

⑦ 戴显群：《唐五代假子制度的历史根源》，载《人文杂志》，1989（6）：83—88 页。

方防御体系。同出安史叛军的高秀岩以羁縻的形式间接隶属唐朝，既迎合了同罗希望安全北返的心理，又完成了立足大同阻遏东、西方同罗合流的防御任务，唐朝军力得以集中于洛阳、汴州、邺城等地钳制河北叛军。

其次，高秀岩参与相州会战的细节也值得推敲。乾元二年（759），郭子仪、李光弼等九节度在相州被史思明击败，碑文记载进军路线是高秀岩在"易水之阳"即易水北面进行了誓师。大同军队有意避开了河东军政中心并州及其通往河北的井陉道，选择走拒马河上游到易州即李宝臣（时名张忠志）控制区。10万军队说明大同军事力量在安史叛乱前期并没有遭受到致命打击。对于风雨飘摇的唐廷来说，这样一支劲旅必不能让史思明收编。眼见安庆绪军事不振，孤悬大同的高秀岩必须在唐廷和史思明之间再择一主方可图存。如此一来，高秀岩和唐廷达成默契互不侵犯彼此的控制区，作为地方诸侯只能避开雁门关一线从易水上游的拒马河河道南下至相州参加会战。《新唐书》载："九节度师围相州也，忠志惧，归命于朝，肃宗即授故官，封密云郡公。史思明度河，忠志复叛，勒兵三万固守，贼将辛万宝屯恒州相掎角。"① 张忠志再次变节，导致高秀岩未能南下参与相州会战。正因如此，高秀岩保有10万之众继续"事实割据"代北。《旧唐书》载：上元元年（760）九月，肃宗"以子仪为诸道兵马都统，管崇嗣副之，令率英武、威远等禁军及河西、河东诸镇之师，取邠宁、朔方、大同、横野，径抵范阳。诏下旬日，复为朝恩所间，事竟不行"②。肃宗《命郭子仪充诸道兵马都统诏》表示关中抽调的军队总数在7万人，兼及大同、横野、清夷三军③，高秀岩的10万军队明显是必须争取和调遣的力量。若非鱼朝恩的谗言，唐廷收编计划真正实施，大同军队就会被置于官军体系之内。高秀岩在失去军队的情况下就无法继续维持"事实割据"的状态，或许会和官军兵戎相见。

补充说明一点，振武军的首次废置也应与高秀岩、同罗有关。《新唐书·方镇表》载：乾元元年（758），"置振武节度押蕃落使，领镇北大都护府、麟胜二州"④。至广德二年（764），"朔方节度使复兼单于大都护，罢河中、振武节度，

---

① 《新唐书》卷211《李宝臣传》，第5945页。
② 《旧唐书》卷120《郭子仪传》，第3454页。
③ 《资治通鉴》卷221，唐肃宗上元元年九月条，第7216页；《全唐文》卷43，肃宗《命郭子仪充诸道兵马都统诏》，第476页。
④ 《新唐书》卷64《方镇年表一》，第1766页。

以所管七州隶朔方"①。至德二年（757），高秀岩与史思明在同一时间降唐。振武军的设置，镇守六州胡及西部同罗故地。"众建节镇，弱化分割是肃宗以后唐朝政府对地方节度军镇的一项基本政策。与此政策相抵牾的节帅或节镇，必然与中央产生矛盾而被解决。"②从朔方军中析置振武军姑且可以看作是肃宗因应过度膨胀的朔方军反噬的预防措施，就振武军辖镇北大都护府（今内蒙古和林格尔县）、麟（今陕西麟游县）、胜（今内蒙古准格尔旗东北十二连城）的防区针对河东道北部的意味十分明显。尤其是在回纥和唐朝联盟的情况下，这一节度使辖区划分从侧面佐证在代北一直存在有令唐廷不放心的军事存在，当是预防高秀岩引东部同罗或叛军西进。

（2）高氏郡王爵位的含义

在这里，我们有必要就高秀岩的处置方案做一定的探讨。既然肃宗一直有意从代北直指幽州，在高秀岩归降后这一计划却始终没有实施，而高秀岩一直都有履行边防义务及参加平叛军事行动，他到底是忠还是逆，或者曾经复叛。

回归立碑以渤海郡王尊称高秀岩，可知确是唐朝官方所赠爵位。纵览安史降将爵位（表5），能够看出一些端倪。

表5　安史降将爵位表

将领	时间	爵位	出处
李怀仙	广德元年（763）	武威郡王	新唐书卷212 旧唐书卷11
李宝臣（张忠志）	乾元元年（758）	密云郡公	新唐书卷211
	上元二年（761）	赵国公	新唐书卷211
	宝应二年（763）——建中二年（781）	清河郡王或陇西郡王	旧唐书卷11；新唐书卷211；册府元龟卷129；册府元龟卷176
田承嗣	宝应二年（763）	雁门郡王	旧唐书卷11
薛嵩	大历初	高平郡王	新唐书卷111
	？	平阳郡王	新唐书卷111

① 《新唐书》卷64《方镇年表一》，第1768页。

② 李鸿宾：《唐朝朔方军研究：兼论唐廷与西北诸族的关系及其演变》，吉林：吉林人民出版社，2000年，第229页。

　　宝应二年（763），代宗再次统一河北诸镇节度使的爵位为郡王，只有薛嵩到了大历初年才被封为高平郡王。安禄山比较注意限制节度使军力，其在位期间基本构建仍是维持唐朝设定的河东、范阳、平卢三节度使的框架。从职位上看，第一次投降官军的李宝臣（张忠志）初始官职在九节度使围困安庆绪于邺城时是"恒州刺史＋密云郡公"，而《代宗实录》记史思明授予张忠志恒赵节度使①是将安庆绪授予张忠志的常山太守兼团练使职位升至了节度使②。安庆绪最早打破安禄山河北三节度使的结构，在至德二年（757）正月杀父后就"厚加诸将官爵以悦其心"③，当月即"以尹子奇为汴州刺史、河南节度使"④，后授史思明妫川郡王、范阳节度使，兼领恒阳军事。史思明由留后转正节度使，说明安庆绪政权的虚弱已不可逆转。《旧唐书·安庆绪传》载：至德二年（757）"十月……伪青、齐节度使能元皓独率众归附"⑤。能元皓应与尹子奇授节于安庆绪，大封诸将官爵情况下高秀岩由河东节度使留后升任节度使。据吴廷燮《唐方镇年表》考证乾元二年（759）至宝应元年（762）⑥能元皓为兖郓节度使。常衮《授能元皓左散骑常侍制》曰："太子宾客兼光禄卿上柱国河南郡开国公能元皓，以忠烈自将，以勇谋用师，夷险一心，精刚百炼。不夺之节，贯于风霜，殊常之勋，铭在锺鼎。累更任遇，休有令闻，出入龙楼，已先调护之列；优游骑省，载升顾问之地"⑦；其孙《能政墓志》⑧记能元皓开府仪同三司、检校礼部尚书、兖郓节度使，说明能元皓最终返回中央任闲职至老。至此，燕国政权经安史两家二朝更迭，不仅仅是皇帝姓氏的改变，更深层体现前后燕政权及控制者的更迭产生严重内耗削弱了安、史叛军首领对地方军将的控制。上元二年（761），史朝义在诛杀史朝清后任命李怀仙为幽州节度使清洗了史朝清的党羽。后来，唐代

---

　　① 《资治通鉴》卷222，唐代宗宝应元年十一月条，第7254页。

　　② 《资治通鉴》卷219，唐肃宗至德二年正月条，第7137页。

　　③ 《资治通鉴》卷219，唐肃宗至德二年正月条，第7130页。

　　④ 《资治通鉴》卷219，唐肃宗至德二年正月条，第7134页。

　　⑤ 《旧唐书》卷200上《安庆绪传》，第5372页。

　　⑥ 《唐方镇年表》，第265—266页。

　　⑦ 《全唐文》卷410，常衮《授能元皓左散骑常侍制》，第4207页。

　　⑧ 周绍良主编：《唐代墓志汇编》下册《唐故朝散大夫试光禄寺丞谯郡能府君墓志铭并序》，上海：上海古籍出版社，1992年，第2075页。

宗任命李怀仙为幽州大都督府长史，检校侍中，幽州、卢龙等军节度使[1]是承袭史氏的军事格局。令狐彰亦曾被史思明分封滑、郑、汴节度使[2]，然其辖地属于河北叛军和官军拉锯的主战场。同年，令狐彰根据地也被再次反叛的史思明攻破，只能在安史之乱后任由唐廷划分其势力范围。由此推之，河北藩镇按照军中资历大致可分为三个层次：李宝臣资历最深，李怀仙、令狐彰次之，田承嗣和薛嵩居末。李宝臣和李怀仙属于沿袭史氏旧封的军阀，薛嵩和田承嗣是属于唐朝新封的军阀，薛、田二人在史氏燕国时期至多为一州伪职刺史。高秀岩类似于初降唐朝的李宝臣，降时唐朝有李光弼为河东节度使，亡又未赶上代宗确定在河北实行分封节度使的政策，官方承认官爵就止步于"云中太守＋渤海郡王"。到了李怀仙和薛嵩降唐时，仆固怀恩居中协调，唐朝才开始下定决心在河北划分诸将势力范围，早降者保留伪节而后降者授予新节。如此论之，由安氏燕国回归者如高秀岩官爵停留在"刺史＋郡王"，而史氏燕国时期降唐者多受封"节度使＋郡王"。再回顾河北军阀在安史叛乱前的官位，李宝臣在安史叛乱前仅是射生官；田承嗣早年曾是安禄山部将，任前锋兵马使，因征讨奚族、契丹有功，升任左清道府率、武卫将军，在安史之乱平定前也只是伪魏州刺史[3]；薛嵩未知其位；李怀仙是安禄山帐内副将[4]，这些人都不如高秀岩在安史叛军时期的资历深厚。高秀岩在世时，"云中太守、渤海郡王"的官爵代表安史之乱前期，唐廷希望恢复旧有秩序的诉求。之后，唐朝只不过借仆固怀恩之手将史氏沿袭安氏燕国末期在河北分封节度使的政策继续实行而已，也开启了河北绥靖政策的序幕，而朝廷与河北节度使互不侵犯的互动规则或最早源自"大同方案"。

（3）立碑时元和初年的背景

上元二年（761）二月，史朝义杀父史思明，并诛杀了远在范阳的史朝清及其党羽，任用柳城守将李怀仙为范阳尹、燕京留守，"时洛阳四面数百里，州县皆为丘墟，而朝义所部节度使皆安禄山旧将，与思明等夷，朝义召之，多不至，

---

① 《旧唐书》卷 143《李怀仙传》，第 3895 页。

② 《资治通鉴》卷 222，唐肃宗上元二年五月条，第 7232 页。

③ 《旧唐书》卷 141《田承嗣传》，第 3837 页。

④ 《新唐书》卷 212《李怀仙传》，第 5967 页。

略相羁縻而已，不能得其用"①，那些曾是安禄山旧臣的节度使们不再听从史朝义的调遣。随着唐军军事节节胜利，史朝义已经无法遥控远在范阳的李怀仙，高秀岩得以在同年末顺利归葬范阳。这就衍生出另外一个问题，那就是为什么高秀岩的后人到宪宗初年才向官方申请迁葬回了河东道？

在整个安史之乱中，高秀岩是负责指挥河东道叛军的重要将领，那么玄、肃、代、德四宗都经历过这场叛乱，不大可能过分抬高高氏。为其立碑的宪宗皇帝是大历十三年（778）生于长安，"时过境迁"是高氏家族敢于向皇帝提出迁葬的原因。这里试着分析碑文记载高秀岩八子的官宦情况（表6）。

表6　高秀岩八子官职表

序列	名字	地方实职	中央虚职	中央实职
长子	颂	瀛州别驾	（试）太仆卿	
次子	震	无	无	卫尉少卿
三子	霁	桓州别驾	试太常卿	
四子	霞	无	无	太子仆
五子	霖	成德宣节度步军使兼都虞候经略副使	开府仪同三司、检校国子祭酒兼御史大夫	无
六子	雪	不详	试太常卿	无
七子	雾	不详	试太仆少卿	无
八子	霈	不详	试卫尉少卿	无

由于玄宗以后，官员数量庞大，更多的官员实际上并不判事，渐渐试官变成了试假其衔，通常是州郡佐官、使府幕官多试大理评事、校书郎之类；使职、州府长官多试卿监官。②除了次子震、四子霞在中央任职，其余诸子都应是在河朔藩镇任职。从长子颂和三子霁、五子霖的情况看，唐朝在高秀岩死后很顺利地收回了大同，但高氏家族由于害怕朝廷"秋后算账"仍前往河朔地区定居。至于次子和四子在中央任职，佐证了高氏归唐后未再叛乱，也就不影响其后人

---

① 《资治通鉴》卷222，唐肃宗上元二年三月条，第7231页。

② 杜文玉：《论唐代员外官与试官》，载《陕西师范大学学报（哲学社会科学版）》，1993（3）：90—97页。

升官至都城。正因为高氏诸子久居河朔，宪宗希望通过褒扬高秀岩的功绩向藩镇强调忠君的思想，在碑文中用高秀岩的遗训"洁己者，事君之本"强调保持政治节操最重要在于忠君，也用"伯仲等泣血祗命，不敢坠越"褒扬了高氏家人传承了其父恪守忠君遗训的良好家风。高氏八子之中，独重成德宣节度步军使兼都虞候经略副使霖，针对藩镇宣传的意味明显。

　　元和元年（806）至二年（807）的时局十分不稳定。唐廷先是在元和元年平定了西川刘辟的叛乱，后又平定夏绥节度留后杨惠琳的叛乱，还授节李师道意在安抚。元和二年，"夏、蜀既平，藩镇惕息，多求入朝"①。同年末，再平镇海节度使李锜叛乱。唐宪宗在这时高调为高秀岩立碑，无非是借由高氏功绩重申藩镇与唐廷之间的政治默契。《旧唐书·史思明传》载："李光弼使衙官敬俛招之。遂令衙官窦子昂奉表，以所管兵众八万人，及以伪河东节度高秀岩来降。肃宗大悦，封归义王、范阳长史、御史大夫、河北节度使，朝义已下并为列卿，秀岩云中太守，以其男如岳等七人为大官。"②高秀岩降于至德二年（757），碑文写作"乾元二年"不仅隐晦了其在安史叛军中曾担任伪河东节度使的不光彩经历，还有其他深意，高秀岩河东节度使职务直书碑文代表宪宗对于其功绩的认可。早在元和元年（806）③，宪宗还立《张孝忠碑》褒赞同为安史降将的张孝忠"三朝戴君"④之功。关于唐代藩镇节度使的德政碑亦或神道碑，溢美之词下无非是皇帝和节度使之间君臣关系的互相确认⑤，在认同中拉抬彼此的政治声势维持中唐以来唐廷和地方节度使共治天下的局面。高秀岩在世时唐廷最终认可的官职应是云中太守、渤海郡王，碑文中将其隐晦为"河东节度使、渤海郡王"是出于元和初向藩镇政治宣传的需要。总而言之，在宪宗看来，高秀岩在肃宗时的确是"事实割据"地方的诸侯，与后来的河朔藩镇相比无非少了节度使的官衔。

　　①　《资治通鉴》卷237，唐宪宗元和二年九月条，第7762页。

　　②　《旧唐书》卷200上《史思明传》，第5378—5379页。

　　③　据《权德舆年谱简编》，权氏元和元年其作《贞武张公遗爱碑铭集》，在此年正月任户部侍郎任；五月，迁兵部侍郎；十一月，迁吏部侍郎。在六部之哪部侍郎时撰此碑，不详。参见郭广伟校点：《权德舆诗文集》附录四，上海：上海古籍出版社，2008年，第921—922页。

　　④　《全唐文新编》卷496，权德舆《唐故义武军节度营田易定等州观察处置使开府仪同三司检校司空同中书门下平章事范阳郡王赠太师贞武张公遗爱碑铭（并序）》，第5861—5863页。

　　⑤　仇鹿鸣：《从〈罗让碑〉看唐末魏博的政治与社会》，载《历史研究》，2012（2）：27—44页。

综上所述，高秀岩最早也被看作一方诸侯。只有当大同一地是事实上的独立才能同时满足既参与官方军事行动，又造成肃宗无法实施代北进军计划。即便在归顺唐廷的情况下，高秀岩仍对自己的安全感到忧虑。最恰当的方式就是双方各守疆界，自然官军也就不可能从代北进军了。也就是说，高秀岩以军事支援官军行动换取自己割据代北，之所以大同藩镇并未正式被唐廷承认，是因为安史之乱尚未平定，官方对于河朔地区的安排没有一个准确清晰的方案。当时，唐廷对于高秀岩的处置有着双重意义：一方面，通过给予高秀岩高官显爵为李宝臣等树立标杆，可以看作一种政治上的保证，让这些安史叛将放心归降；另一方面，高秀岩的例子成为以后处置河朔地区的最早实验方案，唐廷尝试差异化对待安史集团内部有可能倒向官方的将领，以期减少平叛的阻力。笔者推断，唐廷在安史之乱中曾一度希望通过正式授予高秀岩河东节度使直接瓦解叛军在河东道北部的军事部署，但因高秀岩对安禄山十分忠心而作罢。

第五节　小结

天宝十四年（755）末，安禄山兵叛幽燕。唐军本欲先取云中郡（今山西大同市），经蔚州（张家口市蔚县）而取范阳（今北京市）。然而燕军进军速度远远超出唐廷预估。十一月，唐军被迫主动断河阳桥，并由河东节度副使、云中太守程千里转任潞州长史，期以"山河防线"阻击叛军于河北地区，并在蒲州（今山西永济市）置河中防御使，建立"关河防线"。同月，安禄山派人截杀唐河东节度使杨光翙扰乱太原唐军军心，又亲自到常山郡（今河北正定县）附近部署井陉关的防御，预防太原（今山西太原市）军队威胁河北。不久，燕军攻下洛阳（今河南洛阳市）。十二月，颜杲卿等于河北兴义兵控制了井陉道，为太原唐军东出提供了条件。天宝十五年（756）正月，李光弼本欲继续贯彻由云中直取范阳的计划，但是由于常山被围困，唐廷改派李光弼入援常山，希望太原与关中军队合作先期收复东京。三月，郭子仪出井陉道，与李光弼在河北接连大败燕军。至五月，扭转了唐军的不利局面，怎奈哥舒翰轻出潼关，长安陷落，郭、李二人主动撤回太原。正如《新唐书》所说"李光弼守太原，程千里守上党，许叔冀守灵昌（今新乡市延津县），鲁灵守南阳（今河南南阳市），贾贲守雍丘（今开封市杞县），张巡守睢阳（今河南商丘市），初无去荣，未闻贼能下也"①。安史之乱初期，唐廷为了应对叛军，将河东道初步划分为太原、潞州、蒲州三个攻守方向侧重不同的军事区域：以太原为重心的河东节度使由井陉道经略河北；以潞州为重心的潞州长史协防河内阻止燕军过河；以蒲州为重心的防御使依托蒲津协防关中。至此，河东道成为长安"关河"防线与洛阳"山河"防线的一部分，初时，蒲津防御使（或防御守捉蒲关使）、潞州长史都要明显低于河东节度使，三者之间仍然保持着名义上的隶属关系，实际河东道三家分立的局面基本形成。上党与河内构成的洛京防线是唐、燕争夺最激烈的地区之一，谁取之则攻守之势兼备：燕得之，则可压缩洛京战略防御空间；唐守之，则可以逸待劳拒敌于河。故李光弼"移军河阳，北阻泽潞、三城以抗，胜则擒之，败则自守，表里相应，使贼不敢西侵，此则猿臂之势也"②，而太原节度使依托井陉道入援河北道威胁燕军后方范阳与前线联系的作用偏向进攻。随着时局向好，在唐军收复长安至洛阳未下期间，河中地区来自敌军的威胁已经降低，镇西等行营屯驻河中，也是出于保障唐廷与河东道、河北道等地唐军联络。具体而言，蒲州位置偏西不便于支援他地，实际诸行营、河中节度使驻绛州更利于作战。必须看到，燕军进攻集中在云中、太原、河东、潞州四地，且多是偏师性质，故河东道罹兵祸不及河北、河南二道猛烈③，为战后牵制河北藩镇留存了力量。值得注意的是，高秀岩的例子为后来唐廷处置安史叛将提供了范本。

由此可知，唐廷在安史叛军的进攻下，根据东西二京内疆防御需求于河东道分立河东、河中、上党三节度使，明确了三者不同权责，河东道军队分进合击在战争中出力颇多。

---

① 《新唐书》卷119《贾至传》，第4298页。
② 《旧唐书》卷110《李光弼传》，第3307页。
③ 林伟洲：《安史之乱时期节度使设置原则与目的之探究——以河东道节度使为例》，载《大叶大学通识教育学报》，2013（11）：35—53页。

第七章

河中朔方分合的始末

广德二年（764）至大历十四年（779），河中镇被废，暂时隶属朔方节度使管辖；大历十四年至建中四年（783），河中虽独设观察使，却无权统领朔方河中行营的军队，这一区间被称作"河中附庸朔方时期"。[①] 唐廷根据帝国军事形势主次方面的变化调整着河中镇的建制。

第一节　河中镇附庸朔方军的原因

安史之乱结束，唐廷与河北藩镇的战争由军事层面转向政治层面，内忧暂时缓解，外患却已经到来。唐廷与漠北回纥一直维持着良好的外交关系，间接减轻了河东、关内道部分地区的军事防御压力。唯有吐蕃厉兵秣马，既蚕食陇右又坐望关中，破坏了唐朝稳定西北地缘政治局势的努力，严重威胁李唐政权生存及边疆稳定。鉴于西北边防形势吃紧，唐廷运行防秋制度，统筹全国的军事、财政等资源向西北倾斜。在这种情况下，河中镇附庸于朔方军，既可经济互补，亦可安抚朔方河中行营军队兵将。

[①]　崔人杰：《唐中后期河中镇研究：以朔方化和中央化时期为主》，西安：陕西师范大学，2013 年，硕士论文，第 10—14 页。

（一）西北国土格局的改变

《资治通鉴》载：

> 吐蕃入大震关，陷兰、廓、河、鄯、洮、岷、秦、成、渭等州，尽取河西、陇右之地。唐自武德以来，开拓边境，地连西域，皆置都督、府、州、县。开元中，置朔方、陇右、河西、安西、北庭诸节度使以统之，岁发山东丁壮为戍卒，缯帛为军资，开屯田，供馈粮，设监牧，畜马牛，军城戍逻，万里相望。及安禄山反，边兵精锐者皆征发入援，谓之行营，所留兵单弱，胡虏稍蚕食之；数年间，西北数十州相继沦没，自凤翔以西，邠州以北，皆为左衽矣。①

广德二年（764）九月，代宗以郭子仪充北道邠宁、泾原、河西以来通和吐蕃使，以陈郑、泽潞节度使李抱玉充南道通和吐蕃使，实际上就是分两道防御吐蕃。永泰元年（765）正月，唐廷加李抱玉凤翔、陇右节度使驻守凤翔（今宝鸡市凤翔县），泽潞则由留后李抱真负责。唐王朝在关内道部署的八个军镇，由里至外构成了三个圈层防御体系：第一圈层包括凤翔、泾原、邠宁、鄜坊四个军镇，第二圈层包括朔方、夏绥两个军镇，第三圈层包括振武、天德两个军镇。② 这一体系是唐朝理想中的防御组合，但河西、陇右、关中唐军在安史之乱时纷纷外调援助山东造成边防空虚，吐蕃趁机大举入侵，尽占河西、陇右之地。实际上唐朝与吐蕃经常形成拉锯的是第一圈层即"凤翔—邠州"一线。

当时的情况是，长安反在拱卫河中，故代宗言河中"地非要害，不可犹开幕府；事无防遏，不可更置辕门（耀德军）"③。耀德军置于乾元二年（759），应是应对安史之乱而立。河中地区属于内层防御圈东部，远离战争前线。这时，唐都长安于西北直面吐蕃，河陇间战略缓冲地带被蚕食殆尽，"地非要害"确是

---

① （北宋）司马光：《资治通鉴》卷223，唐代宗广德元年七月条，北京：中华书局，1956年，第7265页。

② 李新贵：《吐蕃关内道战略战术的嬗变与粮秣补给关系试析》，载《军事历史研究》，2010（2）：70—74页。

③ （清）董浩等编：《全唐文》卷48，代宗皇帝《罢河中节度并耀德军敕》，北京：中华书局，1983年，第529页。

实情。关内道的防御体系是唐朝为拱卫长安而主动构建的。我们将关中三层防御圈放在整个唐朝国土的范围内来看，因为关内道腹边地位的转变，已经能够在某种程度上看到了北宋永兴军路的边防形势。当都城由长安向汴州发生转移，就会形成"山南西道（北宋兴元府）—凤翔（北宋凤翔府）—朔方（西夏西平府）—天德（辽天德军）—振武（辽振武军）"、"夏绥（西夏夏州及北宋绥州）—邠宁（唐、北宋邠宁庆三州）—长安（北宋京兆府）"、"河东（北宋太原府及以北诸州）—河中（北宋河中府和解州）—华同（北宋华州与同州）—陕虢（北宋陕州和虢州）"、"洛阳—昭义（北宋隆德府）"，逐级拱卫汴州的被动防御体系。实际上，北宋与西夏、辽朝的西北边境大致是唐朝关内道最外层与中层防线之间拉锯的结果。那么金朝与南宋的西北则可以看作唐朝整个西北三层防线的最终崩溃。宋金之际同州知州唐重认为稳定国势，上策当"镇抚关中以固根本，然后营屯于汉中，开国于西蜀"或中策"驻节南阳，控楚、吴、越、齐、赵、魏之师，以临秦、晋之墟，视敌强弱为进退，选宗亲贤明者开府于关中"[1]，即：

> 中都倚秦兵为爪牙，诸夏恃京师为根本。今京城围久，人无斗志，若五路之师逡巡未进，则所以为爪牙者不足恃，而根本摇矣。然溃卒为梗，关中公私之积已尽；又闻西夏侵掠鄜延，为腹背患。今莫若移檄蜀帅及川峡四路，共资关中守御之备，合秦、蜀以卫王室。[2]

顾祖禹《读史方舆纪要》曰："汴都背倚燕、赵，面控江、淮，泰岳镇其左，温、洛萦其右，为天下奥区，然形势涣散，防维为难"[3]"守关中，守河北，乃所以守河南也，自古及今，河南之祸中于关中者什之七，中于河北者什之九"[4]。唐重的计划明显是循汉唐旧迹，重整关中防御，然后渐次收复北方故土，而关中乃是关乎全局的根本区域。"唐代之史可分前后两期，前期结束南北朝相

---

① （元）脱脱等撰：《宋史》卷447《忠义二·唐重传》，北京：中华书局，第13186—13187页。

② 《宋史》卷447《忠义二·唐重传》，第13186页。

③ （清）顾祖禹撰；贺次君、施和金点校：《读史方舆纪要》卷47《河南二·开封府》，北京：中华书局，2005年，第2137页。

④ 《读史方舆纪要》卷46《河南方舆纪要序》，第2083页。

承之旧局面，后期开启赵宋以降之新局面。"①在安史之乱后，唐廷主动重建或维持者即南北朝以来"以关中制天下"的旧格局，被动避免或蕴含者即五代、北宋西北国土或边防收缩的新局面。

换言之，唐朝关中防御圈中已蕴含军事、经济重心东移的趋势。

（二）战时与常时体系夹杂下的西北军粮转运

唐朝的外患主要来自北边擅长骑射的游牧民族，秋高马肥之时正是骑兵作战的最佳时期。根据游牧民族的习惯而专门于秋季加强边境防御的"防秋"之说早在初唐就已出现。②"防秋"作为唐代颇具特色的御边活动，中央政府将外镇之兵移镇驻防，用以遏制游牧民族季节性的入侵活动。这项制度萌芽于开元中期，唐玄宗曾诏令荣王李琬亲往巡察，并领兵"赴陇右防捍"，若"立秋末无事，放还"。③时唐朝国力强盛，奉行进攻性军事战略，"防秋"只是阶段性军事屯防行动，并未形成制度。安史之乱后，随着唐朝国力愈衰，吐蕃、回纥等游牧民族频频侵犯关中，威胁帝都安全，"防秋"遂成拱卫京师的常态。④防秋制度下的资源调配格局是由东援西及由南援北。四方诸镇抽调军队按季节定期驻防关内道，军队之移动即人力、物力之移动。河中毗邻关内道，其暂时附庸朔方是防秋制度运作下相邻方镇功能互补的极端个例。

在整个北方国土格局发生转变的同时连带整个西北军事物资运输也发生变化。如果说南北及东西经济交流造就了汴州成为北方最重要的物流中心，那么河中则是因为军事而成为西北最重要的军粮转运中心。安史之乱后，关内道本地农业生产已经无法满足军队需求，大量的物资需要从外调入。大历元年（766）正月，"户部尚书刘晏为都畿、河南、江南、湖南、荆南、山南东道转运、常平、铸钱、盐铁等使，侍郎第五琦为京畿、关内、河东、剑南、山南西

---

① 陈寅恪：《论韩愈》，收入同氏著《金明馆丛稿初编》，北京：生活・读书・新知三联书店，2001 年，第 332 页。

② 齐勇锋：《中晚唐防秋制度探索》，载《青海社会科学》，1983（4）：102—106 页。

③ 《全唐文》卷 310，孙逖《遣荣王琬往陇右巡按处置敕》，第 3153 页。

④ 朱德军：《唐代关中神策军规模、供给与唐帝国的衰微》，载《宁夏社会科学》，2016（3）：181—187 页。

道转运等使,分理天下财赋"①,唐廷急需各地的物资运往关中。

郭子仪领河中便于中央控制税赋存放和转运,保障政府财政安全及边军供应。至大历九年(774)五月,代宗《命诸道入钱备和籴诏》云:

> 四海之内,方协大宁,西戎无厌,独阻王命,不可忘战,尚劳边事。朕顷以兵革之后,军国空耗,躬率节俭,务勤农桑。上玄储休,仍岁大稔,益用多愧,不知其然。虽属此人和,近于家给,而边谷未实,戎备犹虚。因其天时,思致丰积,将设平籴,以之馈军。然以中都所供,内府不足,粗充常入之数,岂齐倍余之收。其在方面荩臣,成兹大计。共佐公家之急,以资塞下之储。②

防秋军队主要来自边镇防秋兵、神策军防秋兵、关东戍卒,仅代宗、德宗二朝便投入兵力 40 万人用于增加长安西部和北部的防守力量。③中央政府在各地征收赋税充作前线军队防秋的粮饷。唐廷以河中为中转站进行运输提高了军需供应效率。这些税赋在河中被分作三部分,一部分轻货在长安和籴④换成军粮西运,一部分粮食直接运往作战前线,还有一部分轻货运往太原和籴。《新唐书·食货志》载:"初,度支岁市粮于北都,以赡振武、天德、灵武、盐、夏之军,费钱五六十万缗,溯河舟溺甚众。建中初,宰相杨炎请置屯田于丰州,发关辅民凿陵阳渠以增溉。"⑤官方水利管理专法的《水部式》作于开元十三年(725)至天宝元年(742)⑥,明确记载胜州在晋绛等地区招聘运米丁,当是因应河东粮食西渡黄河之需。

既然关内道北部地区的军粮是和籴于太原,而关中周边的则是和籴于长安,

① 《资治通鉴》卷224,唐代宗大历元年正月条,第7307页。
② (后晋)刘昫等撰:《旧唐书》卷11《代宗本纪》,北京:中华书局,1975年,第304—305页。
③ 曾超:《唐代防秋兵力考证》,载《雁北师范学院学报》,2004(1):23—27页。
④ 吕岩:《试论唐朝政府购买物资的地域分布及物资流向》,载《中国农史》,2016(3):52—64页。
⑤ (北宋)欧阳修、宋祁撰:《新唐书》卷53《食货志》,北京:中华书局,1975年,第1372页。
⑥ 赖俊:《敦煌文书〈水部式〉残卷相关问题研究》,西安:陕西师范大学,2016年,硕士论文,第28页。

这是最经济和省事的转运方式。但实际情况是，政府在安史之乱后财政困难，能够足额征收税赋就很不容易了，无法再苛责官员征税或百姓纳税时是哪种实物或货币，所以我们经常可以看到南方转运到长安的物资中有粮食也有丝织品。政府主要采取和籴方式解决西北边军粮食供应，仍有一部分粮食存储在河中地区以备不时之需。《裴倩墓志》载："代宗焦劳念虑，命德宗以雍邸总戎，赋舆所会，征缮不给。有诏辍东方军市之租，移用于中都。"①《卢弼墓志》载："大历际，国家以边鄙尚耸，行征且殷，关河所入，不充馈饩，乃以淮湖隙地，辟为公田。"②元和六年（811），唐宪宗也曾言时"陕路漕引悉归中都"③。顾况《韩滉行状》载：

> 时希烈尽锐攻陈州，公命诸将与宣武军合势，破贼数万人。关中初复，公以为国无年储，何御荒俭。陈围已解，汴路即通，抗表请献军粮二十万斛，从本道直至渭桥，公命判官元友直草创运务，部勒趋程。时河中阻兵，坚城未拔，关河蝗旱，军食不足。船至垣曲，王师大振，拜检校尚书左仆射同中书门下平章事，加本道度支营田充江淮转运等使。连岁蝗灾，仰在转运。公自晨及暮，立于江皋，发四十七万斛。舳舻所至，近远慰安。④

河中地区的旱灾和蝗灾造成了储存在当地的粮食入不敷出，再加上叛军控制河中，一时间长安粮食短缺。开元年间，"河州敦煌道，岁屯田实边食，余粟转输灵州，漕下黄河，入太原仓，备关中凶年。关中粟麦，藏于百姓"⑤。又《新唐书·食货志》载："滉遂劾琇常饣军米淄青、河中，而李纳、怀光倚以构叛，贬

---

① 周绍良主编：《全唐文新编》卷500，权德舆《尚书度支郎中赠尚书左仆射正平节公裴公神道碑铭并序》，长春：吉林文史出版社，2000年，第5888页。

② 吴钢主编；陕西省古籍整理办公室，洛阳市第二文物工作队编；王京阳等点校：《全唐文补遗》第8辑《唐故和州含山县主簿卢府君墓志铭并序》，西安：三秦出版社，2005年，第104页。

③ 《旧唐书》卷14《宪宗本纪上》，第437页。

④ 《全唐文新编》卷530，顾况《检校尚书左仆射同中书门下平章事上柱国晋国公赠太傅韩公行状》，第6163页。

⑤ 《全唐文新编》卷720，陈鸿祖《东城老父传》，第8260页。

琇雷州司户参军，寻赐死"①，说明河中主要存储粮食供应关中。

唐廷在有意识维持安史叛乱之前的西北军粮运转体系，但由于战乱后社会经济和政府运营都需要时间恢复，原有的运粮体系不足以满足西北军事的开销，那么战时军事重镇节度使兼领税赋情况较好的州就成为暂时弥补开支的具体方式。于是，在吐蕃和回纥的紧逼下，唐廷最优先任务仍是整合东方资源重建关中周边防御体系。广德二年（764）六月，代宗以此为由敕罢了河中节度使及耀德军，将这一决定仅仅归结于国土改变下军事防御格局的变化是远远不够的。肃、代两朝之际是皇帝有意识处置勋臣的时期。"是时郭子仪有定天下功，居人臣第一，心媢之，乘相州败，丑为诋譖，肃宗不内其语，然犹罢子仪兵，留京师。代宗立，与程元振一口加毁，帝未及寤，子仪忧甚。"②眼见诸多有功之臣蒙冤受屈而死，郭子仪十分清楚自身处境，主动请求废除河中节度使和耀德军是自保之策。代宗顺水推舟，欣然允诺。这样一来，皇帝明其忠心，心中疑虑自消。大历三年（768）十一月，郭子仪还河中。元载以马璘驻守邠宁不能有效扼阻吐蕃入侵为由向代宗建议郭子仪率本驻河中的朔方军移镇。马璘徙镇泾州（今平凉市泾川县），郭子仪则带领大部河中朔方军移镇邠州（今陕西彬州市）。郭子仪曾论军费来源问题，曰："若以边土荒残，军费不给，则以内地租税及运金帛以助之。"③凌准《邠志》载：

> 十二月，诏马公兼领泾原，寻以郑颍资之；李公兼领山南，犹以泽潞资之；郭公兼领邠宁，亦以河中资之。三将皆如诏。朔方军自此大徙于邠。郭公虽连统数道，军之精甲，悉聚邠府，其他子弟，分居蒲、灵，各置守以专其令。蒲之余卒，稍迁于邠。④

盖李抱玉、马璘、郭子仪屯镇之地军费支出无法完全就地解决，兼领内地富庶地区以实军资。河中自然和水利灌溉条件优良，是唐朝重要的产粮地区，可屯田保障军粮供应。早在大历元年（766）十二月，"郭子仪以河中军食常乏，

---

① 《新唐书》卷53《食货志》，第1370页。
② 《新唐书》卷207《宦者上·鱼朝恩传》，第5863页。
③ 《资治通鉴》卷224，唐代宗大历三年十一月条，第7323页。
④ 《资治通鉴》卷224，唐代宗大历三年十一月条，第7323页。

乃自耕百亩，将校以是为差，于是士卒皆不劝而耕。是岁，河中野无旷土，军有余粮"[1]，多粮可满足较多人口的消费，为经济发展提供所需的必要劳动力资源；蒲州的冶铁、酿酒、造纸、盐池等手工业发达，也开拓了军府的税源。[2] 农业和手工业都可以为军队提供稳定军费来源。

大历十四年（779），郭子仪官职是"司徒、中书令领河中尹、灵州大都督、单于、镇北大都护、关内、河东副元帅、朔方节度、关内支度、盐池、六城水运大使、押蕃部并营田及河阳道观察等使"[3]，六城即朔方节度使管辖的黄河河西的榆多勒城（今内蒙古鄂托克旗东北）、丰安城（今中卫县石空堡）、定远城（今平罗县姚伏堡）、东受降城（今托克托县南）、中受降城（今包头市西）、西受降城（今内蒙古乌拉特中后联合旗西南乌加河北岸）等六座城池。[4] 无论粮出自河中还是太原，最终的归途都是朔方，这些粮食很可能由六城水运使负责走水路转移至朔方地区。郭子仪代表唐廷控制了河中，既能稳定防秋军队后勤供应链，也可与长安形成保卫陕州的屏障，不至于江南税赋运输道路被回纥和吐蕃截断。

必须指出，藩镇的收入是通过侵夺辖区内中央的财赋征收权而实现的，大致包括两税、营田及榷酒、榷茶、榷盐、榷铁、商税等杂税收入[5]。一般来说，河北藩镇是不会向中央政府上缴赋税的，然非定期或定期的"上供"还是存在的。"代宗之世，每元日、冬至、端午、生日，州府于常赋之外竞为贡献，贡献多者则悦之。武将、奸吏，缘此侵渔下民"，至德宗生日"四方贡献皆不受。李正己、田悦各献缣三万匹，上悉归之度支以代租赋"。[6] 既然，河北诸藩镇中魏博、成德已经派军队参与防秋，况且防秋时可以参加具有一定经济效益的和籴，也就可以预见一些藩镇将领会以私人名义向皇帝上供财物。《旧唐书》载："大历四年（769），起授（穆宁）监察御史，领转运留后事于淄青。"[7] 藩镇敛财使自己有物质基础应对突变的政治形势，通过向皇帝进奉维系朝廷对自

---

① 《资治通鉴》卷224，唐代宗大历元年十二月条，第7312页。
② 任颖卮：《唐代蒲州研究》，济南：山东大学，2010年，博士论文，第101—129页。
③ 《资治通鉴》卷225，唐代宗大历十四年五月条，第7377页。
④ 岑仲勉：《唐史余沈》，上海：上海古籍出版社，1960年，第110页。
⑤ 张国刚：《唐代藩镇研究》，长沙：湖南教育出版社，1987年，第210—213页。
⑥ 《资治通鉴》卷226，唐德宗建中元年四月条，第7398页。
⑦ 《旧唐书》卷155《穆宁传》，第4114页。

我的认可。① 如是言之，河中也是河北、河东道州县税赋、藩镇不定时"上供"的转运中心。

唐朝开始以"防秋制度"整合内地军事资源投放至关中，强化长安周边军事存在。"防秋"的出现标志着唐朝"以关中制天下"的军事格局开始瓦解，山东军事实力逐渐压倒关中渐居上风，预示着新的军事、政治、经济中心向东方转移的开始。郭子仪虽移镇邠州，却不可轻弃南北财富西运的交通枢纽河中。在防秋制度下，河中在东西及南北方钱粮等资源转运中枢的地位得到强化，尤其在战乱后关中仍进行和籴的情况下，长安附近的粮食供应更加依赖河中地区。很明显，河中附庸于朔方军在宏观上有利于整个西北军事物资体系运转的安全，在微观上有利于保障皇城长安的粮食供应。

（三）朔方行营军队的河中地著化

朔方军长期远离本土远征异地他乡，士兵迫切渴望回归安定生活，当其长久驻扎某地，便容易在地化，对移防怀有抵触情绪。

行营一般是由临时性的征讨而外派驻守他地的军队所组成。自上元元年（760）起至大历四年（769），驻河中镇的诸行营军有些已在此生活了九年之久，一些军队已经有本地化倾向。长期驻防的结果有二：一是军队组成人员的职业化和世袭化，二是军士的本土地著化，前后者互为因果，相互作用以致军队与驻防地区关系密切而难以分离。② 《资治通鉴》载：

> （案：大历四年二月）辛酉，郭子仪自河中迁于邠州，其精兵皆自随，余兵使裨将将之，分守河中、灵州。军士久家河中，颇不乐徙，往往自邠逃归；行军司马严郢领留府，悉捕得，诛其渠帅，众心乃定。③

放弃安居河中的生活移镇至邠州等作战前线，这些士兵从心理上是抗拒

---

① 苗倩倩：《唐代进奉现象研究》，成都：四川师范大学，2011 年，硕士论文，第 19—21 页。

② 李鸿宾：《墓志铭印映下的唐朝河北粟特人"地著化"问题——以米文辩墓志为核心》，收入纪宗安、马建春主编：《暨南史学》第 10 辑，桂林：广西师范大学出版社，2015 年，第 37 页。

③ 《资治通鉴》卷 224，唐代宗大历四年五月条，第 7327—7328 页。

的。早在大历三年（768）十一月，泾州军队就发生了谋乱，部分由绛州移镇而来的北庭军队就是主谋。^①既然一些军队已经河中本地化，又必须将更多的军队投入至邠州等前线，将河中与邠州等地分别设置节度使是不合适的。军队长期异地驻防，就会有地著化倾向。郭子仪移镇邠州以后，两地军队士兵亦有亲属在彼方。贞元元年（785）四月，韩游瑰向浑瑊请兵，共同攻打朝邑。李怀光属将阎晏欲战官军，手下士卒言："彼非吾父兄，则吾子弟，奈何以白刃相向乎。"^②

军队由于驻防他乡有地著化倾向，亦有他例。建中元年（780）二月，杨炎加固原州城池，规划收复秦、原地区。唐廷遣李怀光、朱泚、崔宁等将率军助修，并命泾州打造修城器具。泾州将士刚刚过上安逸的生活，恐怕又被移镇他地，怒言："吾属为国家西门之屏，十余年矣。始居邠州，甫营耕桑，有地著之安。徙屯泾州，披荆榛，立军府；坐席未暖，又投之塞外。吾属何罪而至此乎！"^③加之，李怀光军法严苛，导致刘文喜聚众叛乱。杨炎的主张虽然可以为长安扩展防御的战略空间，但却没有考虑到士兵们的切身感受。

综上所述，唐廷权衡利弊，河中镇附庸于朔方既可强化北边防御，又可兼顾河中朔方军的思想情感，利于军心稳定。

（四）朔方将兵人身依附关系"世兵化"

世兵制是指兵役承担者的身份与地位被固化和世袭化的一种兵制，主要特征表现为：兵与民分离，兵士另立户籍谓之"士籍""兵籍"或"军籍"，世代相袭为兵，身份低贱和人身极不自由，等等，这种兵制肇始于汉代，发展于东汉末期，确立于三国时期。^④世兵制于南北朝盛极而衰，至隋唐逐渐被府兵制

---

① 《资治通鉴》卷224，唐代宗大历三年十二月条，第7324页，载："初，四镇、北庭远赴中原之难，久羁旅，数迁徙，四镇历汴、滑、凤翔，北庭历怀、绛、鄜然后至邠，颇积劳弊。及徙泾州，众皆怨诽。刀斧兵马使王童之谋作乱……"

② 《资治通鉴》卷231，唐德宗贞元元年五月条，第7572页。

③ 《资治通鉴》卷226，唐德宗建中元年二月条，第7396—7397页。

④ 高敏：《魏晋南北朝兵制研究》，郑州：大象出版社，1998年，第122—126页。

所取代。^①

私兵化是世兵化的基础,即私兵化是某种程度上的世兵化。安史之乱以后,藩镇节度使个人或家族长期执政一方,利用当地的经济资源成为本镇最大的庄园主,通过募兵制度形成将兵之间更加紧密的南北朝部曲式的人身依附关系,并在此基础上衍生出牙兵群体。^②节度使在安史之乱中获得募兵、统兵的擅专之权,在以"牙兵"为代表的河北藩镇身上这种地方军队私人化的倾向表现得尤为明显。^③部曲、牙兵逐层向军队将领靠拢,尤以随扈或牙兵等私兵与其寄生的官宦个体人身依附关系最强。军中隶属关系的固化导致军人群体与政治的崛起,私兵化倾向广泛在军中扩散,军队编制中的部曲就成为了将兵隶属关系固化的代名词。

仆固怀恩叛乱时,郭子仪自河中入朝代宗,曾言:"怀恩本臣偏裨,其麾下皆臣部曲,必不忍以锋刃相向"^④,其统率朔方军日久,与将兵们在某种程度上已经形成强烈的人身依附和情感寄托。朔方士兵跟随郭子仪挽救唐朝于垂危之际,亦获得了丰厚的赏赐与较高的社会声誉。后郭子仪之所以凭一己之力重新将朔方军拉回忠唐阵营,与士兵间私恩起了一定作用。仆固怀恩汾州兵变,李抱真逃归唐廷,向代宗谏言恢复郭子仪兵权的重要性,他说:

> 朔方将士思郭子仪,如子弟之思父兄。怀恩欺其众云,郭子仪已为鱼朝恩所杀,众信之,故为其用耳。陛下诚以子仪领朔方,彼皆不召而来耳。^⑤

郭子仪与这些将士在长期共同作战中结下了比较深厚的情感,这种私人情感往往凌驾于国家情感之上。代宗"闻朔方将士思公(郭子仪)如枯草之望雨",由郭子仪镇抚河东道,"汾上之师必不为变",河中朔方叛兵皆言:"吾辈

---

① 漆侠:《漆侠全集》第 8 卷《隋唐时期的世兵制及其向府兵制的转化》,保定:河北大学出版社,2009 年,第 31—39 页。

② 王育民:《论唐末五代的牙兵》,载《北京师院学报》,1987(2):54—60 页。

③ 李治安主编:《唐宋元明清中央与地方关系研究》,天津:南开大学出版社,1996 年,第 66—70 页。

④《资治通鉴》卷 223,唐代宗广德二年八月条,第 7285 页。

⑤《资治通鉴》卷 223,唐代宗广德二年正月条,第 7279 页。

从怀恩为不义，何面目见汾阳王。"① 果然，郭子仪入汾州，"怀恩之众，悉归之，咸鼓舞涕泣，喜其来而悲其晚也"②。唐廷尚需郭子仪的威望号召军士反正，即便在叛乱平息后，也需要借助将兵间强烈私人感情的羁绊维系中央对军队的控制，作为驻防地的河中附庸郭子仪所镇守的邠宁地区是必然的选择。

同理，陆贽论及平淮西叛乱时，也强调了"厚抚部曲"③ 的重要性。大历十一年（776）二月，郭子仪入朝面圣，命判官杜黄裳留守处理军务。李怀光见郭子仪离军，阴谋代其掌管军权，竟矫作诏书欲诛杀大将温儒雅等人。杜黄裳识破其谋，李怀光只好作罢。杜黄裳仍恐诸将难制，"矫子仪之命，皆出之于外，军府乃安"④。杜黄裳本奉郭子仪命令留守可自专处理军事，尚须假传郭子仪命令放逐诸将至外所，可知军中制度难行，以私恩驾驭下属是制度实行的必要条件。同年十二月，泾原节度使马璘死于军中，"军中奔哭者数千人，喧咽门屏，秀实悉不听入。命押牙马頔治丧事于内，李汉惠接宾客于外，妻妾子孙位于堂，宗族位于庭，将佐位于前，牙士卒哭于营伍，百姓各守其家"⑤。牙兵、将佐等中下层官兵是节度使统军的重要支撑力量，他们之间的私人关系更加亲密，而普通兵士更多看重统帅军系渊源与声望。在皇帝未及昏聩与国力尚可的情况下，将领在君臣互动中处于弱势，更需依赖皇帝的授权掌控军队。安史之乱致使均田制最终崩溃，由于"两税法"的实行，农民对唐政府、地主阶级的人身依附关系进一步松弛成为社会发展的主流趋势。恰与社会主流趋势相反，设立方镇加深了募兵制中将领与士兵隶属关系的固化，阶层流动性的缺乏促使军中人身依附关系全面呈现"世兵化"。于是，作为皇帝和士兵中间纽带的将领的向背就成为唐廷军队掌控力强弱的关键要素。这样一来，唐廷总是处于利用和限制将兵关系"世兵化"倾向的矛盾之中。

将领与牙兵、部曲之间隶属关系"世兵化"的趋势是彼此间情感、利益关系深化的结果。谁想控制军队，都不可违逆"世兵化"的发展趋势。

---

① 《资治通鉴》卷 223，唐代宗广德二年正月条，第 7280 页。

② 《资治通鉴》卷 223，唐代宗广德二年二月条，第 7282 页。

③ （唐）陆贽撰；王素点校：《陆贽集》卷 16《收河中后请罢兵状》，北京：中华书局，2006 年，第 532 页。

④ 《资治通鉴》卷 225，唐代宗大历十三年十二月条，第 7372 页。

⑤ 《资治通鉴》卷 225，唐代宗大历十一年十二月条，第 7359 页。

第二节　勋臣仆固怀恩叛乱

长期负责协调联合回纥作战的仆固怀恩在平定安史之乱的战争中功勋卓著，其个人仕途真正的崛起机遇是皇帝对于郭子仪功高震主的担忧，而其仕途的衰落也是唐廷对安史勋臣群体不信任的缩影。唐廷扶持仆固怀恩，正是看中其需要借助唐廷控制军队的弱势。郭子仪在仆固怀恩叛乱时重掌朔方军，一定程度上可以看作唐廷利用郭氏军中人脉瓦解了仆固怀恩对军队的控制。

（一）仆固怀恩控井陉引河北诸藩

仆固怀恩代郭子仪执掌朔方军权主持河北战事，与日后响应自己叛乱的安史叛将多有交集。

安史之乱初，仆固怀恩随朔方节度使郭子仪在振武军（今内蒙古和林格尔县西北）及其以东的马邑、云中地区连败叛将高秀岩、薛忠义等部。天宝十五年（756），又与李光弼在常山（今河北正定县）附近诸县多次对燕作战。次年，仆固怀恩居中协调回纥兵参加收复两京有功，随后又转战河北诸地。乾元二年（759），仆固怀恩统率朔方行营，被封大宁郡王。宝应元年（762），代宗本欲以郭子仪为帅东征史朝义，因鱼朝恩进谗作罢。十月，雍王李适为天下兵马元帅，由朔方节度使兼绛州刺史仆固怀恩任副元帅节制诸行营[①]实际负责平叛，大军自陕州（今三门峡市陕州区）恢复洛阳，乘势追击悉平河北。

广德元年（763）初，仆固怀恩奉命护送回纥登里可汗途经太原北归。河东节度使辛云京怀疑仆固怀恩有意勾结回纥袭取太原，未出城犒军。双方僵持至七月，仆固怀恩怒，不仅亲自率朔方兵数万人屯汾州（今山西汾阳市），还遣其子御史大夫仆固玚部万人屯榆次（今晋中市榆次区），裨将李光逸部屯祁县（今晋中市祁县），裨将李怀光部屯晋州（今山西临汾市），裨将张维岳部屯沁州（今长治市沁源县）。[②]叛军阻断了河东道南北之间的交通；又煽动河北安史藩将共同反唐。裴抗《魏博节度使田公神道碑》曰：

---

① 《资治通鉴》卷222，唐代宗广德元年十月条，第7251页。
② 《资治通鉴》卷223，唐代宗广德元年七月条，第7266页。

初怀恩之讨朝义也，深结归命之帅，阴有将叛之心，及恃功不虔，造节方兆，虎据汾晋，寇于太原，乃分使河朔，连扇群帅，邀我同恶，示以师期。群帅献款，决计于公。①

李怀仙、薛嵩、田承嗣、李宝臣积极响应仆固怀恩叛唐动议，并由相州、卫州运输粮草至河东道以表诚意。②仆固怀恩命四将积聚粮草、招募军队伺机起兵。③由此可见，仆固怀恩与河北藩镇互为唇齿，订立攻守同盟。八月，骆奉先至长安，奏称仆固怀恩谋反。十月，吐蕃攻唐泾州（今平凉市泾川县），刺史高晖降后引吐蕃深入至邠州（今陕西彬州市）。吐蕃兵锋已及奉天（今咸阳市乾县）、武功（今咸阳市武功县），代宗诏以雍王李适为关内元帅，郭子仪为副元帅，出镇咸阳（今陕西咸阳市）。吐蕃由西北入侵关中，仆固怀恩屯兵河东④，欲引回纥经此道西向长安。代宗因长安守军不足而出幸陕州。吐蕃进入长安，拥立故邠王守礼之孙李承宏为帝。鄜延（今陕西延安市）节度使白孝德与蒲州、陕州、商州（今陕西商洛市）、华州等地的唐军合力收复长安，吐蕃退走。其间，仆固怀恩准备抢占辛云京的发迹地代州⑤未获成功，才联络曹楚玉⑥，欲引导河北藩镇经蔚州入河东道牵制代州等地唐军。广德二年（764）正月，仆固怀恩策反河东都将李竭诚共取太原。辛云京早觉，杀李竭诚并加强警备。⑦仆固场攻打太原大败后转向围困榆次，代宗以郭子仪为关内、河东副元帅、河中节度等使兼朔方节度大使。薛嵩军向河阳威胁东都⑧，牵制洛阳、潞州等地唐军，避免

---

① 《全唐文》卷 444，裴抗《魏博节度使田公神道碑》，第 4532 页。
② 《全唐文》卷 507，权德舆《故司徒兼侍中上柱国北平郡王赠太傅马公行状》，第 5159 页，载："初伪范阳节度使李怀仙，与相卫恒定等四帅相继来降，怀恩结为党助，奏复其职。至是拥众据汾上，子场围太原，相、卫馈餫，以相掎角"。
③ 《旧唐书》卷 141《李怀仙传》，第 3895 页，载："怀仙等四将各招合遗孽，治兵缮邑"。
④ 《旧唐书》卷 120《郭子仪传》，第 3455 页。
⑤ 案：辛云京曾任代州刺史。
⑥ 《全唐文》卷 962《贺仆固怀恩死并诸道破贼表》，第 9995—9996 页，载："臣伏闻逆贼仆固怀恩以去月九日死于灵州鸣沙县。又见成德军节度使李宝臣露布，斩逆贼蔚州刺史曹楚玉并破党项部落，收诸蕃汉官兵及百姓等三万余众……又曹楚玉去顺效逆，与之连衡，更唱迭和，同为不道，李宝臣恭行天罚，遂戮鲸鲵。其余吐蕃之兵，羌浑之旅，或驱役邻土，或陵逼凤翔"。
⑦ 《资治通鉴》卷 223，唐代宗广德二年正月条，第 7279 页。
⑧ 《旧唐书》卷 134《马燧传》，第 3690 页，载："薛嵩自相、卫馈粮以绝河津"。

其北上援助太原。仆固怀恩占领了乐平（今晋中市昔阳县）附近的诸城池，后被镇守井陉道的承天军使张奉璋击退①，东引河北藩镇入侵太原的计划失败。二月，郭子仪至河中，安抚当地军队。后仆固玚在榆次（今晋中市榆次区）被乱军所杀，仆固怀恩北走灵州（今宁夏吴忠市）。叛军内部发生分化，张维岳在沁州收捕仆固怀恩部将焦晖、白玉，投诚郭子仪。郭子仪也顺利进入汾州，安抚了跟随仆固怀恩的朔方军主力。七月，仆固怀恩再引回纥、吐蕃10万侵扰边境，郭子仪驻防奉天。九月，唐廷以郭子仪充北道邠宁、泾原、河西以来通和吐蕃使及陈郑、泽潞节度使李抱玉充南道通和吐蕃使，协同负责完善长安附近军事防线。吐蕃逼近邠州（今陕西彬州市），朔方兵马使郭晞部万人驰援。十月，仆固怀恩联军至邠州，白孝德、郭晞婴城固守。

永泰元年（765）五月，郭子仪统率东都、山南东道、河南道诸行营②，出镇河中，扼阻北敌于黄河，兼顾支援关中。九月，仆固怀恩诱回纥、吐蕃、吐谷浑、党项、奴刺30万③再次入侵唐朝：吐蕃尚结悉赞摩、马重英等自北道取奉天；党项率任敷、郑庭、郝德等自东道取同州；吐谷浑、奴刺等部自西道取盩厔（今西安市周至县），回纥、吐蕃、怀恩朔方兵亦取此道。因仆固怀恩中途遇暴疾而后死于鸣沙（今宁夏青铜峡南），侵唐联军瓦解。

朔方军系将领转战太行山东西，非常了解唐朝防御的弱点。仆固怀恩以驻扎绛州的朔方等行营军队为主力，西引外族，东诱河北藩镇，全面威胁唐朝北方秩序。仆固怀恩之变"不啻于禄山、思明之难"④，令唐朝统治者看到了朔方军过强的隐忧。

---

① 周绍良、赵超主编：《唐代墓志汇编续集》，《唐故河东节度右厢兵马使开府仪同三司试太常卿文安郡王张君墓志铭并序》，上海：上海古籍出版社，2001年，第699页，载："属仆固扇逆，晋人恼惧。东连涂水，南跨介山，兼乐平数城，欲为应接。公乃分奇兵，绝粮道，冒死格战。苦彼一军，唇齿俱亡，首尾不救"。

② 《旧唐书》卷120《郭子仪传》，第3453页。

③ 《资治通鉴》卷223，唐代宗广德二年九月条，第7286页；《新唐书》卷137《郭子仪传》，第4606页，明确记载仆固怀恩集合了诸多势力军队共三十余万。

④ 《全唐文》卷784，穆员《相国义阳郡王李公墓志铭》，第8193页。

（二）仆固怀恩被逼而叛

仆固怀恩叛乱虽时间不长，但其反叛缘由却耐人寻味。

广德元年（763）七月，代宗同意了群臣奏议，上尊号宝应元圣文武孝皇帝，并改元，大赦天下，对内给参与讨伐史朝义者加官晋进爵，对外册封回纥可汗及可敦，回纥将领亦有封赏。[①]唐朝时局正处于一个十分微妙的节点，改元封赏典礼象征大唐中兴。正当整个唐朝帝国政局走向稳定的时候，朝堂之上一场政治清洗行动已经展开。鱼朝恩、程元振等人频繁肆意构陷勋臣，多有致死或被逼反叛者。

截至当年，平定安史之乱功臣实际情况可分三类：一是在皇帝身边的文官，手中没有兵权，依附于皇帝，对皇帝无法构成威胁；二是已经死亡的地方将领，如战死沙场的张巡、颜杲卿、鲁炅等人或自然死亡的王思礼等人，显然这些人更不会对唐王朝的安全造成威胁；三是手中有兵的功臣，如李光弼、郭子仪、来瑱、仆固怀恩、李怀让等人。这些人毫无例外，都受到了代宗身边宦官鱼朝恩、程元振等的攻讦。最先受到责难的功臣就是来瑱，宝应元年（762），肃宗诏来瑱入京，他踟蹰不前又引起肃宗的疑心，碍于安史之乱尚未平定，只能加官笼络；宝应元年（762）五月至八月，来瑱先是打败了奉代宗命令讨伐自己的裴茂，后又被从叛军归来的王仲升污蔑"与贼合"[②]，况且程元振与来瑱早有过节[③]。宝应二年（763）正月，唐代宗下诏赐死了来瑱。六月，同华节度使李怀让在程元振的构陷下被迫自杀，也是皇帝处置勋臣的结果。[④]

当国家度过了灭亡的危机，像李光弼这样位高权重的勋臣自然成为皇权巩固的障碍。《旧唐书·李光弼传》载：

> 广德初，吐蕃入寇京畿，代宗诏征天下兵。光弼与程元振不协，

---

① 《资治通鉴》卷 223，唐代宗广德元年七月条，第 7264 页。

② 《旧唐书》卷 114《来瑱传》，第 3366—3367 页。

③ 《旧唐书》卷 184《程元振传》，第 4762 页，载："元振常请托于襄阳节度使来瑱，瑱不从。及元振握权，征瑱入朝，瑱迁延不至。广德元年（763），破裴茂，遂入朝，拜兵部尚书。元振欲报私憾，诬瑱之罪，竟坐诛"。

④ 李碧妍：《危机与重构——唐帝国及其地方诸侯》，上海：复旦大学，2011 年，博士论文，第 414—419 页。

迁延不至。十月，西戎犯京师，代宗幸陕。朝廷方倚光弼为援，恐成嫌疑，数诏问其母。吐蕃退，乃除光弼东都留守，以察其去就。光弼伺知之，辞以久待敕不至，且归徐州，欲收江淮租赋以自给。代宗还京，二年正月，遣中使往宣慰。光弼母在河中，密诏子仪舁归京师……及惧朝恩之害，不敢入朝，田神功等皆不禀命，因愧耻成疾，遣衙将孙珍奉遗表自陈。广德二年（764）七月，薨于徐州，时年五十七。①

自广德初年，李光弼已经察觉到了朝廷政治风向的变化。加之，程元振又多向代宗进谗言，所以其至死也不肯离开徐州。再回看《旧唐书·仆固怀恩传》，有如下记载：

广德元年（763）九月，上以回纥近塞，怀恩又与辛云京有隙，上欲其悔过，推心以待之。恐其不信，诏黄门侍郎裴遵庆使汾州喻旨，且察其去就。遵庆既至，怀恩抱其足号泣而诉，遵庆因宣圣恩优厚，讽令入朝，怀恩许诺。副将范志诚说之曰"公以谗言交构，有功高不赏之惧，嫌隙已成，奈何入不测之朝，公不见来瑱、李光弼之事乎！功成而不见容，二臣以走、诛。"怀恩然之。②

显然，仆固怀恩也认为代宗对来瑱、李光弼等平叛功臣存有猜忌，自己身边亦有皇帝亲信宦官骆奉先随时监视自己举动。③之后，骆奉先非但没有因仆固怀恩叛乱一事受到责罚，反倒有所升迁。由此可见，代宗是想借宦官之口，行杀功臣之举，巩固自己的地位，避免重蹈安史之乱覆辙。很短的时间内，代宗就赐死了来瑱、逼死了李怀让、贬谪了李光弼、逼反了仆固怀恩。平定安史之乱的最大功臣郭子仪也未能幸免。早在上元二年（761）四月代宗即位伊始，内

---

① 《旧唐书》卷110《李光弼传》，第3310—3311页。

② 《旧唐书》卷121《仆固怀恩传》，第3487页。

③ 《新唐书》卷207《骆奉先传》，第5861—5862页，载："骆奉先者，亦三原人，历右骁卫大将军，数从帝讨伐，尤见幸，广德初，监仆固怀恩军者。奉先恃恩贪甚，怀恩不平，既而惧其谮，遂叛。事平，擢奉先军容使，掌畿内兵，权焰炽然"。

官程元振就向其发难，离间君臣关系。郭子仪自请卸任副元帅，被代宗派去给肃宗修建陵墓，躲过一劫。[①] 时吐蕃进攻关中和仆固怀恩叛乱未平，关中局势骤然紧张。皇帝着眼于全局，必需有能力的统帅组织军队抵抗少数民族入侵，却也间接保护了郭子仪免受政治清洗行动的波及。蕃将是安史叛乱的主力，即便一些蕃将参与平叛，更多人开始倾向蕃将不肯尽忠唐朝，于是仆固怀恩蕃人身份加重了唐朝的不信任感。[②]

仆固怀恩叛乱是代宗继位之初处置功臣的例子之一。代宗继位之初，掌握重兵的勋臣成为了皇权的威胁，利用宦官编造各种借口、罗织各种罪名，便是最好的解决方法。宦官虽自玄宗以来就日益嚣张，但对功臣的迫害与皇帝的默许有着直接的联系，代宗皇帝通过这种方法除去功臣，试图保证长安的安全及皇权的稳固。

第三节　李怀光叛乱

代宗通过贬杀、调离安史勋将，一定程度上延缓了将兵隶属关系"世兵化"的倾向，避免了军队大规模兵变的风险。出乎预料的是，缺少勋将制约的中下层将官开始操弄军队反叛唐朝。

（一）李怀光威望不足震慑朔方军众

"时势造人"就是指英雄的出现必须有一定的社会历史背景。"后安史时代"不足以造就李怀光成为一个主导政权存亡的军事统帅，也就无法赋予其统率大朔方军的威望。

---

① 《旧唐书》卷 120《郭子仪传》，第 3454 页，载："四月，代宗即位，内官程元振用事，自矜定策之功，忌嫉宿将，以子仪功高难制，巧行离间，请罢副元帅，加实封七百户，充肃宗山陵使"。

② 刘永强、张剑光：《从河东镇的政治处境论辛云京与仆固怀恩之乱》，载《上海师范大学学报（哲学社会科学版）》，2019（4）：134—144 页。

毋庸置疑，朔方军是安史之乱平叛的绝对主力。在转战东西的过程中，朔方军实际上控制了许多州县。唐廷必须通过与该军有渊源的重臣才可以控制这支功勋卓著的劲旅，而勋臣们控制朔方军的正当性源自于皇帝的旨意。仆固怀恩以"太保兼中书令、灵州大都督府长史、单于镇北大副大都护、充朔方节度关内支度营田盐池、押诸蕃部落副大使、知节度事、六城水运使、兼河北副元帅、上柱国、大宁郡王"①统领朔方；郭子仪以"司徒、中书令领河中尹、灵州大都督、单于、镇北大都护、关内、河东副元帅、朔方节度、关内支度、盐池、六城水运大使、押蕃部并营田及河阳道观察等使"②统领朔方。郭子仪、仆固怀恩皆出自朔方军，个人境遇变迁与朔方军兴衰及荣辱息息相关。经过长期的并肩作战，两人在军中树立了较高的威望。大历十四年（779）五月，代宗采取明升暗降的方式，加郭子仪太尉兼中书令，罢去副元帅及所兼使职，解除其兵权，继而三分朔方军：以河东、朔方都虞候李怀光为河中尹兼邠宁、庆、晋、绛、慈、隰等军州节度使，以朔方留后、灵州长史常谦光为灵州大都督兼西受降城、定远、天德、盐、夏、丰等军州节度使，振武军使浑瑊为单于大都护兼东、中二受降城、振武、镇北、绥银、麟胜等军州节度使。但自建中二年（781）二月，德宗便以河中尹兼若干州观察或防御使，与邠宁节度使保持松散的隶属关系。③同年，邠宁节度使李怀光兼灵州大都督、单于镇北大都护、朔方节度使、六城水运使。④河中地区独立置使是德宗欲延续代宗分化朔方军政策的结果，却不能忽视朔方地区的军粮仍需要外调，所以李怀光又兼任了"六城水运使"，该使主要利用黄河河道，所以河中不可避免会隶属于朔方。此外，当时唐朝已经没有如郭子仪一样高威望的将领可令朔方众人服从。早在大历十四年（779），李怀光掌管朔方、邠宁等地时，就有邠州将官不服。《资治通鉴》载：

> 朔方、邠宁节度使李怀光既代郭子仪，邠府宿将史抗、温儒雅、

---

① 李希泌主编；毛华轩等编：《唐大诏令集补编》下册，上海：上海古籍出版社，2003 年，第 1431 页。

② 《资治通鉴》卷 225，唐代宗大历十四年五月条，第 7377 页。

③ （清）吴廷燮：《唐方镇年表》，北京：中华书局，1980 年，第 446 页。

④ 《旧唐书》卷 121《李怀光传》，第 3492 页，载：建中二年，"迁检校左仆射，兼灵州大都督、单于镇北大都护、朔方节度支度营田观察盐池押诸蕃部落六城水运使，实封四百户。邠宁节度等使如故"。

庞仙鹤、张献明、李光逸功名素出怀光右，皆怏怏不服。怀光发兵防秋，屯长武城，军期进退，不时应令。监军翟文秀劝怀光奏令宿卫，怀光遣之，既离营，使人追捕，诬以他罪，且曰："黄蕡之败，职尔之由！"尽杀之。[1]

邠府宿将们认为自己功业在李怀光之上，那么河中地区的将领肯定也是如此。《诛李怀光后原宥河中将吏并招谕淮西诏》曰：

> 李怀光久从戎旅，颇著勤劳，拔于等伦，授以旌钺。誓师河朔，奔难奉天，有夷凶嫉恶之诚，有弭患释围之绩。俾介元帅，仍升上台，秉心匪彝，自底不类。怙众贪乱，附奸胁君，朕用再迁，几危宗庙。[2]

李怀光虽尽忠职守，然于同辈将领中并未有非凡的指挥才能，之所以屡迁以至大用，皆是德宗一手扶持的结果。陆贽论及当时皇帝选择将领的初衷，他说：

> 凡欲选任将帅，必先考察行能，可者遣之，不可者退之，疑者不使，使者不疑，故将在军，君命有所不受。自顷边军去就，裁断多出宸衷，选置戎臣，先求易制，多其部以分其力，轻其任以弱其心，遂令爽于军情亦听命，乖于事宜亦听命。戎虏驰突，迅如风飙，驲书上闻，旬月方报。守土者以兵寡不敢抗敌，分镇者以无诏不肯出师，贼既纵掠退归，此乃陈功告捷。其败丧则减百而为一，其掳获则张百而成千。将帅既幸于总制在朝，不忧罪累，陛下又以为大权由己，不究事情。可谓机失于遥制矣。[3]

忠于唐朝的地方节度使权力扩张同步于安史之乱的平定过程。在皇帝看来，军事上的胜负不再是最重要的事情。随着河北战事告一段落，如何收回节度使权力就成为当朝者亟待解决的问题。像李怀光这样"后安史时代"的将领清楚

---

[1]　《资治通鉴》卷 226，唐代宗大历十四年八月条，第 7387—7388 页。
[2]　《陆贽集》卷 3《诛李怀光后原宥河中将吏并招谕淮西诏》，第 90 页。
[3]　《资治通鉴》卷 234，唐德宗贞元九年五月条，第 7668 页。

军权的正当性来源于皇帝的授予，通过竭力维持忠君形象诱导士兵听从自己，隐匿一些唐廷安抚信息是十分必要的。德宗在《招谕河中诏》言道："频降诏书，再三晓谕，皆被怀光隐匿，兼亦志有加诬。"①

朔方军统帅与皇帝之间是互相成就的关系。统帅凭借皇帝授权确立了军队指挥权的正当性，强化了士兵对于自身的认同。反之，皇帝通过有威望的将领强化军队的控制，巩固自身的统治。将领与士兵在长久军事作战中进一步强化和确认"世兵化"的双向隶属和依附关系。李怀光自身威望不足以建立及维持与将士间强大的人身依附关系而导致失败。

（二）唐军平叛河中

河中之地临近长安，平叛自是必然选择。

建中三年（782）初，由于德宗处置失误，致使本讨魏博田悦的幽州朱滔、恒冀王武俊、淄青李纳合流共同反唐。五月，朔方节度使李怀光奉诏率神策及朔方军东讨。六月，李怀光至河北支援马燧、李抱真、李芃等作战，被叛军战败于篠山（大名县北12公里处）之西，后与其对峙于魏桥。李怀光在河北牵制了大量的叛军，缓解了当地困难局面。十一月，朱滔乃自称冀王，田悦称魏王，王武俊称赵王，共同煽动李纳称齐王。次月，李希烈于许州（今河南许昌市）自称天下都元帅、太尉、建兴王。

建中四年（783）初，德宗以左龙武大将军哥舒曜为东都、汝州节度使，率领凤翔、邠宁、泾原、奉天、好畤等行营兵数万人讨伐李希烈。同年九月，李希烈持续围困哥舒曜于襄城（今许昌市襄城县），时李怀光率朔方军与河东、泽潞、河阳三军驻屯魏县（今邯郸市魏县）。十月，泾原节度使姚令言援助哥舒曜途经京师，士兵未获犒赏而发生哗变拥立朱泚为主。德宗外逃奉天（今咸阳市乾县），李怀光奉诏回援长安。当月，朱泚围攻奉天不胜。十一月，李怀光经河中西屯蒲城（今渭南市蒲城县），引兵经泾阳（今咸阳市泾阳县）至奉天，败朱泚军于澧泉（今咸阳市礼泉县）。长久以来，神策军与朔方军之间就存在矛盾，

---

① 《陆贽集》卷5《招谕河中诏》，第154页。

彼此缺乏信任。^①李怀光这次赴难本欲向德宗谏言诛杀"卢杞、赵赞、白志贞之奸佞"^②，却不得见天子，悻悻引兵屯驻咸阳。十二月，德宗迫于形势，贬黜了卢杞，仍不能使李怀光泄愤。

兴元元年（784）正月，德宗下罪己诏于天下，河北田悦、王武俊、李纳皆上表谢罪。唯李希烈自视甚高，尚称皇帝。二月，李怀光正式叛唐，德宗加李晟河中、同绛节度使兼同平章事。不久，德宗移幸梁州（今陕西汉中市）。李怀光言于手下将领："今且屯泾阳，召妻孥于邠，俟至，与之俱往河中。春装既办，还攻长安，未晚也。东方诸县皆富实，军发之日，听尔俘掠。"^③河中、邠州是朔方军长久驻防的地区，李怀光移兵不仅因河中富庶可资军备，亦是出于情感之考量。韩游瑰发动兵变杀李怀光属将邠宁镇留后张昕。时河中尹李齐运弃城而逃，李怀光控制同州后渡河返回河中。三月，德宗赦免李怀光，仍免去其兼任的副元帅、太尉、中书令、河中尹及诸道节度、观察等使。^④李怀光显然不再具有统率军队的正当性。张蒙《镇国军节度使李公功德颂》曰：

> 李怀光阻河拒命，窃弄戈钺，北连绛台，南抵黄巷，选朔方之健将，保朝邑之离宫。陛下特诏攻围，重鞠戎旅，总于经略，丕冒平凉，或掎击其救兵，或邀绝其馈卒，力殚命窘，因乃求降。未歼当道之豺，且磔吠篱之犬。^⑤

李怀光防御主要集中在同州、绛州、黄巷三点。黄巷即黄巷阪，《元和郡县图志》云："黄巷阪在县（虢州闵乡县）西北二十五里，即潼关路也，历北出东崤，通谓之函谷关。"^⑥郦道元《水经注》对此有描写："河水自潼关东北流，水侧有长坂，谓之黄巷坂，坂傍绝涧（远望沟），陟此坂以升潼关……邃岸天高，

---

① 王效锋：《再论李怀光之叛》，载《乾陵文化研究》，西安：三秦出版社，2017年，第101—107页。

② 《资治通鉴》卷229，唐德宗建中四年十一月条，第7496页。

③ 《资治通鉴》卷230，唐德宗兴元元年二月条，第7534页。

④ 《资治通鉴》卷230，唐德宗兴元元年三月条，第7540页。

⑤ 《全唐文》卷617，张蒙《镇国军节度使李公功德颂》，第6231页。

⑥ （唐）李吉甫撰；贺次君点校：《元和郡县图志》卷6《河南道》，北京：中华书局，1983年，第163页。

空谷幽深，涧道之峡，车不方轨，号曰天险。"① 黄巷阪是长安至陕州间必经之地，有水路可至河东道风陵渡口，说明李怀光已以一部叛军屯黄巷阪暂控东西交通。

李怀光镇守蒲州（今山西永济市），并遣其妹婿要廷珍守晋州（今山西临汾市），扼阻太原军队南下。四月，德宗调集亲信将领强化官军合围河中的态势，一是防止忠唐朔方军与河中朔方叛军合流，二是阻断长安朱泚与李怀光的联系：邠宁兵马使韩游瑰任邠宁节度使；奉天行营兵马使戴休颜任奉天行营节度使；陕虢防遏使唐朝臣任河中、同绛节度使。五月，唐军李晟、骆元光、尚可孤等部收复长安。次月，梁庭芬等杀朱泚于彭原（今庆阳西峰区彭原镇）西城屯。七月，李怀光遣使至梁州谢罪。德宗派遣孔巢父宣慰河中，李怀光默许士兵将其杀害，再次兴兵叛乱。同时，李怀光牙将毛朝敩守隰州（今临汾市隰县），郑抗守慈州（今临汾市吉县）②，叛军沿河防御力拒唐军于河西。官军首先需扫除涑水盆地周边外围叛军据点，为进攻蒲州扫除障碍。不久，河东节度使马燧遣人说降晋、慈、隰三州。浑瑊、骆元光进兵同州（今渭南市大荔县），被李怀光部将徐庭光阻挡在长春宫（今大荔县朝邑镇）。德宗调集邠宁（治所邠州，今陕西彬州市）节度使韩游瑰、镇国节度使（治所华州，今渭南市华州区）骆元光、河中节度使浑瑊、鄜坊（治所坊州，今延安市黄陵县）节度使唐朝臣诸路合兵讨伐李怀光。因河中未平，加浑瑊朔方行营元帅，抽调部分朔方军参加平叛。九月，马燧部3万攻绛州（今运城市新绛县），并分兵收复夏县、稷山、龙门。③ 十月，叛将阎晏进攻同州，被官军败于沙苑（今大荔县南）。德宗诏令邠州军前往增援，韩游瑰率军3000赶赴河中。马燧攻下绛州后，继续分兵扫除叛军大本营蒲州外围闻喜（今运城市闻喜县）、万泉（今万荣县万泉乡）、虞乡（今永济市虞乡镇）、永乐（今芮城县永乐镇）、猗氏（今运城市临猗县）等据点。④ 九月至十月间官军行动，大致都是围绕着峨嵋塬周边⑤军事要点

---

① （北魏）郦道元著；谭属春、陈爱平点校：《水经注》卷4《河水》，长沙：岳麓书社，1995年，第53页。

② 《资治通鉴》卷231，唐德宗兴元元年八月条，第7563—7564页。

③ 《旧唐书》卷134《马燧传》，第3696页。

④ 《资治通鉴》卷231，唐德宗兴元元年八月条，第7565页。

⑤ 峨嵋塬范围参见史念海：《黄土高原历史地理研究》，郑州：黄河水利出版社，2001年，第21—24页。

和通往陕州的虞坂道路展开，目的是为了进一步压缩河中的战略空间。贞元元年（785）三月，马燧从宝鼎（今运城市万荣县）进军，败李怀光军于陶城（今永济市张营镇陶城村）并斩首万余级，又分兵浑瑊共同围困河中。四月，马燧、浑瑊于长春宫南击败叛军，叛军坚守宫城不出。五月，韩游瑰请兵于浑瑊，共取朝邑（今大荔县朝邑镇）。恰在这时，陕州发生兵变。陕虢都知兵马使达奚抱晖鸩杀节度使张劝，自代军务，向唐廷邀求旌节，且私下联络李怀光属将达奚小俊作为外援。为了将叛军围困在涑水盆地，陕州军在夏县设立了行营。德宗亲信李泌至陕州安抚了当地的军队，挫败了李怀光控制官军山东粮路的企图。八月，马燧与浑瑊、韩游瑰进军河中，先下焦篱堡（今渭南市合阳县东北），叛将徐庭光以长春宫降唐。[1] 马燧率诸军自河西攻打河东诸县，叛将牛名俊杀李怀光降唐。德宗命浑瑊镇河中，节制李怀光余部，朔方军自此分居邠州、蒲州两地。[2] 其实，皇帝有意顺应当时军中将兵关系"世兵化"的趋势，塑造一支与自己形成唯一隶属关系的军队。在军事肢解朔方军前，德宗通过扶持神策军取代朔方军重新构建了中央禁军体系。[3] 当朔方军带来的内忧危险（弊端）超过了其保障北部防御安全所带来的益处时，更换将领和分而治之都成为削弱朔方军的必然选择。

唐军平叛政治与军事手段相辅相成，行诏令缓解了河北乱局，又宣示李怀光统军的不正当性，军事四面合围扼杀其于涑水盆地之内。

第四节　小结

河中镇附庸于朔方镇大致有四方面原因：一是，基于防秋制度运作中朔方人力与河中物力在功能性上的互补；二是，河中与朔方地缘位置上的临近；三

---

① 《资治通鉴》卷 231，唐德宗贞元元年八月条，第 7580 页。

② 《资治通鉴》卷 231，唐德宗贞元元年八月条，第 7587 页。

③ 李鸿宾：《唐朝朔方军研究：兼论唐廷与西北诸族的关系及其演变》，长春：吉林人民出版社，2002 年，第 202—203 页。

是,"河中地闲"①化下边防价值的下降;四是,朔方军中将兵依附关系的"世兵化"倾向,综合以上诸因素的河中与朔方优势互补利于强化西北边防力量。但是,将兵关系"世兵化"的经济基础是唐廷转移支付的军费,这与南北朝时期私家收入养兵的方式存在根本的区别,亦是唐廷制衡将领的最重要手段。郭子仪、仆固怀恩、李怀光三人在朔方军中的威望是依次递减的,这就代表唐廷在军队中的话语权在更换将领的过程中呈现上升的趋势。唐廷以威望高于仆固怀恩的郭子仪瓦解了仆固怀恩的叛乱,即是军中上下级隶属与伦理的最好体现。随着长安周边朔方军系部队频繁兵变,朔方军力量过强的隐忧逐步显现。仆固怀恩、李怀光先后据守河中联络东西方藩镇企图颠覆北方秩序。河中归属朔方军离资源互补强化国防的初衷越来越远。通过河中镇相关兵变前因后果的讨论,我们可以比较清晰地明白控制河中对于唐廷的多层次重要意义及军权博弈中皇帝与勋臣、勋臣与兵将、士兵与士兵等不同群体的相互影响与制约。唐廷借平叛之机,频繁更换朔方统帅,削弱和限制将兵关系"世兵化"的范围和程度,继而重建权力源自朝廷的军中伦理。那么,河中从朔方军中再次独立是唐廷集军权于中央的必然选择。另外,由于河西走廊等西北疆土的失守,国土的边腹格局发生改变,河中地区对于防御西北少数民族的价值大大降低,反而会成为东引河朔藩镇、西联西戎的关键节点。为了防止北方防御体系被内部瓦解,河中镇也必须独立设置且掌握在唐廷手中。

简而言之,河中镇的设与废、节度使的用与弃,皆服务于唐廷的总体战略。

---

① (唐)李德裕撰;傅璇琮、周建国校笺:《李德裕文集校笺》卷14《请发河中马军五百骑赴振武状》,北京:中华书局,2018年,第321页。

第八章

河朔故事与刘氏昭义之叛

河北藩镇既是国家安全的威胁者，又是中唐方镇道德秩序的破坏者。如何避免"河朔故事"影响扩大化是唐朝军事和道德的双重任务。

第一节　代宗初年泽潞镇的定位

安史之乱后，唐代宗面临安置和划分河朔藩镇的棘手问题。

广德元年（763）五月，幽州镇的冀州以及魏博镇的沧州、瀛州转隶淄青，魏博镇的贝州转隶洺相镇，相卫镇的卫州隶属泽潞镇。后来，冀州由淄青转属成德，瀛州由淄青转归魏博。同年，沧州也回归魏博，卫州回归相卫。[①] 代宗主要削弱临近汴州、洛阳的相卫及魏博镇，并不刻意削弱远离二地的幽州和淄青二镇。行政区划调整达到了"犬牙交错"的效果，河北藩镇彼此间相互牵制，有利于减轻唐廷的军事压力。由于仆固怀恩挑唆河北诸藩的迹象十分明显，代宗迫于形势拉拢魏博和相卫，归还了瀛州和卫州。卫州"南滨大河，西控上党，称为冲要"[②]；魏州"西峙太行，东连河济，形强势固，所以根本河北，而襟带

---

① 陈翔：《再论安史之乱的平定与河北藩镇重建》，载《江汉论坛》，2010（1）：70—76 页。

② （清）顾祖禹撰；贺次君、施和金点校：《读史方舆纪要》卷49《河南四·卫辉府》，北京：中华书局，2005 年，第 2303 页。

河南者也"[①]。在平定安史之乱的过程中，卫州东南汴州的军事经济地位急剧上升。北方经济在战乱中遭受重创，中央政府对于江淮流域、长江流域税赋的依赖程度大大提高。唐代大运河走向又决定了汴州成为关中与江淮之间水上中转的必经之地。叛军就曾经卫州南渡绕过河阳、泽潞迂回至汴州然后东进取洛阳。唐廷必须考虑卫、魏二州的军事威胁，泽潞节度使曾经增领怀州和河阳三城就是应对措施，将山河防线统一于同镇之内，便于战时统一指挥。《资治通鉴》载：

> （案：广德元年正月）回纥登里可汗归国，其部众所过抄掠，廪给小不如意，辄杀人，无所忌惮……燧因说抱玉曰："燧与回纥言，颇得其情。仆固怀恩恃功骄蹇，其子瑒好勇而轻，今内树四帅，外交回纥，必有窥河东、泽潞之志，宜深备之。"抱玉然之。[②]

"且明怀恩反者，独辛云京、李抱玉、骆奉先、鱼朝恩四人耳。自外朝臣，咸言其枉。"[③]时任泽潞节度使的李抱玉政治倾向明显与仆固怀恩对立，必全力为朝廷防御河北。

第二节　泽潞镇领土河朔化过程

泽潞镇本中原遏阻型方镇，易受临近河朔藩镇渗透，其产生的反抗情绪会威胁唐朝在河北固有秩序的安定。

---

① 《读史方舆纪要》卷16《北直七·大名府》，第696页。

② （北宋）司马光编：《资治通鉴》卷222，唐代宗广德元年闰正月条，北京：中华书局，1956年，第7260页。

③ （后晋）刘昫等撰：《旧唐书》卷121《仆固怀恩传》，北京：中华书局，1975年，第3488页。

（一）薛嵩之亡与地缘军政形势变化

婚娅关系是古人互相关系亲睦的重要手段和标志，藩镇意在借助亲情勾连促进政治联合。地缘相近的藩镇通过这种亲上亲的方式以血缘渗透构建相互间利益交织的复杂关系网。姻亲双方家族基于友好关系会在家族官员晋升等方面互相帮扶，共同进退，形成命运共同体。

河朔藩镇间的节度使也存在广泛的姻亲关系，魏博、昭义、义成三镇也不例外。《太平广记》载："朝廷命嵩遣女嫁魏博节度使田承嗣男，又遣嵩男娶滑亳节度使令狐彰女。三镇交为姻娅，使使日浃往来。"[①]唐朝以姻亲为纽带联结三镇，维持田氏、令狐氏、薛氏之间的互相牵制。具体而言，薛嵩与令狐彰、田承嗣互有姻亲关系，令狐彰与田承嗣没有姻亲关系，实际上这一系列的联姻更倾向于压制魏博。在代宗的构想中，魏博被滑亳、昭义二镇牵制，可保证河内和汴州的安全。又据《令狐梅墓志》载：志主伯舅薛平[②]，及令狐彰子通（令狐梅父）娶了薛嵩的女儿。这门亲事不知是发生在薛、令狐二家临镇河北之时，还是两家子孙已离河北之时，至少说明两家关系十分要好。

大历八年（773）初，三镇姻亲纽带迎来终结。正月，昭义节度使薛嵩薨，子平伪许军士继任帅位，实际让留后于叔崿，夜奉父丧离开昭义镇。次月，永平节度使令狐彰薨。三月，李勉接任永平节度使。[③]薛平入朝长安，与田承嗣有姻亲关系的薛嵩直系后人已经离开河北。令狐彰去世，临终奏表称："臣男建等，性不为非，行亦近道，今勒归东都私第，使他年为臣报国，下慰幽魂。"[④]唐肃宗《加令狐彰银青光禄大夫鸿胪卿制》曰："今淇澳未宁，河朔犹梗，廓清丑类，实属元戎"[⑤]即滑州建镇是针对淇水流域卫州和河朔地区魏州。滑亳、魏博、昭义三镇之中尤以滑亳实力最弱，彰存之日凭借唐廷支持与薛氏姻亲于河北藩

---

① （北宋）李昉、扈蒙、徐铉等编：《太平广记》卷195《豪侠三·红线》，北京：中华书局，1961年，第1460页。

② 吴钢主编；陕西省古籍整理办公室；王京阳等点校：《全唐文补遗》第6辑《唐故棣州刺史兼侍御史敦煌令狐公墓志铭》，西安：三秦出版社，1999年，第168页。

③ 《资治通鉴》卷224，唐代宗大历八年二月条，第7338—7339页。

④ 《旧唐书》卷124《令狐彰传》，第3529页。

⑤ （清）董诰等编：《全唐文》卷42，肃宗《加令狐彰银青光禄大夫鸿胪卿制》，北京：中华书局，1983年，第465页。

镇面前据守滑州（今安阳市滑县），其后三子皆归东都，相卫、滑毫之间军事同盟基础的联姻关系瓦解。

薛嵩之亡预示着河北秩序进入新一轮的调整期。

（二）唐廷亦受益于薛氏昭义的瓦解

固有秩序是唐廷与藩镇互相博弈、妥协的产物，而构建秩序的双方又都未有绝对的优势，于是机会瞬间即逝。显然，田承嗣想要抓住机会扩张自己的利益。

大历九年（774）末，田承嗣就已经开始煽动昭义将吏谋乱。[①] 至次年（775）正月，昭义兵马使裴志清发动兵变驱逐了留后薛崿，引田承嗣袭取了相州（今河南安阳市）。薛崿逃至洺州（今邯郸市永年区），后入朝长安。[②] 同月，代宗以薛嵩族人昭义裨将薛择、薛雄、薛坚三人分别为相州、卫州（今河南卫辉市）、洺州刺史。代宗命内侍魏知古至魏州诏谕田承嗣与薛氏各守封疆。田承嗣非但没有退出相州，反而派遣卢子期攻洺州，杨光朝攻卫州。二月，田承嗣杀卫州刺史薛雄，又逼魏知古与其共巡磁（今邯郸市磁县）、相二州。[③] 华州（今渭南市华县）刺史李承昭远赴昭义知留后事。四月，代宗贬田承嗣为永州（今湖南永州市）刺史，仍命河东、成德、幽州、淄青、淮西、永平、汴宋、河阳、泽潞诸道发兵讨伐魏博。[④] 根据《贬田承嗣永州刺史诏》记载，田承嗣当时占领了磁州、相州、卫州、洺州，李承昭在邢州主持昭义镇的军事。[⑤] 五月，唐朝收复

---

① 《资治通鉴》卷225，唐代宗大历九年十月条，第7347页。

② 《资治通鉴》卷225，唐代宗大历十年正月条，第7347页。

③ 《资治通鉴》卷225，唐代宗大历十年二月条，第7348页。

④ 《资治通鉴》卷225，唐代宗大历十年三月条，第7349页。

⑤ 《全唐文》卷47，代宗《贬田承嗣永州刺史诏》，第520—521页，载："且相、卫之略，所管素殊，而逼胁军人，使之翻溃，因其惊扰，便进军师，事迹暴彰，奸邪可见……既云相州骚扰，邻境救灾，旋即更并磁州，重行威虐。此实自相矛盾，不究始终。三州既空，远迩惊陷，更移兵马，又赴洺州，实为暴殄不仁，穷极残忍。又薛雄乃卫州刺史，固守本藩，忿其不附，横加凌虐。门尽屠戮，无复噍类，酷烈无状，人神所冤。又四州之地，皆列屯营，长史属官，擅请补署……而承昭又遣亲将刘浑，先传诏命。承嗣逐巡磁、相，仍劫知古偕行。先令伾悦，潜扇军吏，至使引刀自割，抑令腾口相稽，当众喧嚣，请归承嗣。论其奸状，足以为凭，此而可容，何者为罪？……其承嗣宜贬授永州刺史……委河东节度使兼御史大夫薛兼训简练马步一万五千人，即赴邢州，取承昭处分，逐便招抚应变权宜……"

磁州。至大历十一年（776）二月，田承嗣遣使入朝，河北战事结束，李承昭治下昭义辖区仅余邢、磁二州。

大历中，滑帅令狐彰、汴帅田神功相继亡于理所，河阳军情不稳[1]，"时方藩兵骄，乘戎帅丧亡，人情多梗"[2]。陆贽《请不与李万荣汴州节度使状》曰：

> 往者田神功作镇河南，领汴宋徐泗衮郓曹濮八州之地，兵食兼足，职贡备修。左肃青齐，右弥滑魏，南控淮浙，北辅荥濂，殷如长城，不震不耸，此由制置于可安之地，付授得可济之材，其为利宜，斯谓大矣。[3]

田神功节度河南，"修职贡之礼，率先阃外，通转输之利，益赡关中"[4]。汴宋镇是当时唐朝在东方的核心军事据点，拱卫洛阳及运河运输线，牵制魏博、淄青二镇，唐廷以"重镇无人"，允许田神功弟弟神玉"勖臣留务"[5]。大历十年（775）正月，田神玉就会同河阳、泽潞等镇军队，"直据淇门"[6]，配合李承昭讨伐魏博田承嗣。即便田氏兄弟全心全意效忠唐朝，依然无法改变其系出安史卢龙叛军的事实。至德二年（757）正月，董秦（李忠臣）在卢龙节度使刘客奴攻范阳兵败后率军由雍奴县渡海至山东半岛，转战沧州、德州等地。后董秦依附史思明期间，田神玉皆在其军中效力。在唐廷的扶持下，田神玉由卢龙兵马使转任衮郓节度使，在平定宋州刺史刘展叛乱中出力颇多，升任河南节度使、汴宋等八州观察使。时汴宋、淄青、淮西三镇皆出自故卢龙系，当然存在联合的可能性。

大历十一年（776）五月，汴宋留后田神玉亡，河南道局势不稳。都虞候李

① 河阳镇于大历十年（775）三月、十一年（776）二月，两次发生军乱。
② 《旧唐书》卷183《吴凑传》，第4747页。
③ 《全唐文》卷475，陆贽《请不与李万荣汴州节度使状》，第4847页。
④ 《全唐文》卷410，常衮《授田神功右仆射制》，第4211页。
⑤ 《全唐文》卷444，韩翃《为田神玉谢不许赴上都护丧表》，第4529页。
⑥ 《旧唐书》卷124《田神玉传》，第3533页。

灵曜杀兵马使、濮州刺史孟鉴，勾结田承嗣为外援。[1]唐廷属意永平军[2]节度使李勉兼任汴、宋等八州[3]留后。李灵曜拒绝赴任濮州刺史，诏令并未实行。六月，唐廷让步，李灵曜继任汴宋留后，军事上有利于魏州田承嗣。次月，田承嗣随即兵侵滑州，败永平军节度使李勉。时"李灵曜既为留后，益骄慢，悉以其党为管内八州刺史、县令，欲效河北诸镇"[4]。八月，唐廷以淮西节度使李忠臣、永平节度使李勉、河阳三城使马燧、淮南节度使陈少游、淄青节度使李正己共同出兵，至十一月平定李灵曜。其间田承嗣也曾出兵援助叛军，但并未获得黄河以南的土地。《资治通鉴》载：

> 平卢节度使李正己先有淄、青、齐、海、登、莱、沂、密、德、棣十州之地，及李灵曜之乱，诸道合兵攻之，所得之地，各为己有，正己又得曹、濮、徐、兖、郓五州，因自青州徙治郓州，使其子前淄州刺史纳守青州。正己用刑严峻，所在不敢偶语；然法令齐一，赋均而轻，拥兵十万，雄据东方，邻藩皆畏之。是时田承嗣据魏、博、相、卫、洺、贝、澶七州，李宝臣据恒、易、赵、定、深、冀、沧七州，各拥众五万，梁崇义据襄、邓、均、房、复、郢六州，有众二万。相与根据蟠结，虽奉事朝廷而不用其法令，官爵、甲兵、租赋、刑杀皆自专之，上宽仁，一听其所为。朝廷或完一城，增一兵，辄有怨言，以为猜贰，常为之罢役；而自于境内筑垒、缮兵无虚日。以是虽在中国名藩臣，而实如蛮貊异域焉。[5]

汴宋镇被瓜分后，诸藩势力进一步做大。永平军虽然得到了宋（今河南省商丘市）、泗（今宿州市泗县）二州，但与近邻魏博、淄青、淮南三节度使相比仍显弱小。大历十四年（779）三月，淮西发生内乱，李希烈驱逐了养父李忠臣。永平节度使李勉兼任汴州刺史，增领原属淮西镇的汴、颖二州，徙镇汴

---

① 《资治通鉴》卷225，唐代宗大历十一年五月条，第7356页。

② 案：大历四年（769），原隶泽潞的陈州归属滑亳节度，其领地增至三州。大历七年（772）十二月，置永平军于滑州，令狐彰就称永平节度使。

③ 案：汴、宋、曹、濮、兖、郓、徐、泗八州。

④ 《资治通鉴》卷225，唐代宗大历十一年八月条，第7357页。

⑤ 《资治通鉴》卷225，唐代宗大历十一年十二月条，第7368—7369页。

州。^① 至此，李勉节度滑、亳、陈、宋、泗、汴、颖七州之地终成以汴州为中心的大藩。建中二年（781）三月，唐廷析宋、亳、颖，以宋州刺史刘洽为节度使，泗州隶属淮南；析怀，郑，汝，陕四州及河阳三城，以东都留守路嗣恭为节度使；永平节度使李勉以都统一职辖制三道。^② 永平军的成长则不再是依靠当日的勤王之劳，而是大历时期为诸镇所营造的奉国忘家的典范作用。于是其成长途径就已不再是旧有的朝藩惯例，而是新型的朝藩模式。^③ 唐朝将西至陕州，东至宋州，北至"河阳—滑州"，南至运河沿岸亳州的广大区域合并起来，就是为了应对日益扩张的东方诸藩镇势力。"勉居镇且八年，以旧德方重，不威而治，东诸帅暴桀者皆尊惮之。"^④ 唐廷推动由宗室李勉率滑州永平军重组汴宋镇，稳定了东方形势。

同样道理，唐廷也必须增强泽潞镇或昭义镇的实力以强化太行山一线军事存在，所以昭义、泽潞的合并是大势所趋。只不过，田承嗣等河北诸藩的"急叛"比旧卢龙诸藩的"暗叛"对朝廷构成的威胁更明显、严重。李承昭居邢、磁二州，四周强藩环伺已无扩张之空间，其能以磁、邢二州苦苦支撑，恐怕泽潞节度使李抱真助力颇多。李抱真先后参与平定安史之乱、仆固怀恩叛乱和大历年间对魏博战争，忠心可嘉，"并领磁、邢二州，增秩加邑，国之报也"^⑤。后来，"朱泚既汙宫阙，时李希烈陷大梁，李纳亦反郓州。无何，上幸梁州，李怀光又窃据河中。抱真独于扰攘倾溃之中，以山东三州外抗群贼，内辑军士，群贼深惮之"^⑥。大昭义镇牵制河北藩镇方面的作用十分明显，所谓"泽潞据山东要害，磁、邢、洺跨两河间，可制其合从"^⑦ 是也。

大历年间，藩镇领地急剧扩张。大昭义（泽潞）镇如汴宋镇一样都是唐廷趁节度使更迭扩张忠唐方镇势力的因应措施。

---

① 《资治通鉴》卷 225，唐代宗大历十四年三月条，第 7374 页。

② 《资治通鉴》卷 226，唐德宗建中二年三月条，第 7414 页。

③ 李碧妍：《危机与重构——唐帝国及其地方诸侯》，上海：复旦大学，2011 年，博士论文，第 55 页。

④ （北宋）欧阳修、宋祁撰：《新唐书》卷 131《李勉传》，北京：中华书局，1975 年，第 4508 页。

⑤ 《全唐文》卷 784，穆员《相国义阳郡王李公墓志铭》，第 8195 页。

⑥ 《旧唐书》卷 132《李抱真传》，第 3648 页。

⑦ 《新唐书》卷 152《李绛传》，第 4838 页。

（三）唐廷不允李抱真家族长久节制泽潞

泽潞兼并昭义镇是唐廷所主导，却不代表唐廷允许李抱真家族长久节度泽潞。

广德二年（764）七月，李抱玉远赴秦陇地区负责抵抗吐蕃，李抱真已经实际执掌泽潞军政。至大历十二年（777）三月，"兵部尚书、同平章事、凤翔、怀泽潞、秦陇节度使李抱玉薨，弟抱真仍领怀泽潞留后"[①]。早在大历十一年（776）十二月，昭义节度使李承昭上表奏称病重，泽潞行军司马李抱真兼任了磁、邢两州留后。[②] 那么，德宗对家族内部传承泽潞节度使到底是什么态度呢？李德裕言："泽潞国家内地，不同河朔。前后命帅，皆用儒臣。顷者李抱真成立此军，身殁之后，德宗尚不许继袭，令李缄护丧归洛。泊刘悟作镇，长庆中颇亦自专。属敬宗因循，遂许从谏继袭。"[③] 显然，德宗不愿李抱真家族长久节制泽潞。纵览李抱真为官经历，在昭义、泽潞合镇前多任留后、长史、行军司马、节度副使等[④] 储帅性质副职，虽然皆是一镇之实权职务，但仍不及节度使于名义上正当，尤其表现了唐廷不允许泽潞节度使兄终弟及的真实意愿。《资治通鉴》载：建中元年（780）二月癸丑，德宗"以泽潞留后李抱真为节度使"[⑤]；同事见于《旧唐书·德宗本纪》记载：建中元年二月，"癸丑，昭义军节度留后李抱真为本道节度使"[⑥]；而《新唐书·李抱真传》亦载：德宗继位，领昭义节度使[⑦]。综上可知，从大历十二年（777）李抱玉亡至十四年（779）代宗亡，李抱真并未从留后转正泽潞节度使，说明其并未完全获得代宗信任。《新唐书·方镇表》载：当年，昭义军节度兼领泽、潞二州，徙治潞州，即李抱真在德宗继位时移镇昭义，通过这种兼并方式避免了兄终弟及在泽潞镇发生。唐德宗初继位，尚需李抱真牵制河北藩镇，故将李抱真转正昭义节度使以示怀柔，也在形式上避免"河朔故事"在泽潞镇上演。《旧唐书·李吉甫传》曰："德宗以来，姑息

---

① 《资治通鉴》卷 225，唐代宗大历十二年三月条，第 7360 页。

② 《资治通鉴》卷 225，唐代宗大历十一年十二月条，第 7360 页。

③ 《旧唐书》卷 174《李德裕传》，第 4525 页。

④ 《全唐文》卷 446，董晋《义阳王李公德政碑记》，第 4558—4560 页。

⑤ 《资治通鉴》卷 226，唐德宗建中二年二月条，第 7396 页。

⑥ 《旧唐书》卷 12《德宗本纪》，第 325 页。

⑦ 《新唐书》卷 138《李抱真传》，第 4621 页。

藩镇，有终身不易地者。（元和二年）吉甫为相岁余，凡易三十六镇，殿最分明。"①移镇是确认节度使忠诚于否的重要方式，唐廷通过移镇割断节度使与地方集团的地缘联系，集权于中央。至于皇帝不完全信任李抱真应与当时唐朝境内打击胡人和排斥胡化②的社会氛围有关。在代宗即位时，李抱玉曾上书："臣贯属凉州，本姓安氏，以禄山构祸，耻与同姓，去至德二年五月，蒙恩赐姓李氏，今请割贯属京兆府长安县"③，胡人身份确属政治忌讳。建中二年（781），唐廷加马燧魏博招讨使。④翌年（782）正月，唐廷以昭义节度副使、磁州刺史卢玄卿为洺州刺史兼魏博招讨副使，河东节度使马燧控制洺州、磁州，显然这种任命体现了马燧与李抱真的不和。加之，李抱真消极防守邢州、赵州，唐德宗"数遣中使和解之"⑤。表面上洺州两属二人以示不偏不倚，实际上李抱真挟军自重已使皇帝心中早生芥蒂。贞元十年（794），李抱真亡。其子李缄在营田副使卢会昌等人的支持下，诈作父令于内诓骗将士拥戴自己，于外伪作父表上请继任节度，被中使和王虔休挫败。

唐廷之所以能够挫败李缄擅代的图谋，与当时河北三镇执政者皆态度恭顺朝廷有密切关系。成德王武俊自兴元元年（784）投诚唐朝，参与过讨伐朱滔，时其子已娶公主，一直"竭忠奉国"⑥。当得知李缄谋乱，王武俊大怒言："吾与汝府公（李抱真）善者，冀恭王命，非同恶也。今闻已亡，孰诈令其子而不俟朝旨耶？何敢告我，况有求也。"⑦魏博田绪自兴元元年（784）杀田悦代镇，亦参与讨伐朱滔，贞元元年（785）娶代宗女嘉诚公主，对内虽大杀宗族，但对唐廷态度恭顺。自朱滔亡开始，幽州镇与成德镇长期交恶，"燕、赵为怨，天下无不知"⑧。文人刘济自贞元元年（785）代朱滔节制军事力量被重创的幽州，需

---

① 《新唐书》卷146《李吉甫传》，第4740页。
② 荣新江：《中古中国与粟特文明》，北京：生活·读书·新知三联书店，2014年，第80—84页。
③ 《旧唐书》卷132《李抱玉传》，第3646页。
④ 《资治通鉴》卷227，唐德宗建中二年十二月条，第7431页。
⑤ 《资治通鉴》卷227，唐德宗建中三年正月条，第7446页。
⑥ 《旧唐书》卷142《王武俊传》，第3876页。
⑦ 《旧唐书》卷132《李抱真传》，第3650页。
⑧ 《资治通鉴》卷238，唐宪宗元和四年十一月条，第7792页。

要借由唐廷威望重建儒家礼教取代安史策源地自治和割据的社会文化①，选择了"最务恭顺"②专注捍御东北边防。河朔三镇节帅态度一致尊唐且相互牵制构成唐廷拔除昭义胡人家族统治的关键外部环境。邕王很顺利地接任昭义节度观察大使，结束胡人安氏家族的统治。

也可以说，昭义镇在领土上已具有河朔割据型、中原防遏型两种特质，辖邢、磁使唐廷获得牵制河北藩镇的战略优势。通过拔除安氏（李氏家族），唐廷在领地重组的基础上成功改造昭义镇政治基因，重建太行山防线。

第三节　昭义刘氏不忠与河朔故事

元和四年（809），权德舆曾上《昭义军事宜状》，论及慎择节度使关系区域政治生态及伦理的塑造。他说：

> 山东节将，有沃壤利兵，三十年间，浸以强大。或父殁子继，起复临戎，名器虽出于中朝，爵地实专于外阃。泽潞素为雄镇，磁邢洺与数道犬牙，故欲变山东之俗，先在择昭义之帅，可以练兵赋，循法制，镇以威重，扼其咽喉，化彼祷张，纳诸轨度，此为枢键，不可不慎。③

安史之乱是以唐廷与藩镇达成承认"河北特别行政区"的政治妥协为前提而结束的，而"河朔故事"即该"特别行政区"运行的核心规则。"河朔故事"即唐廷承认河朔藩镇内部实行父死子继或兄终弟及的节度使世袭制，且允许节度使在藩镇内部通过人事安排确保继承人顺利接任。④中原阻遏型的昭义镇是属

---

① 张天虹：《也释唐幽州卢龙节度使刘济的"最务恭顺"》，载《北京社会科学》，2017（6）：67—75 页。
② 《旧唐书》卷 143《刘济传》，第 3900 页。
③ 《全唐文》卷 488，权德舆《昭义军事宜状》，第 4983 页。
④ 秦中亮：《胙土封邦：河朔故事形成史论》，载《江西社会科学》，2020（1）：172—181 页。

于传统的忠唐阵营，不仅是军事上防范河朔藩镇的重要棋子，更是政治上牵制"河朔故事"的道德典范。换言之，唐廷抵御"河朔故事"开始于安史之乱的结束。昭义镇即唐廷和河北藩镇各自政治生态和伦理道德渗透和反渗透的交集区。在博弈过程中，节度使选任是双方攻防的重要节点。中唐时期，刘氏是实现昭义节度使内部继承的家族，自然有其独有的特点。本节拟还原刘氏渐进实行"河朔故事"的过程，以期研究昭义镇内政治力量的格局及道德风向的改变，剖析中原阻遏型方镇忠逆之间的矛盾性格。

（一）刘悟机遇未至而伪忠

刘悟是刘氏家族首代昭义节度使，经历并不复杂，相当具有时代特征，与同时期许多节度使个人轨迹有共同点。

1.刘悟助唐平淄青前的个人经历

在节镇一方前，刘悟辗转于各地寻找个人发展的机遇。

刘悟是平卢节度使刘正臣（亦名客奴）的孙子。刘正臣本是怀州武陟人，后徙居幽州参军。安禄山反唐，时其正居平卢军节度使吕知晦帐下。天宝十五年（756，即至德元年）正月，安禄山称帝于洛阳，遣心腹韩朝阳等人招降了吕知晦。四月，刘正臣袭杀吕知晦向颜真卿投诚，唐廷随即任命其为平卢节度使，并赐名正臣[①]，同党王玄志、董秦亦赐官位。后领兵攻取范阳失败，刘正臣被王玄志鸩杀。贞元十五年（799），宣武节度使刘逸准比较看重其侄刘悟，署其为牙将。[②]同年，刘悟逃入昭义，在贞元十九年（803）至元和元年（806）之间入淄青镇。[③]刘悟出生时间、地点及入汴前的个人经历都已失载。李师古主政淄青镇，刘悟娶其表妹为妻，"累署衙门右职，奏授淄青节度都知兵马使、兼监察御史"[④]。刘悟并未仗李氏姻亲飞扬跋扈，反而待人处事十分敦厚。陈师道命令属将

---

①　《旧唐书》卷 145《刘全谅传》，第 3939 页。

②　《新唐书》卷 214《刘悟传》，第 6012—6013 页。

③　吴文良：《泽潞刘氏的兴亡与唐代中后期的政治》，北京：首都师范大学，2007 年，硕士论文，第 12—13 页。

④　《旧唐书》卷 161《刘悟传》，第 4230 页。

督促商人纳钱助军，"悟独宽假，人皆归赖"；唐廷讨伐淄青，刘悟率军驻防曹州（今菏泽市曹县），"法一而信，士卒乐为用"。[①]

刘悟出身于一个没落的节度使家庭，在李师古的扶持下有所发展，但跃升节度使行列尚需机遇。

2. 刘悟主持淄青镇务时的僭越行为

李师道在淄青镇的统治并未有内衰的迹象，刘悟想要凭借自己的力量取而代之是不可能的事情。唐宪宗平定李师道成为刘悟人生转折点，自此节度一方。

元和十年（815），唐廷讨伐淮西吴元济，李师道与成德军节度使王承宗上书要求罢兵却未获应允。李师道欲在东都制造混乱，遣人纵火焚烧河阴仓和刺杀宰相。元和十三年（818）七月，宪宗对李师道暗杀朝廷要员、焚毁粮仓等行径十分震怒，下诏调宣武、义成、魏博、武宁、横海等镇讨伐淄青，其间刘悟被李师道派至前方作战。刘悟屯兵阳谷（今聊城市阳谷县），"不修军法，专收众心"[②]。李师道怀疑其欲联结官军，派张暹至前线欲杀刘悟暂代兵权。刘悟出于自保杀张暹而降，再引魏博田弘正军入郓州（今菏泽市郓城县）杀李师道。《资治通鉴》载：

> 刘悟以初讨李师道诏云："部将有能杀师道以众降者，师道官爵悉以与之。"意谓尽得十二州之地，遂补署文武将佐，更州县长吏；谓其下曰："军府之政，一切循旧。自今但与诸公抱子弄孙，夫复何忧！"[③]

刘悟未得明诏接任节度使，却自作主张补署幕府文武将佐和更换州县官吏，这是如河北藩镇一般的僭越行为。"李师道首函至，自广德以来，垂六十年，藩镇跋扈河南、北三十余州，自除官吏，不供贡赋，至是尽遵朝廷约束"[④]，淄青镇的平定对河北震动很大。"军府之政，一切循旧"即淄青依旧保持河朔型藩镇的特质，刘悟的想法与宪宗战后重塑淄青震慑河朔三镇[⑤]的初衷背道而驰。藩镇

---

① 《新唐书》卷214《刘悟传》，第6012—6013页。

② 《资治通鉴》卷241，唐宪宗元和十四年二月条，第7884页。

③ 《资治通鉴》卷241，唐宪宗元和十四年二月条，第7887页。

④ 《资治通鉴》卷241，唐宪宗元和十四年二月条，第7887页。

⑤ 张达志：《"淄青"废县与淄青重塑——以唐宪宗朝为中心》，载《中国中古史集刊》，2015年，第470—494页。

总是自行辟署本镇幕府官员、擅自处置本道税赋、任意黜陟州县官吏，与唐廷争夺人事、监察、财政等方面的主导权。在实际操作中，一些节度使往往利用唐廷维稳的心态，分步骤、渐进式地逼迫朝廷让出部分权力。若完成人事、财政、监察三权独立的铺陈，节度使们就会试探唐廷底线，适时在家族传承节度使的问题上面寻求进展。虽国力大不如前，唐廷却也想要将地方节度使独立倾向扼杀在萌芽阶段。在藩镇节度使更迭时，唐廷会向弱势的候任节度使提出收回诸权力的诉求，企图削弱藩镇的独立基础。候任节度使有时甚至主动上交部分权力，促使唐廷明确且公开承认自己的地位。元和七年（812），魏博军乱，田弘正代节度使，"宾僚参佐，请之于朝"①，"以六州版籍请吏"②即《唐会要》载"七年十二月，魏博奏，管内州县官二百五十三员，内一百六十三员见差假摄，九十员请有司注拟"③之请，较"虽曰藩臣，实无臣节"④的田承嗣态度尤显恭顺。令狐彰死前，"条上军簿，请择良帅"⑤，唐廷得以主导该镇节度使的更迭。刘悟擅自更换州县和幕府官员是不能被允许的，可见他的思想深受自己胡化武将家庭及屡任地方幕府牙兵经历的影响。牙兵是一群比较看重实际利益的群体，忠君思想与礼法制度在利益面前可能并没有多大的约束力。在刘悟看来正常的行为实际已经触犯了唐朝的政治禁忌。为防废一藩而立一藩的尴尬局面发生，唐宪宗"欲移悟他镇，恐悟不受代，复须用兵，密诏田弘正察之"⑥。

　　刘悟叛杀李师道过程中杀戮了不少淄青将士，可谓树敌颇多。驰赴滑州时，刘悟征辟李公度、李存、郭昈、贾直言等相随。李存与郭昈竟诈做书帖骗杀悟党羽李文会于丰齐驿⑦，可见淄青内部反悟者大有人在。外来户刘悟在淄青内部人员意见对立不统一的情况下，无法操纵将士营造"非悟不可节制淄青"的社会舆论氛围。既图自保，又欲仕途有所前进，刘悟无奈就镇义成。义成镇势力狭小，唯依唐廷方可自存。唐廷以淄青叛将节制防御淄青的义成军，这种安排之下刘悟只能"全心全意"效忠唐廷了。

---

① 《旧唐书》卷141《田弘正传》，第3850页。

② 《旧唐书》卷141《田弘正传》，第3849页。

③ （北宋）王溥撰：《唐会要》卷75《选部》北京：中华书局，1955年，第1364页。

④ 《旧唐书》卷141《田承嗣传》，第3838页。

⑤ 《全唐文》卷48，代宗《褒令狐彰诏》，第526—527页。

⑥ 《资治通鉴》卷241，唐宪宗元和十四年二月条，第7887页。

⑦ 《资治通鉴》卷241，唐宪宗元和十四年二月条，第7888页。

3. 穆宗更换刘悟的计划失败

唐穆宗继位，刘悟徙镇昭义军。长庆元年（821），幽州朱克融叛乱，昭义等镇奉诏讨伐。穆宗认为朱克融、王廷凑叛乱下河北形势的严峻性远不及德宗朝朱滔、田悦叛乱时，告诉刘悟"宜密运谟猷，明宣号令，避强击惰，取暴抚羸，勿争蛇豕之锋，宜得鲸鲵之首"①，言语婉转似有暗指刘悟未能服从唐廷总体战略积极应战。事实证明，刘悟在平乱幽州的问题上有所保留。穆宗本希冀刘悟移镇卢龙平定幽州，却未想悟"请授之（朱克融）节钺，徐图之"②，有负自己嘱托。

或许出于对其首尾两端不忠的惩罚，监军刘承偕联合磁州刺史张汶于次年（822）企图推动昭义节度使的更迭。《新唐书·贾直言传》载：

> 监军刘承偕与悟不平，阴与慈州刺史张汶谋缚悟送阙下，以汶代节度。事泄，悟以兵围承偕，杀小使，赴言遽入责曰："司空纵兵胁天子使者，是欲效李司空邪？它日复为军中所指笑。"悟闻，感悔，匿承偕于第以免。悟每有过，必争，故悟能以臣节光明于朝。穆宗召为谏议大夫，群情洒然称允。而悟固留，得听。③

宪宗亡，"中尉梁守廉与诸宦官马进潭、刘承偕、韦元素、王守澄等共立太子"④，刘承偕是拥立穆宗的主谋宦官之一，即皇帝的心腹。此事见于《旧唐书·刘悟传》载：部下见监军在昭义镇内不法，又多侮辱刘悟，趁宴席间作乱欲杀刘承偕，初"悟不止之"⑤，后由于贾直言的力劝，刘悟转向保护刘承偕。该事件消息传至长安，穆宗责怪刘悟辜负自己，随即"诏刘悟送刘承偕诣京师，悟托以军情，不时奉诏"⑥。时朱克融、王庭凑作乱河朔，裴度征讨无功而返，穆宗却仍坚持刘悟亲自到长安，这种举动确实难以理解。再加之，裴度反言刘悟已经告知自己刘承偕在昭义镇的种种恶行，同时中使赵弘亮也持悟书从自己军

---

① 《全唐文》卷 649，元稹《批刘悟谢上表》，第 6589 页。
② 《旧唐书》卷 161《刘悟传》，第 4231 页。
③ 《新唐书》卷 193《贾直言传》，第 5558 页。
④ 《资治通鉴》卷 241，唐宪宗元和十五年正月条，第 7899 页。
⑤ 《旧唐书》卷 161《刘悟传》，第 4231 页。
⑥ 《资治通鉴》卷 242，唐穆宗长庆二年二月条，第 7935—7936 页。

中返回长安向穆宗报告。在裴度的再三追问下，穆宗表示并未收到刘悟密奏，后干脆以"前事勿论，直言此时如何处置"之语掩饰了过去；又以太后养子的理由婉拒裴度军前斩杀刘承偕笼络人心的建议。①唐德宗基于"以内制外"的思想推行宦官监军制度，强化中央对方镇的监视。无论中使或监军都是宦官，即皇帝的内臣，一些事情可以不向朝臣但必须向皇帝直接奏报。很难想象，赵弘亮会有理由隐匿刘悟书信。只有一种合理解释，那就是穆宗收到了书信，但刘承偕在昭义的所作所为都是自己授意试探刘悟忠心和更换节度使的铺陈，故隐而不责。送往长安的奏章未有回音，刘悟选择保住节度使官位，铤而走险谋杀监军。当刘悟利用军队控制了昭义，穆宗只是杀从谋磁州刺史王汶搪塞刘悟及裴度，将主谋刘承偕流配外地以对其执行皇帝旨意的不力略施惩处。

宦官是皇帝耳目，刘承偕事件是穆宗不信任自己的表现，悟"自谓不洁淋头"②，难继续以忠臣形象令唐廷放松警惕，失去节度使的可能性大增。"自是悟颇纵恣，欲效河朔三镇。朝廷失意不逞之徒，多投寄潞州以求援。往往奏章论事，辞旨不逊。"③这些不被唐廷重视的人，来到潞州不会在政治上声援唐廷，昭义是辖五州的大镇，自然要比义成实力强上许多。初时，刘悟背依唐廷自然可以很快掌控这个曾经任职过的方镇，于是深入脑海的"河朔故事"观念渐有军事力量支撑。也难怪，唐武宗在讨伐泽潞时就言："悟亦何功，当时迫于救死耳，非素心徇国也"④，"迨于末年，已亏臣节"⑤。宝历元年（825）九月，刘悟病亡，"遗表请以其子从谏继缵戎事"⑥，知"河朔故事"深入其心。

中唐以降，家族内部继承节度使的河朔故事的实现并非一蹴而就，必须建立在全面侵夺唐廷官吏任免和财税等权力的基础之上。刘悟擅自更换州县官吏自效河朔旧习的行为引起宪宗疑虑。内有淄青同僚的敌视，外有魏博军队的监视，刘悟被迫先后移镇，也将独立的基因引入忠唐阵营的昭义镇。经过长久渗透全面掌控昭义，刘悟的不臣之心表露无遗。

① 《旧唐书》卷170《裴度传》，第4424—4425页。
② 《新唐书》卷193《贾直言传》，第5559页。
③ 《旧唐书》卷161《刘悟传》，第4231页。
④ 《资治通鉴》卷247，唐武宗会昌三年四月条，第8105页。
⑤ 周绍良主编：《全唐文新编》卷76，武宗皇帝《停刘晤刘从谏官爵授王元逵何弘敬招讨泽潞使制》，长春：吉林文史出版社，2000年，第929页。
⑥ 《旧唐书》卷161《刘悟传》，第4231页。

（二）刘从谏根基不深而伪忠

昭义镇毕竟不是河朔藩镇，仅靠一代节度就"化公为私"是无法完全实现的，刘从谏续任节度使必需朝廷首肯。

1. 折中执行"河朔故事"与刘从谏继任节度使

刘悟死亡预示着昭义镇内部权力调整的开始，唐廷不甘于受刘氏胁迫而放弃任命更加忠唐的节度使，刘从谏也不会放弃父亲的遗业。如何寻找两者利益诉求的共通点，构建对话的管道十分重要。刘悟旧部行军司马贾直言精妙地处置了节度使的继任问题，兼顾了唐廷与刘从谏的需求。

初，刘从谏隐丧不发，"与邻道使共表求袭位"不成，欲反叛。[①] 凡子欲继父业，所结交临道必然是同样崇尚家族统治的河北藩镇，在节度使更迭的关键时期，藩镇之间往往互为助力，以求彼此地方统治的长久持续。"田悦唱乱之始，气盛力全，恒、赵、青、齐迭为唇齿。"[②]（李）"同捷，初为副大使，居丧，擅领留后事，仍重赂藩邻以求缵袭，朝廷知其所为，经年不问。"[③] 太和元年（827）五月，"朝廷犹虑河南、北节度使构扇同捷使拒命，乃加魏博史宪诚同平章事。丁丑，加卢龙李载义、平卢康志睦、成德王廷凑检校官"[④]。一般来说，藩镇之间既有矛盾又有联合，但联合的根本目的仍是为了争取自身利益。藩镇间固然基于延续家族内部节度使传承特权的需求而进行联合，也有讹诈唐廷的意味。唐廷需要释出更多的特权或荣誉分化藩镇，避免它们合纵连横。藩镇支持"河朔故事"的攻守同盟并不稳定，各自都是在不断地博弈中试探唐廷的底线。当与唐廷矛盾逼近临界点，藩镇联盟的最先倒戈者不仅可以在安全环境下实现"河朔故事"，甚至会有意外收获，从而争取更大范围利益的扩张。这样一来，藩镇诉求得到满足，攻守同盟迅速瓦解，重归相互防备的局面。

刘从谏在接任节度使前，名位不显。《旧唐书》载："自将作监主簿，起复云麾将军，守金吾卫大将军同正、检校左散骑常侍、兼御史大夫，充昭义节度副

---

① 《新唐书》卷 193《贾直言传》，第 5559 页。

② （唐）陆贽撰；王素点校：《陆贽集》，北京：中华书局，2006 年，第 321 页。

③ 《旧唐书》143《李同捷传》，第 3906 页。

④ 《资治通鉴》卷 243，唐文宗太和元年五月条，第 7976—7977 页。

大使，知节度观察等留后"①，知其自"将作监主簿"起复。《旧唐书·职官志三》载：将作监"掌营缮宫室"，主簿官阶是从七品下。② 刘悟是昭义节度使，不可能不为自己的继承人向皇帝奏请镇内高职。从李绛"从谏未尝久典兵马，威惠未加于人"③之语和"从谏惟郓兵二千同谋"④叛乱之情况推断，刘从谏与昭义、义成二镇将士感情不深。综合上述信息不难揣测，自元和十四年（819）唐宪宗平定淄青镇至刘悟死前，刘从谏是作为质子生活在皇城长安刘悟的庄宅中⑤，也就没有被任命昭义镇内要职的正当理由。当时，刘悟初镇昭义，并无如河朔诸藩一般有肆意践踏唐廷尊严的资本，自己的恭顺态度反倒使久居京城的刘从谏未获足够重视，只象征性被授予从七品的小官。或从这时起，刘从谏对唐廷的态度就发生了细微的变化。在离开很久之后，刘从谏想要接掌未有深耕的昭义镇并非易事。何况"刘悟烦苛"⑥，镇内没多少人支持子继父业。刘从谏转向拉拢淄青镇旧部，外联河北藩镇暂控镇内局面，再上表逼迫皇帝就范。十一月，刘悟遗表至长安，"议者多言上党内镇，与河朔异，不可许"，尤以左仆射李绛最甚。⑦

刘从谏与唐廷一时剑拔弩张，贾直言从中斡旋，避免了战争。在李师道叛唐时，贾直言因提刀负棺及献"犯人槛车图"进行劝谏而被囚禁起来。刘悟杀李师道，亲自释放贾直言并招揽其入幕府随迁义成和昭义两镇。唐穆宗招直言入京担任谏议大夫，刘悟上奏请皇帝收回命令，贾直言得以"复授检校右庶子、兼御史大夫，依前充昭义军行军司马"。⑧身具刘悟亲信和皇帝信任大臣双重身份的贾直言适合充当双方沟通和对话的中间人，他劝说刘从谏放弃了叛乱的想法，以行军司马的身份顺利接任留后。⑨"行军司马掌弼戎政，居则心膂狩，有

---

① 《旧唐书》卷 161《刘从谏传》，第 4231 页；《资治通鉴》载"将作监主簿"，也没有刘从谏在昭义镇的具体职位。

② 《旧唐书》卷 44《职官三》，第 1896 页。

③ 《资治通鉴》卷 243，唐敬宗宝历元年十一月条，第 7968 页。

④ 《新唐书》卷 193《贾直言传》，第 5559 页。

⑤ 《旧唐书》卷 15《宪宗本纪》，第 466 页，载：元和十四年二月，"庚午，制以淄青兵马使、金紫光禄大夫、试殿中监、兼监察御史刘悟检校工部尚书、滑州刺史，充义成军节度使，封彭城郡王，食邑三千户，赐钱二万贯、庄宅各一区"。

⑥ 《资治通鉴》卷 243，唐敬宗宝历元年十二月条，第 7969 页。

⑦ 《资治通鉴》卷 243，唐敬宗宝历元年十一月条，第 7967 页。

⑧ 《旧唐书》卷 187《贾直言传》，第 4913 页。

⑨ 《新唐书》卷 193《贾直言传》，第 5559 页。

役则申战守之法，器械、粮储、军籍、赐予皆专焉"①，是节度使幕府统筹战备事务的重要上佐。"大抵开元、天宝年间，节度僚佐，本以副使为首；及安史乱后，实掌军政之司马渐见重要，其他文职幕僚有凌驾副使之势。逮德宗常预置行军司马为储帅，司马地位遂出副使之上。"②朝廷姑息藩镇，节帅移镇入朝或亡故，往往循军情就方镇内部择人接任，或从他镇上佐调任，朝廷又往往以大臣充节度副使或行军司马以作储帅，故由方镇上佐迁为节帅者，其例甚多。③从理论上讲，行军司马、副使、留后都可以转正节度使，最终人选取决于唐廷和地方势力角力的结果。当时，贾直言未接任节度使，应有自己主动放弃的因素存在。贾直言出身河朔旧族④，熟悉"河朔故事"，自己以行军司马暂摄留后是权宜之计，明知刘从谏欲继父职，即便在唐廷的支持下升任节度使，恐怕还是无法善终，顺水推舟举荐刘从谏才是公私两全的自保之策。加之，朝堂之上"李逢吉、王守澄受其赂，曲为奏请"⑤，刘从谏夙愿终达。宝历元年（825）十二月，刘从谏任昭义留后，次年（826）正式升为节度使。

在内臣、外臣的共同影响下，中经贾直言为留后以过渡，唐廷得其表在形式上避免了"河朔故事"的重演，维护了中央权威；刘从谏取其实顺利任昭义留后，继承父亲遗业。

2. 刘从谏节度使任上由忠至逆的变化

刘从谏在接任昭义节度使后，改弦更张以宽厚待人笼络人心，并将治所由邢州又移回了潞州，以符合"人思上党"⑥的期待。在自己地位巩固之后，刘从谏的野心逐渐膨胀。

刘从谏节度昭义前期，还能在一些战事中站在朝廷一边。太和二年（828）五月至次年正月，刘从谏参与了唐廷讨伐成德节度使王廷凑、横海镇李同捷的战争。太和三年（829）六月，魏博军乱杀史宪诚，众人推举都知兵马使何进

---

① 《新唐书》卷49下《百官四下》，第1309页。

② 严耕望：《唐代方镇使府僚佐考》，收入《严耕望史学论文集》，上海：上海古籍出版社，2009年，第413—414页。

③ 石云涛：《中古文史探微》，北京：文化艺术出版，2007年，第200页。

④ 《新唐书》卷193《贾直言传》，第5558页。

⑤ 《旧唐书》卷161《刘从谏传》，第4231页。

⑥ 《新唐书》卷214《刘从谏传》，第6014页。

滔为留后。七月，刘从谏败何进滔于浅口（今邯郸市馆陶县北），救魏博节度使李听。太和六年（832）十二月，昭义节度使刘从谏入朝。《新唐书·刘从谏传》载：

> （刘从谏）请入朝，文宗待遇加等。明年（案：太和七年），还藩，进同中书门下平章事。公卿多托以私，又见事柄不一，遂心轻朝廷，有骄色。李训约从谏诛郑注，及甘露事，宰相皆夷族，传言死非其罪。从谏不平，三上书请王涯等罪，讥切中人。时宦竖得志，天子弱，郑覃、李石新执政，藉其论执以立权纲，中人惮而怨之。又劾奏萧本非太后弟。仇士良积怒，倡言从谏志窥伺。从谏亦妄言清君侧，因与朝廷猜贰。①

一个孱弱、党派林立的朝廷是地方节度使自提身价的基础条件之一。朝堂之上，南衙北司"泾渭分明"，彼此互不相让。南衙内部有牛党、李党等政治派别之分，北司内部亦有左神策军中尉派、右神策军中尉派等集团之别，两者实力对比的改变及其内部派系的重组都会牵涉到地方节度使的利益。长安的政治情况越复杂，地方事务就会无人监视和管制，节度使们的处境反倒安稳许多。太和九年（835），唐文宗和李训、郑注策划以观"甘露"为名行诛杀宦官的计划，却被宦官头目仇士良识破，牵连王涯、贾𩛙等朝廷重要官员遭到杀戮，阖家灭门者大有人在。《旧唐书》载：

> 宰相李逢吉从子训，与注交通，训亦机诡万端，二人情义相得，俱为守澄所重。复引训入禁中，为上讲《周易》。既得幸，又探知帝旨，复以除宦官谋中帝意。帝（文宗）以训才辩纵横，以为其事必捷，待以殊宠，自流人中用为学官，充侍进学士。时仇士良有翊上之功，为守澄所抑，位未通显。训奏用士良分守澄之权，乃以士良为左军中尉；守澄不悦，两相矛盾。训因其恶。②

---

① 《新唐书》卷214《刘从谏传》，第6014—6015页。
② 《旧唐书》卷184《宦者·王守澄传》，第4770页。

仇士良本是拥立文宗的宦官之一，经常受到老资历的王守澄打压而宦途不顺。李逢吉从子李训"欲杀王守澄，以士良素与守澄隙，故擢左神策军中尉兼左街功德使，使相糜肉"①。仇士良接任神策左军中尉，两人可以说是士良的恩人。后来，李训、郑注二人把仇士良纳入"甘露之变"的诛杀名单，将自己连同奥援对象刘从谏都推向了事变成功宦官集团的对立面。仇士良在控制文宗后，旧恨新仇叠加，刘从谏的处境十分堪忧。唐朝在安史之乱后形成了北司和南衙"共参国政"②的中枢二元决策体制。③"南衙北司"即以宰相为中心的中央决策机构文官集团和以枢密使、神策军中尉为核心的宦官集团，是唐都长安内的两大政治群体，二者有和有争，但不愿意对方压倒自己。前文已述，刘从谏继任是南衙北司合作的产物，南衙北司亦以藩镇为外助，藩镇则倚二者为内援，三方博弈下各自追求利益的最大化。必须看到，南衙与北司官员间也有互相扶持的情况存在，仇士良凭借控制皇帝成为宦官集团头领，杀害朝臣不仅是出于南衙北司之间长久以来互相制衡的积怨，也有连带清理敌对宦官势力的意味。甘露之变中，无论是朝臣还是宦官都有将李训和郑注视为一体者存在④，一些与两人同朝为官的人自然也会被视作他们的党羽。如此一来，仇士良为了自己的安全，必然扩大打击面，最终造成南衙文官遭到杀害。

显然，"甘露之变"严重打击了长安的文官集团，宦官集团一家独大不是刘从谏这样的地方节帅所愿见的。开成元年（836）二月，昭义节度使刘从谏上表直言王涯等南衙官僚并未参与策划事变反被未审处死，于制于理皆不合，自己虽"欲身诣阙庭，面陈臧否，恐并陷孥戮，事亦无成"，只能"脩饰封疆，训练士卒，内为陛下心腹，外为陛下藩垣"，若"奸臣难制，誓以死清君侧"。⑤奏表至长安，皇帝加刘从谏司徒，即是仇士良的安抚之策。同月，昭义牙将焦楚长至长安携表上奏，继续以南衙官员之死向仇士良等发难，言："臣之所陈，系国大体，可听则涯等宜蒙湔洗，不可听则赏典不宜妄加。安有死冤不申而生者荷

---

① 《新唐书》卷 207《宦者上·仇士良传》，第 5872 页。

② 《资治通鉴》卷 250，唐懿宗咸通二年二月条，第 8216 页。

③ 梁丽：《唐僖宗昭宗朝政局研究》，西安：陕西师范大学，2009 年，硕士论文，第 6—8 页。

④ 卢向前：《唐代政治经济史综论：甘露之变研究及其他》，北京：商务印书馆，2012 年，第 25—31 页。

⑤ 《资治通鉴》卷 245，唐文宗开成元年二月条，第 8045 页。

禄。"①话语句句直戳仇士良软肋，可将这视作刘从谏担忧自身安全和利益会受到威胁的表现。仇士良为首的宦官集团顾虑与地方方镇的关系，收敛行为，低调处事，"由是郑覃、李石粗能秉政，天子倚之亦差以自强"②。

刘从谏所希望无非是保持昭义家族基业。"开成初，于长子屯军，欲兴晋阳之甲，以除君侧，与郑注、李训交结至深，外托效忠，实怀窥伺。"③屯兵长子防范仇士良操纵中央调集关中附近忠唐军队兵临昭义，"清君侧"是虚张声势的政治口号。武宗继位，刘从谏主动示好仇士良。《资治通鉴》载：

> 初，昭义节度使刘从谏累表言仇士良罪恶，士良亦言从谏窥伺朝廷。（会昌三年四月）及上（唐武宗）即位，从谏有马高九尺，献之，上不受。从谏以为士良所为，怒杀其马，由是与朝廷相猜恨。遂招纳亡命，缮完兵械，邻境皆潜为之备。④

《新唐书·李珏传》载：时"潞州刘从谏献大马，沧州刘约献白鹰，珏请却之以示四方"⑤。刘从谏表面献于唐武宗，实际上仍是探听仇士良的态度。李珏劝谏武宗推辞了二镇的好意来表达谦卑的姿态，间接导致主动和解仇士良的计划流产，刘从谏愈加向河北藩镇靠拢。

"甘露之变"打破了南衙北司间的平衡，刘从谏无法再于两派间左右逢源谋取最大政治利益，故不断向仇士良发难，拉抬南衙声势。在武宗继位后，"大马"事件使和解的希望破灭，导致刘从谏在政治道路上与唐廷渐行渐远。

3. 刘从谏的军事集权

为了巩固昭义镇的统治，预防外部军事介入，刘从谏着手整军备战，强化个人军事集权。

当时，昭义镇招兵买马，提升军力是尽人皆知的事实。李商隐《为濮阳公檄

---

① 《资治通鉴》卷245，唐文宗开成元年三月条，第8046页。
② 《资治通鉴》卷245，唐文宗开成元年三月条，第8046页。
③ 《旧唐书》卷174《李德裕传》，第4525—4526页。
④ 《资治通鉴》卷247，唐武宗会昌三年四月条，第8100—8101页。
⑤ 《新唐书》卷182《李珏传》，第5361页。

刘積文》曰:"况太傅(刘从谏)比者养牛添卒,畜马训兵,旁招武干之材,中举将军之令,然而听于远近,颇有是非。"① 具体筹措军费见于《资治通鉴》载:

> 从谏榷马牧及商旅,岁入钱五万缗,又卖铁、煮盐亦数万缗。大商皆假以牙职,使通好诸道,因为贩易。商人倚从谏势,所至多陵轹将吏,诸道皆恶之。②

在这里,我们可以讨论三个问题。首先,泽潞津良寺(今安泽县东北良马村③)的养马环境。李抱玉"少长西州,好骑射,常从军幕",而其家族"代居河西,善养名马,为时所称"④,根据自身经验选择水草丰美的津梁寺适宜繁育马匹。《册府元龟》载:开元二年(714)闰二月,突厥可汗默啜妹婿阿异失(石阿失毕⑤)与其妻投奔唐朝,玄宗"许于泽潞州编附"⑥。阿异失携带的部众很可能是以蕃户的身份被安置在泽、潞,说明二州有适宜畜牧的土地。其次,泽潞马匹的质量。武宗继位,刘从谏献马身高九尺,当是津梁种马,时潞州马已经是可以作为贡品上献皇帝,足见马匹质量之高。由于饲养者是吐谷浑人,章群认为津梁种出自于青海骢。⑦"青海骢",又称"龙种",是在南北朝后期始产于今青海湖中湖心山上的一种骏马。据《北史》记载:"青海周回千余里,海内有小山。每冬冰合后,以良牝马置此山,至来春收之,马皆有孕,所生得驹,号为龙种,必多骏异。吐谷浑尝得波斯草马,放入海,因生骢驹,能日行千里,世

---

① 《全唐文》卷779,李商隐《为濮阳公檄刘積文》,第8131页。

② 《资治通鉴》卷247,唐武宗会昌三年四月条,第8101页。

③ 清乾隆《潞安府志·物产·卷八》曰:"良马寨即津良寺也";清光绪《山西通志·关隘·卷四十八》载:"潞州津梁寺水草美,良马寨驻此"并直指良马寨方位说:"地在屯留西南九十里。"良马寨即今安泽县东北良马村。参见王怀中、马书岐编著:《山西关隘大观》,济南:山东画报出版社,2012年,第300页。

④ 《旧唐书》卷132《李抱玉传》,第3645页。

⑤ 《旧唐书》卷194上《突厥上》,第5172页。

⑥ (北宋)王钦若等编纂,周勋初等校点:《册府元龟》卷170《帝王部·来远》,南京:凤凰出版社,2006年,第1893页。

⑦ 章群:《唐代番将研究续集》,台北:联经出版事业公司,1990年,第69页。

传青海骢者也。"[①]中唐以后，泽潞镇骑兵部队经常征战四方，展现了颇强的战斗力[②]，亦可佐证该镇马匹质量好和产量多。最后，泽潞养马的规模。盛唐至中唐，唐朝经常与突厥、回纥等少数民族互市进行绢马贸易，其马价一匹大致在40～50匹绢[③]。考虑到唐朝经过安史之乱打击后，经济由盛而衰，一些商品交易行为应该多是以布帛等实物充当等价货币。若李抱玉岁入马价一百万匹绢，那么当时泽潞出售了2～2.5万匹马，这还不包括存栏以作繁殖等用途的其他马匹，可见泽潞镇的养马产业已经具有相当大的规模了。李抱玉从吐谷浑引进津梁种马培育泽潞养马业，"岁入马价数百万"[④]。与刘从谏时，夹杂商业收入共五万缗之间的差距颇大（表7）。

表 7　泽潞马匹外销量变动概估表

节度使	马匹总货值	马价	外销量
李抱玉	至少 100 万匹绢	1 匹马 /40～50 匹绢[⑤]	至少 2～2.5 万匹马
刘从谏（半计）	2.5 万贯（缗）钱	1 匹马 /40～50 贯钱[⑥]	500～625 匹马
刘从谏（全计）	5 万缗钱	1 匹马 /40～50 贯钱	1000～1250 匹马

显然，泽潞镇的马匹外销量在李抱玉、刘从谏两节度使任上存在巨大差异。刘悟主政泽潞，"上党足马足甲，马极良，甲极精"[⑤]，马军发展已不逊

---

① （唐）李延寿撰：《北史》卷 96《吐谷浑传》，北京：中华书局，1974 年，第 3186 页，《隋书·吐谷浑传》与《通典·边防六·吐谷浑》略同。

② 杜立晖：《新出土墓志所见唐昭义军的几个问题》，石家庄：河北师范大学，2007 年，硕士论文，第 7—21 页。

③ 马俊民、王世平：《唐代马政》，西安：西北大学出版社，1996 年，第 134—138 页。

④ 《新唐书》卷 214《刘从谏传》，第 6015 页。

⑤ 同③。

⑥ 《新唐书》卷 214《刘从谏传》，第 6015 页，载："初，大将李万江者，本退浑部，李抱玉送回纥，道太原，举帐从至潞州。"李抱玉送回纥可汗北归当在广德元年（763）。肃宗至代宗初，由于长期战乱的影响，社会生产遭受不利影响，处于严重的通货膨胀时期，所以绢价每匹是 10000 文，即杜甫在广德二年（764）严武幕中所作《忆昔》诗曰："岂闻一绢直万钱，有田种谷今流血。"仅本文的结论无论马价是百万绢或百万贯钱，最终计算数字都是一样的。两税法实行以后，绢价大致在每匹 1000 文左右浮动（绢价相关参见赵丰编著：《唐代丝绸与丝绸之路》，西安：三秦出版社，1992 年，第 77—79 页）。

⑤ 《全唐文》卷 751，杜牧《上泽潞刘司徒书》，第 7790 页。

色于步军。刘从谏在与仇士良矛盾公开化后，极力增加收入备战，外售马匹就是方法之一。何以刘从谏和李抱玉两者出售马匹数量相差如此巨大，到底哪一个才可以反映泽潞真实的养马行为。《新唐书》已言刘从谏杀吐谷浑李万江亲属 300 余家，笔者认为这些吐谷浑人大部分应该是从事养马。若按照刘从谏时马匹出售量都出自这些吐谷浑家，那每家养马大致在 2～7 匹。由此可见，泽潞镇的养马业仍有潜力可挖，而刘从谏出口马匹数却更少了。《旧唐书·李抱真传》载：

> 抱玉卒，抱真仍领留后。抱真密揣山东当有变，上党且当兵冲，是时乘战余之地，土瘠赋重，人益困，无以养军士。籍户丁男，三选其一，有材力者免其租徭，给弓矢，令之曰："农之隙，则分曹角射；岁终，吾当会试。"及期，按簿而征之，都试以示赏罚，复命之如初。比三年，则皆善射，抱真曰："军可用矣。"于是举部内乡兵，得成卒二万，前既不廪费，府库益实，乃缮甲兵，为战具，遂雄视山东。是时，天下称昭义军步兵冠诸军。无几，复代李承昭为昭义军及磁邢节度观察留后，加散骑常侍。[1]

李抱玉节镇泽潞之时，作战目的有二：一是防御河朔藩镇，拱卫东京洛阳，二是参与防秋，防御吐蕃等外族入侵关中。安史之乱后，天下尚在恢复之中，泽潞镇经济亦遭受影响，唐廷恐怕没有余力给予其支援。"上党峻山险川，俗褊而狡，急之则鹿骇鸟散，纾之则赋减军艰。"[2]若想要完成作战目标，李抱玉必须增加收入，泽潞镇土地贫瘠，农作物产量提高非常困难，于是外售马匹就成了可行之道。建中二年（781），唐廷设置节度使，驻守河阳三城，下辖怀州、卫州、郑州、汝州、陕州，其中一些州是从泽潞镇分出，辖区的减少进一步增加了泽潞的经济压力，马匹收入就更显重要了。况且当时，泽潞镇主要经营的上党盆地适合步兵战斗，没有必要大规模装备骑兵，所以李抱真主要走

---

① 《旧唐书》卷 132《李抱真传》，第 3647—3648 页。
② 吴钢主编；陕西省古籍整理办公室、洛阳市第二文物工作队编；王京阳等点校：《全唐文补遗》第 8 辑《大唐故散朝大夫潞州上党令赠鱼袋上柱国张府君墓志铭并序》，西安：三秦出版社，2005 年，第 115 页。

的是发展步兵之路，那么出售马匹带来的收入可能也被用来支持步兵建设了。《李抱真墓志》载：

> 议者谓上党之俗，地狭尚力，气寒坚冰，盖战国武卒之余也，故长于步；冀之北土，马之所生，故长于骑。而公与王公，天下之杰也，各因其俗之所长，以伯诸侯。呜呼！使公将步，王公将骑，以征四方，以奖王室，乱臣贼子，谁敢萌心。①

恰如陆贽所云："上党、盟津之步卒，当今之练卒也。"②兴元元年（784），李抱真合兵王武俊战朱滔于河北地区，李抱真主步兵，王武俊主骑兵，正好说明泽潞镇仍以步兵为主。随着时间的推移，半农半兵的团结兵逐渐向职业化的兵募过渡③，整个泽潞镇的开支也会上升。陆贽《收河中后请罢兵状》论及国家兵力部署，言"发六军、神策、河东、河阳、泽潞、朔方之骑士，以阻征于北"④，至少在贞元元年（785），泽潞镇骑兵建设已经初见成效。此后，泽潞在辖山东三州后，自身骑兵建设导致马匹需求进一步上升，马匹出口当有所下降。会昌年间，昭义节度使刘从谏曾上书朝廷，请求以本道兵5000人出征讨伐回鹘，不为武宗所准。⑤回鹘作战多是骑兵，刘从谏主动所请5000人当皆用骑兵，说明这时昭义镇骑兵足以与游牧民族骑兵一较高下。昭义镇由主步兵到兼顾骑兵的军队发展思路，使本镇马匹需求量会有所上升。中唐以后，昭义镇军队有不少都是骑兵，以致刘稹凭"健马强弓为其羽翼"⑥而公开对抗中央。既然昭义出产的马匹，优先供应本镇骑兵，富余马匹出售换钱，考量吐谷浑李万江部被灭、刘从谏"畜马训兵"⑦扩军备战及军队战斗的损耗，多重因素叠加造成昭义镇出口的马匹数量大幅下降。当时，唐朝失去了许多适宜养马的地区，唐廷和

---

① 《全唐文》卷784，穆员《相国义阳郡王李公墓志铭》，第8195页。

② 《陆贽集》，第328页。

③ ［日］堀敏一：《藩镇亲卫军的权力结构》，收入刘俊文主编；夏日新、韩昇、黄正建等译：《日本学者研究中国史论著选译》卷4《隋唐卷》，北京：中华书局，1992年，第589—590页。

④ 《陆贽集》，第526页。

⑤ 《资治通鉴》卷246，唐武宗会昌二年十一月条，第8090页。

⑥ 《全唐文》卷752，杜牧《贺中书门下平泽潞启》，第7799页。

⑦ 《全唐文》卷779，李商隐《为濮阳公檄刘稹文》，第8131页。

地方又都有对于马匹的需求，昭义镇的养马业也是在这种背景下发展起来的。尚不能排除刘氏昭义镇有限制马匹出口的政策，毕竟减少马匹出口会导致临镇骑兵数量下降，昭义骑兵就会获得相对的优势。李抱玉将吐谷浑李大江部安置于潞州境内水草丰美的津梁寺地区，这些吐谷浑人不仅为泽潞镇带来了优良的青海骢种马，还促进了先进养马技术在当地的传播。至刘从谏时，潞州境内的养马业已经天下闻名。由此可见，优良的昭义马匹多用于刘从谏装备骑兵，余下的则供外销弥补军费。

商人担任牙职，以贸易促进昭义与周边方镇的友谊，而商人凭借节度使的权威开始肆意势凌贸易道路上的将士和官吏，导致与周边藩镇关系恶化。《新唐书·刘从谏传》载："贾人子献口马金币，即署牙将，使行贾州县，所在暴横沓贪，责子贷钱，吏不应命，即诉于从谏。欲论奏，或遣客游刺，故天下怨怒。"[1] 德宗曾言："向者幽系幕吏，杖杀县令，皆河朔规矩"[2]，所以刘从谏在昭义镇的统治有河朔主义倾向。昭义地方官吏投诉商人牙将的恶行，是希望刘从谏秉公处置，却招来了杀身之祸。刺杀州县长吏是非常恶劣的行为，说明刘从谏尚忌惮唐廷，未敢公开干预地方官吏任命。李德裕《潞磁等四州县令录事参军状》曰：

> 以前并是积久之弊，且要改张。所冀刺史得主兵权，免受牵制。官人皆由选择，可委缉绥，既无军头干侵，自然得施教化。[3]

基于节度使任子侄、牙兵等亲信为镇遏、守捉、兵马诸使别统州兵的现状，唐宪宗专门以支州刺史兼带本州镇遏、守捉、兵马诸使进行改革。[4] 归还刺史军权是宪宗"元和改革"的重要内容之一，对此改革的贯彻、巩固、调整一直进行并未中止，其作用在于根本上改变藩镇内部的军事结构，潜移默化中将

---

① 《新唐书》卷 214《刘从谏传》，第 6015 页。

② （宋）王谠撰；周勋初校证：《唐语林》卷 1《政事上》，上海：上海古籍出版社，1978 年，第 64 页。

③ （唐）李德裕撰；傅璇琮、周建国校笺：《李德裕文集校笺》，北京：中华书局，2018 年，第 374 页。

④ 郑学檬：《点涛斋史论集：以唐五代经济史为中心》，厦门：厦门大学出版社，2016 年，第 306 页。

兵力分散于诸将，纠正藩帅绝对掌握军权的局面，逐步形成支州与治州军事上的相互制约，从而弱化藩镇军事基础，最终实现唐廷的压倒性优势。[①] 李德裕论《洺州适宜状》中曾言："安王已送启状与王钊，高元武又归投王钊，即日有二万六千人，甚得军心，都头尽皆畏伏。"[②] 由洺州之例可见，刘氏二代节度使一反宪宗归还军权的改革，在支州别置军职架空了当地刺史。在暗杀地方官员和设立军职的双重作用下，支州大部分军队必然听命于刘氏。事已至此，天下皆知刘从谏整军备战的事情。李德裕《论昭义三军请刘稹勾当军务状》曰："爰自近岁（案：文宗末至武宗初），颇聚甲兵，招致亡命之徒，遂成逋逃之数，怵于邪说，自谓雄豪。"[③]《何弘敬墓志》载：朝臣们皆称"从谏孕逆，非一朝一夕矣"[④]。一些朝臣的奏章中有战后官方搜集落实刘从谏谋反人证、物证的相关情况，证明他的言行衣服仪轨僭越突出。刘从谏未继节度便在镇中"衣紫拥笏，以兵自卫"[⑤]，公开穿着三品官员朝服[⑥]。唐廷平叛昭义时，"推穷仆妾，尤得事情，据其图谋语言，制度服物，人臣僭乱"[⑦]。

　　"甘露之变"打破了长安朝堂上南衙北司力量的平衡，在宦官势力独大的状况下，刘从谏结好邻道争取外援，通过通商积累军费、暗杀地方官吏和侵夺支州刺史军权等方法加强军事集权，巩固自身统治。

（三）刘稹进退失据而明叛

　　刘稹长期生活在昭义镇，与父祖辈渐行"河朔故事"的人生轨迹交集颇多。忠逆不再是所谓的政治理想，而是谋求继任节度使的谈判筹码。政治理想即政

　　① 张达志：《从刺史军权论中晚唐地方政局的演进》，载《史林》，2011（1）：45—53 页。

　　② 《全唐文》卷 703，李德裕《洺州事宜状》，第 7214 页。

　　③ 《李德裕文集校笺》，第 333 页。

　　④ 吴钢主编；陕西省古籍整理办公室编；王京阳等点校：《全唐文补遗》第 5 辑《唐故魏博节度开府仪同三司检校太尉兼中书令魏州大都督府长史充魏博观察处置等使上柱国楚国公食邑三千户实封一百户赠太师庐江何公墓志》，西安：三秦出版社，1998 年，第 39—43 页。

　　⑤ 《新唐书》卷 193《贾直言传》，第 5559 页。

　　⑥ 《新唐书》卷 24《车服志》，第 529 页，载：显庆元年，唐朝"以紫为三品之服，金玉带銙十三；绯为四品之服，金带銙十一……"

　　⑦ 《旧唐书》卷 177《刘邺传》，第 4617 页。

治操守，刘稹过分执着于"河朔故事"而触碰唐廷底线，公开叛乱终取灭亡。

1. 刘稹欲强行"河朔故事"

若能按照既定的规则静默不动等候皇帝旨意，刘稹接任节度使或有机会。但在与唐廷的沟通过程中态度不恭，终招致官军兵临昭义。

会昌三年（843）初，刘从谏病重，对上"署刘稹兵权，潜谋继袭"①，对内"罔惑旧校，树立狡童"②，凭"郓州随来中军二千"③旧部先发制人，暂时控制昭义局势。《资治通鉴》载：

> 从谏疾病，谓妻裴氏曰："吾以忠直事朝廷，而朝廷不明我志，诸道皆不我与。我死，他人主此军，则吾家无炊火矣！"乃与幕客张谷、陈扬庭谋效河北诸镇，以弟右骁卫将军从素之子稹为牙内都知兵马使，从子匡周为中军兵马使，孔目官王协为押牙亲事兵马使，以奴李士贵为使宅十将兵马使，刘守义、刘守忠、董可武、崔玄度分将牙兵。谷，郓州人；扬庭，洪州人也。④

刘从谏依靠幕客、牙兵、宗族三个群体的力量支撑地方统治。其中，以张谷为代表的幕客多是科场失意文人。《诛张谷等告中外敕》曰：

> 张谷、陈扬庭等，皆凶险无行，狡诈多端，比在京师，人皆嫌恶。自知险薄，无地庇身，投迹戎藩，寄命从谏。久怀怨望，得肆阴谋，或妄设妖言，成其逆志，或伪草章表，饰以悖词，既无礼于君亲，曾不愧于天地。⑤

唐代科举仅予以文人出身，任官仍需参加吏部铨选，然官员编额本有定数，

---

① 陈尚君：《全唐文补编》卷72《刘从谏剖棺暴尸敕》，第886页。
② 《李德裕文集校笺》，第37页。
③ 《资治通鉴》卷247，唐武宗会昌三年四月条，第8104页。
④ 《资治通鉴》卷247，唐武宗会昌三年四月条，第8101页。
⑤ 《李德裕文集校笺》，第205页。

官少人多是常态。开元年间，选人要升迁中央清望官者，需先任职过州县佐官的原则逐步确立。^①中唐之后，吏治不清，朝野朋党盛行，贿赂、请托入仕大有人在^②，侵夺了普通人的科举入仕空间。国势愈弱，政治愈浊，固有既得利益集团则愈加封闭，平民文人以科举入仕几无可能。诸方镇有以辟士相高的风气，政治资源贫乏"初登科或未仕者，多以从诸藩府辟署为重"^③，就藩镇入仕是最现实的选择。正如陈寅恪分析长安政府在河朔地区缺乏认同时所言：

> 唐代中国疆土之内，自安史乱后，除拥护李氏皇室之区域，即以东南财富及汉化文化维持长安为中心之集团外，尚别有一河北藩镇独立之团体，其政治、军事、财政等与长安中央政府实际上固无隶属之关系，其民间社会亦未深受汉族文化之影响，即不以长安、洛阳之周孔名教及科举仕进为其安身立命之归宿……当时汉化中心在长安，以诗赋举进士致身卿相为社会心理群趋之鹄的。故当日在长安文化区域内有野心而不得意之人，至不得已时惟有北走河朔之一途。^④

张谷、陈扬庭等人与在唐咸通、乾符年间累上不第的李振^⑤相似，早年宦游长安多受屈辱，积怨成恨。这些文人政治和经济境遇的改善与藩镇兴衰休戚相关，所以产生了"尊幕府弃朝廷"的心理变化。^⑥武人大多是追随刘悟的族人和淄青旧将。"比者河朔诸镇，惟淄青变诈最多，刘悟随来旧将，皆习见此事，察其情伪，深要精详"^⑦，他们最知刘悟父子崇尚"河朔故事"的初心。经二世节

---

① 金滢坤：《中晚唐铨选制度变化与科举及第入幕的关系》，《人文杂志》，2002（4）：110—116页。

② 杨国宜、陈慧群：《唐代文人入幕成风的原因》，《安徽师范大学学报》（哲学社会科学版），1991（3）：332—340页。

③ （北宋）洪迈：《容斋随笔》，上海：上海古籍出版社，1978年，第223页。

④ 陈寅恪：《隋唐制度渊源略论稿·唐代政治史论稿》，北京：生活·读书·新知三联书店，2001年，第209—210页。

⑤ （北宋）薛居正、卢多逊、扈蒙等撰：《旧五代史》卷18《梁书·李振传》，北京：中华书局，2015年，第290页。

⑥ 贾发义、王洋：《"白马驿之祸"与唐末幕府文人心理》，载《中州学刊》，2016（2）：117—120页。

⑦ 《李德裕文集校笺》，第135页。

度，宗族、牙兵、幕客已经与刘悟父子结成荣辱与共的利益共同体。河朔节帅具有"伙伴集团"成员和朝廷使臣的双重身份，这就造就了其摇摆于军人和唐廷之间的矛盾性格。[①] 这种说法同样适用于昭义这样的中原防遏型方镇。当大唐余威无法维持自身在社会大众脑海中鼎立一尊的盲从意识，大众意识就会产生分化，关于唐朝的定位会衍生出不同的意见及阵营。昭义镇地处对抗"河朔故事"道德战线的最前沿，内部群体的意识并不统一。由于缺少贾直言这样的忠唐群体的牵制，昭义镇的整个政治生态及伦理向疑唐，甚至反唐的方向发展。节度使难以在地域集团和唐廷之间寻找和维持利益的共通点，就会在追求自身利益的过程中无限接近地方势力，进而背离忠唐的初心。

刘稹隐丧不发，身边谋士王协揣测朝廷心态是比较到位的，他说："正当如宝历年样为之，不出百日，旌节自至，但严奉监军，厚遗敕使，四境勿出兵，城中暗为备而已。"[②] 可惜的是，刘稹并不重视宦官的"桥梁"作用。中使宦官解朝政问疾至昭义镇，刘稹纵容将士替自己请命。监军宦官崔士康一时间也狼狈不堪。《新唐书·刘稹传》载：

> 诸将乃诣监军崔士康邀说，请如河朔故事。士康懦，不敢拒，乃至丧次，扶出稹，为裹缞巾，曰："毋更欲杀敕使。"诸将哄然笑，遂出见三军。[③]

不久，供奉宦官薛士干再至，传武宗命刘从谏至东都养病和刘稹入朝的谕令，竟不获从。刘稹率领大军迎候崔士康于龙泉驿，手下众牙将就曾"请用河朔事体"[④]，企图逼唐廷就范。三位宦官都在昭义铩羽而归，甚至个人安全都受到威胁。这些宦官们回到长安，恐不会替刘稹打圆场。武宗见刘稹叛迹已明，便与朝臣谋划处置昭义镇的方案，朝堂之上官员多以回鹘尚威胁北边，再开战端于昭义，国力不堪支持双线作战。只有李德裕独陈利弊，主张军事平叛，并

① ［日］谷川道雄：《关于河朔三镇藩帅的继承》，收录入唐代研究学者联谊会编：《第一届国际唐代学术会议论文集》，台北：学生书局，1989年，第913页。

② 《资治通鉴》卷247，唐武宗会昌三年四月条，第8101页。

③ 《新唐书》卷139《刘稹传》，第6016页。

④ 《资治通鉴》卷247，唐武宗会昌三年四月条，第8103页。

拉拢"列圣许其传袭"①的成德王元逵、魏博何弘敬，杜绝其联合泽潞。早在
太和七年（833）七月，宣武节度使杨元卿病重，唐廷朝臣商议接替事宜。"李
德裕请徙刘从谏于宣武，因拔出上党，不使与山东连结；上以为未可"②，明指
刘从谏与河北藩镇往来过甚，亦可知其政治主张不许泽潞行"河朔故事"。武
宗随即命李德裕草拟诏书赐予成德节度使王元逵、魏博节度使何弘敬，其要意
云："泽潞一镇，与卿事体不同，勿为子孙之谋，欲存辅车之势。但能显立功
效，自然福及后昆。"③显然，昭义与河北藩镇不同，肩负保卫两京的重要职责，
实行"河朔故事"是非常危险的。必须看到，若昭义镇内部将兵中有助唐平叛
者，武宗首先许诺他们"别授土地，以报勋庸"④，欲以"异地安置"的方式从
根本上切断昭义镇上层将领与下层士兵间的依附关系；又在镇、魏二军下山东
三州时，及时派卢钧就任昭义留后⑤，杜绝二镇索取邢、洺、磁等州；官军入昭
义镇后，放任屠杀刘氏家族及其党羽，从文化和军事上重塑昭义，防止太行山
防线的崩溃。

唐廷平定缺少外援的昭义镇，刘氏版的"河朔故事"最终谢幕。

2. 从谏妻裴氏叛唐倾向与世家大族出身间矛盾辩证统一

唐代前期社会风气开放和妇女地位较高，但女性在安史之乱后回归"遵礼
法，守妇道"的传统角色，社会地位明显下降。⑥在这种社会大环境下，刘从谏
妻裴氏不太会有较强的自主政治意识，她的动向在某种程度上可借以窥探其夫
忠诚与否。

刘稹初拒命时，裴氏以贺寿之名宴请昭义镇诸大将家室，有言："新妇各与
汝夫文字，勿忘先相公之拔擢，莫效李丕背恩，走投国家。子母为托，故悲不
能已也。"⑦陈商《刘从谏妻裴氏应从重典议》曰：

---

① 《资治通鉴》卷 247，唐武宗会昌三年四月条，第 8102—8103 页。
② 《资治通鉴》卷 244，唐文宗太和七年七月条，第 8008 页。
③ 《资治通鉴》卷 247，唐武宗会昌三年四月条，第 8103 页。
④ 《李德裕文集校笺》，第 38 页。
⑤ 《资治通鉴》卷 248，唐武宗会昌四年八月条，第 8128 页。
⑥ 段塔丽：《唐代女性社会地位研究》，北京：人民出版社，2000 年，第 151—152 页。
⑦ 《旧唐书》卷 161《刘从谏传》，第 4233 页。

臣等伏以从谏犬羊狼戾，蛇豕凶残，抱逆节于明时，遗祸胎于孽子。裴氏为恶有素，为奸已成，分衣以固其人心，申令以安其逆志。在于国典，情实难容。臣等参议，宜从重典。①

裴氏俨然是刘从谏叛唐的追随者和代言人，战后被判死刑本是顺理成章的事情，却引发朝廷大臣之间的不小争论，因为有部分大臣主张以裴问之功②宽宥其姐。《资治通鉴》载：

刘从谏妻裴氏，冕之支孙也，忧稹将败，其弟问，典兵在山东，欲召之使掌军政。士贵恐问至夺己权，且泄其奸状，乃曰："山东之事仰成于五舅，若召之，是无三州也。"乃止。③

裴氏即裴冕孙女。裴冕出身于"河东冠族"④，曾于"安史之乱"爆发时，力劝太子李亨继位于灵武，得以官居相位。兄弟裴正官至河中少尹⑤，裴氏家族是河东道的地方实力派，政治倾向应如多数世家大族一样忠唐。刘从谏联姻裴氏，可借河东大族的社会声望加深自己在河东道的影响力，强化昭义镇的控制。会昌四年（844）七月，昭义山东邢、洺、磁三州归降唐廷，刘稹方寸大乱，有意投降。昭义内部叛变势力出现分化，大将郭谊、押牙王协设计使刘稹误除堂兄中军兵马使兼押牙刘匡周的兵权，接着发动兵变诛刘稹及"从谏父子所厚善者张谷、陈扬庭、李仲京、郭台、王羽、韩茂章、韩茂实、王渥、贾庠等凡十二家，并其子侄甥婿无遗"⑥。裴问被外放山东本是叛唐派排除障碍的精确计算，反成为官军平定昭义的关键，其降唐是压垮刘稹心理防线的最后一根稻草，激化了昭义镇的内部矛盾，对战局走向至关重要。刘稹"车甲尽输于此境，糗粮反聚于他人，恃河北而河北无储，倚山东而山东不守"⑦。邢州刺史裴问降于成德节

---

① 《全唐文》卷725，陈商《刘从谏妻裴氏应从重典议》，第7456页。
② 《旧唐书》卷177《刘邺传》，第4617页。
③ 《资治通鉴》卷248，唐武宗会昌四年闰七月条，第8127页。
④ 《旧唐书》卷113《裴冕传》，第3353页。
⑤ 《新唐书》卷71《宰相世系表一上》，第2240页。
⑥ 《资治通鉴》卷248，唐武宗会昌四年八月条，第8129—8130页。
⑦ 《全唐文》卷779，李商隐《为濮阳公（王茂元）檄刘稹文》，第8131页。

度使王元逵，加速了昭义镇内部势力的分化与瓦解。

何以同出于世家大族的裴氏与裴问政治倾向迥然不同，应是深受夫家影响。反之亦然，刘从谏在长久的共同生活中就已向妻子表露了自己对"河朔故事"的崇尚，耳濡目染下裴氏政治倾向由忠唐转向叛唐。

第四节　小结

安史之乱结束，唐朝实行"放弃河北、控制其余"的政策，对藩镇采取"姑息"的态度。[①] 刘悟节制昭义的偶然事件是昭义镇反叛的起点，这个在当时看来巧妙的安排成为唐廷日后花费大量力气去解决的严重问题，使当政者不得不深思随时调整政策的必要性。

唐朝统治者尚无法完全消灭主张"河朔故事"的藩镇实体，又如何能够杜绝相关政治主张的扩散，唯有最大程度限制"河朔故事"的势力范围和影响力才是现实的选择。刘悟本就出身于河朔军宦世家，耳闻目睹了不少节度使在家族内部完成继承，深谙河朔政治伦理和唐廷决策心理。在实力不足的情况下，刘悟选择隐忍，利用唐廷提升自己政治地位，获镇昭义，但真正实现家族统治仍需调整镇内权力阶层的结构，从而改变昭义忠唐属性。刘悟、刘从谏不断引入疑唐群体稀释镇内忠唐群体的优势，从而影响权力阶层的主流价值观，达到"和平演变"的目的。当节度使身边的谋士由唐固有秩序的既得利益者河朔世家大族贾直言、裴问到被科举失落文人张谷、陈扬庭等所代替，文武官员政治倾向的合流使反唐势力在昭义镇取得绝对优势。刘氏一统昭义政治秩序是家族基业葬送的诱因之一。朝廷中的南衙北司都希冀于拉拢昭义提升自己政治声量，两者在维护唐朝统治的问题上并无对立。刘稹公开叛唐使内臣、外官暂时摒弃政治分歧，一统于支持唐朝统一的旗帜之下，官军终临昭义。

以此论之，唐廷与刘氏之争是"河朔故事"和"反河朔故事"两种政治生

---

① 孟彦弘：《"姑息"与"用兵"：朝廷藩镇政策的确立及其实施》，载《唐史论丛》，2010：115—145 页。

态碰撞的结果。刘悟父子削弱昭义内部的跨"藩镇—唐廷"群体力量间接堵塞了与唐廷的沟通管道，轻视宦官又促进唐廷"反河朔故事"势力的集结，反叛成为唐廷重塑"太行山—黄河"军事、道德防线的契机。

第九章
唐末诸侯的霸府趋势

僖宗在位，"郡将自擅，常赋殆绝，藩侯废置，不自朝廷，王业于是荡然"①，至昭宗时"五侯九伯，无非问鼎之徒，四岳十连，皆畜无君之迹"②，故郑畋视唐末如两汉王莽、董卓篡政之乱世③。中古时期，新旧王朝更迭多以禅代完成政权更替，而在这一过程中旧王朝的埋葬者往往建立霸府政治"挟天子以令诸侯"，逐渐在旧政权的体制下扶持自己的党羽，最终实现取而代之的目的。唐朝在黄巢起义的打击下，皇帝和中央政府的威信完全丧失，剩下的只有所谓天下共主的虚名。正是在这种形势下，四方诸侯暗地或公开干预唐廷的决策，甚至出现了军阀带兵入皇都及劫持皇帝外幸的情况，其中尤以朱玫、王行瑜、韩建、李克用、朱温（朱全忠）等北方诸侯对长安局势的影响最大。今试从霸府政治的角度，探讨新旧政权交替过程中的政局变化，同时兼论李克用中央层面政治角力失败的原因。必须指出，诸侯所在的霸府政治处于不同阶段，一些甚至在霸府政治建立前就已经失败，但唐末诸侯建立霸府政治的总体趋势并未改变。

---

① （后晋）刘昫等撰：《旧唐书》卷 19 下《僖宗本纪》，北京：中华书局，1975 年，第 720 页。
② 《旧唐书》卷 20 下《哀宗本纪》，第 812 页。
③ 《旧唐书》卷 178《郑畋传》，第 4635 页。

第一节　霸府政治之滥觞

霸府，也叫霸朝，是权臣建立的控制皇帝和朝廷、作为国家实际权力中心的府署机构。霸府应该有两方面的含义，一是从权力方面来说，霸府权力是在保存傀儡皇帝的情况下实际取代了皇权而对国家实行统治，二是从霸府的统治基础来说，霸府应该有庞大的机构和众多的僚佐发挥国家权力中心的作用，相当于中国古代社会中皇帝发挥正常作用时朝廷的功能。[①] 在实际中，权臣依托于大将军府、大司马府、太尉府、骠骑将军府等各种机构以武装力量控制政治，干预甚至主导国家的行政与决策，从而架空朝堂和皇帝，造成形式权力中心和实际权力中心的分离。[②] 汉末，曹操首开霸府之先河，先后以司空府、丞相府、魏王府渐进式侵蚀政府权力[③]，奠定了新旧皇权嬗替的政治基础。其后，司马懿、桓玄、宇文护、高欢及南朝诸开国皇帝都建立过霸府政治。一些人还以此为基础过渡到自己的皇权政治，最终以禅代的形式完成法统正当性的确立。

我们必须看到，霸府政治的建立，至少必须具备三个条件：霸主军事力量的强大，霸主人才库的充足，皇帝的顺从。军队是权臣建立和维护霸府政治的基本保障，在天下大乱时没有什么能够比一支强大军队更有说服力。在控制朝廷后，权臣必须有一批政治上忠诚、业务上干练的下属进入中央政府或霸府，分别探听朝臣动向和侵夺朝廷的权力，同时维持国家各项机能的运转。霸府政治的运作中，皇帝是诸多矛盾的结合点，一方面王朝末世的疲态迫使他必须依靠权臣的力量维系自己的皇位和王朝的存续，另一方面权臣凌驾于皇权之上的态势又始终是自己最大的威胁。从权臣的角度来看，一位甘于受制于人、习惯于充当傀儡的皇帝是十分必要的政治工具，因为"挟天子以令诸侯"既是笼络人心的政治口号，也是标榜正义的道德优势。

于是，我们再回到唐末纷乱的政局中，诸侯们在霸府政治建立的过程中成败各有不同，亦各有缘由。

---

① 陶都贤：《魏晋南北朝霸府与霸府政治研究》，长沙：湖南人民出版社，2007年，第5页。

② 陈长琦：《两晋南朝政治史稿》，开封：河南大学出版社，1992年，第58页。

③ 柳春新：《曹操霸府述论》，载《史学月刊》，2002（8）：44—53页。

第二节　朱玫、李克用与权阉杨氏

中唐以降，皇帝宠信宦官，这一群体在与神策军结合后成为长安之内不可忽视的政治力量。皇帝驾驭朝臣、宦官、藩镇，使他们之间相互制约，艰难维系着自己独尊的地位。僖宗疲于应付黄巢起义，专门设置雁门节度使拉拢在斗鸡台事变中杀害大同防御使段文楚的逆臣李克用。获节之后的李克用从代北沙陀一酋长转变为地方藩镇首领，从而走上了逐霸的道路。

中和三年（883）正月，李克用南下败黄巢弟黄揆于沙苑，王铎承制以李克用为东北面行营都统，以杨复光为东面都统监军使，陈景思为北面都统监军使。杨复光是李克用勤王的关键人物，其言："李克用与我世共患难，其为人，奋不顾身，比数召未即至者，由太原道不通耳，非忍祸者，若谕上意，彼宜必来。"[①] 元和年间，杨复光父杨玄价作为盐州监军参与了沙陀的安置工作，升任神策军中尉后，"执宜父子盖与之善"[②]。先前，李克用与河东节度使郑从谠不和，杨复光从中穿梭使二人和解。[③] 唐廷在沙陀军的助力下于四月收复长安，李克用功居第一[④]；杨复光则以功加开府仪同三司、同华制置使，封弘农郡公，赐号"资忠辉武匡国平难功臣"。[⑤] 七月，左骁卫上将军杨复光病死河中。[⑥] 左右骁卫，"上将军各一人，大将军各一人，将军各二人，掌同左右卫，凡翊府之翊卫、外府豹骑番上者，分配之，凡分兵守诸门，在皇城四面、宫城内外，则与左右卫分知助铺"[⑦]。奇怪的是，作为禁军首领之一的杨复光并没有在第一时间返回长安，反而顿足于河中依附王重荣。究其原因，左骁卫仅为禁军中的一

① （北宋）欧阳修、宋祁撰：《新唐书》卷207《杨复光传》，北京：中华书局，1975年，第5877页。

② （北宋）司马光编：《资治通鉴》卷255，唐僖宗中和二年十月条，北京：中华书局，1956年，第8399页。

③　刘永强：《杨复光、杨复恭与唐末政局研究》，收入杜文玉主编：《唐史论丛》第27辑，西安：三秦出版社，2018年，第255—256页。

④ 《资治通鉴》卷255，唐僖宗中和三年五月条，第8417页。

⑤ 《新唐书》卷207《杨复光传》，第5877页。

⑥ 《资治通鉴》卷255，唐僖宗中和三年七月条，第8419页。

⑦ 《新唐书》卷49上《百官四上》，第1282页。

支，田令孜已为十军兼十二卫观军容使，杨复光无法接受自己有功于社稷反屈居政敌麾下的尴尬境地。再者，杨复光在镇压黄巢起义的过程中建立了直属于自己的"忠武军"，居于河中有和田令孜周旋的资本。中和元年（881），杨复光时任忠武监军镇压黄巢起义，以忠武军中的8000人分由牙将鹿晏弘、晋晖、王建、韩建、张造、李师泰、庞从等8人率领，建立了一支听命于自己的部队。杨复光亡，田令孜逼其兄枢密使杨复恭称疾下野暂居蓝田。[①]中和三年（883）十一月，忠武大将鹿晏弘率所部自河中向僖宗的行在进发。至十二月，鹿晏弘占据兴元，驱逐了山南西道节度使牛勗，自称留后。中和四年（884）正月，昭宗正式令鹿晏弘节度山南西道。十一月，鹿晏弘与王建、韩建、张造、晋晖、李师泰等人发生冲突，弃兴元返回许州驱逐了时任忠武军节度使，唐廷被迫授其旌节。后田令孜收王建等五人为假子，任禁军诸卫将军，仍让其率领旧部，"号随驾五都"[②]，收编了杨氏的旧部。

光启元年（885）初，僖宗返回长安。田令孜在蜀地募集新军五十四都，每都千人，分别隶属左右神策军，加上南牙、北司官员万余名。河南、河北、江淮等地的税赋无法到达长安，京畿、同、华、凤翔等关中数州的租税无法满足朝廷的开销，于是田令孜奏请河中两池盐利直属中央，被王重荣拒绝。王重荣反以收复京师的功劳，上表弹劾田令孜。五月，田令孜逼迫王重荣移镇泰宁节度使（治兖州，今山东兖州市）。七月，王重荣拒绝移镇，田令孜勾结邠宁节度使朱玫、凤翔节度使李昌符讨伐河中。十二月，李克用和王重荣二人大败关中联军于沙苑，田令孜携僖宗出幸凤翔。次年（886）正月，李克用还军河中，与王重荣上表恭请銮驾返回长安，并求诛杀田令孜，皇帝以飞龙使杨复恭为枢密使。朱玫、李昌符与田令孜决裂，邠宁、凤翔不断紧逼僖宗行队。朱玫勤王事先和李克用形成了默契，《新唐书》载：萧遘与裴澈定计召邠师勤王，故"玫起邠兵五千奉迎，与沙陀等连和"[③]。田令孜携僖宗经陈仓逃往兴元，朱玫意外控制了落单的襄王煴。四月，朱玫逼滞留凤翔的百官"奉襄王煴权监军国事，承制封拜指挥，仍遣大臣入蜀迎驾"[④]，朱玫自兼左、右神策十军使，暂夺京师宦官军

---

① 《资治通鉴》卷255，唐僖宗中和四年七月条，第8420页。

② 《资治通鉴》卷256，唐僖宗中和四年十一月条，第8436页。

③ 《新唐书》卷101《萧遘传》，第3962页。

④ 《资治通鉴》卷256，唐僖宗光启二年四月条，第8456页。

权。这时，凤翔节度使李昌符因不同意另立新帝而与朱玫分道扬镳。远在兴元的田令孜自知已无扭转时局的机会，推荐杨复恭为左神策中尉、观军容使，自为西川监军使，入川往依陈敬瑄，杨复恭也将王建等田令孜党羽都外放刺史。为了巩固自己的地位，朱玫在中央基本保留了僖宗执政班底，包括中书侍郎同平章事萧遘、尚书左仆射同平章事裴澈、兵部侍郎郑昌图。①最起码萧、郑二人的社会风评确实不错，萧遘"少负大节，以经济为己任，洎处台司，风望尤峻，奏对朗拔，天子器之"②；郑昌图"尝自任以广度弘襟，不拘小节，出入游处，悉恣情焉"③。由于萧遘在扶立新帝的问题上有所抵触，朱玫升郑昌图同平章事，判度支、盐铁、户部，并各置副使，主管三司财政大权。次月，萧遘罢相，裴澈为门下侍郎，郑昌图为中书侍郎，皆兼任平章事，朱玫自加侍中、诸道盐铁、转运等使，掌握了朝廷的经济大权，标志着霸府政治的确立。朱玫还"大行封拜以悦藩镇"④，尤以淮南节度使高骈最为突出。中和二年（882），僖宗曾经以王铎兼中书令，充诸道行营都统代替了高骈，又罢免了其兼任的盐铁、转运使等职，只加授了侍中的空衔。朱玫不但以淮南节度使高骈兼中书令，充江淮盐铁、转运等使、诸道行营兵马都统，还升高骈属下淮南右都押牙、和州刺史昌用之为岭南东道节度使。对比前朝，高骈当然就倒向了朱玫，此举也有利于高骈不截留江南的税赋。同时，吏部侍郎夏侯潭宣谕河北，户部侍郎杨陟宣谕江、淮诸藩镇。经一番行动，藩镇十之六七的贡赋都流向了长安⑤，"天下之人，归者十五六"⑥，流亡

---

①　《新唐书》卷63《宰相表下》，第1746页，载：中和三年（883）七月，裴澈为中书侍郎同中书门下平章事；次年（884）十月加尚书右仆射；光启元年（885）三月，转为尚书左仆射，朱玫扶立新帝，至少不会罢去裴澈的官职。《新唐书》卷208《田令孜传》，第5888页，载："令孜请帝幸兴元，帝不从，令孜以兵入寝，逼帝夜出，郡臣无知者，宰相萧遘等皆不及从"，知萧遘为宰相，更可能是首相；又《资治通鉴》卷256，唐僖宗光启二年五月条，第8457页，载：当月，朱玫因不满萧遘不配合的态度，将其从中书侍郎同平章事改为太子太保。又《新唐书》卷9《僖宗本纪》，第279页，载：光启三年三月癸未，萧遘、裴澈、兵部侍郎郑昌图有罪伏诛，知不论郑昌图伪官，其在僖宗朝官至兵部侍郎。

②　《旧唐书》卷179《萧遘传》，第4646页。

③　（北宋）李昉等编：《太平广记》卷183《贡举六·郑昌图》，北京：中华书局，1961年，第1368页。

④　《资治通鉴》卷256，唐僖宗光启二年五月条，第8457页。

⑤　《资治通鉴》卷256，唐僖宗光启二年五月条，第8458页。

⑥　《旧唐书》卷175《王行瑜传》，第4548页。

的僖宗这时被完全孤立。朱玫在拥立新帝途中"自号大丞相，专决万机"，进入长安后"居孔纬第，方据几署事"。①再结合自加侍中、诸道盐铁、转运等使的情况来看，朱玫确实一直主导中央政府的事务，并任用一些文臣辅助自己维持整个国家机能的运转。《裴筠墓志》载：

> 是时唐僖帝巡狩坤维，徐公彦若为独坐，首状监察。中州丧乱，游衍江湖。泊襄帝即位，除曲台，未至阙下，拜中谏，寻迁侍御史。弹奏得仪，时以为称职。改左司员外，复转库员，兼加朱绂。寻遇迁都雒阳，拜司勋郎中。恭事二帝，颍履三署。②

裴筠葬于后梁开平四年（910），时唐朝已经灭亡，而朱温也没有杀害襄王煴，所以在墓志里恭称其为"襄帝"，代表了对这一政权的认可。也就是说，朱玫作为政权的实际控制者，施政确有新气象之风。

朱玫霸府政治的终结者与其说是李克用，不如说是杨复恭更加符合实际状况。就在孤立无援于兴元之际，僖宗利用杨复恭的关系拉拢李克用和王重荣。③果然，二人"欣然听命"④，成为僖宗反正的关键外援。当时，李克用想借此向朱温发难，被僖宗以杨复恭"俟三辅事宁，别有进止"⑤的书信所劝阻。十二月，杨复恭号召关中诸侯进攻朱玫，并许诛朱玫者可代其节镇邠州。朱玫的霸府体制是以邠州军力为根本而建，凡是霸府者，军事重心必然置于政治中心之前且接近敌对势力的作战前线，以霸府之军力拱卫后方之政治中心。邠州正好相反，位于长安的西北部无法对于东方诸侯形成威慑。或许朱玫过多专注于长安中央政府的事务而放松了邠宁军的控制，反被在前线作战不利的旧属下王行瑜自凤州突袭杀于长安，牵连李煴及郑昌图、萧遘、裴澈等大臣先后被杀，甚至"宦

---

① 《新唐书》卷 224 下《逆臣下·朱玫传》，第 6405 页。

② 周阿根：《五代墓志汇考》，《梁故朝散大夫权知给事中柱国河东裴公墓志铭并序》，合肥：黄山书社，2011 年，第 14 页。

③ 《新唐书》卷 187《王重荣传》，第 5437 页，载："俄嗣襄王煴僭位，重荣不受命，与克用谋定王室。杨复恭代令孜领神策，故与克用善，遣谏议大夫刘崇望赍诏谕天子意，两人听命，即献缣十万，愿讨玫自赎"。

④ 《旧唐书》卷 19 下《僖宗本纪》，第 724 页。

⑤ 《资治通鉴》卷 256，唐僖宗光启二年六月条，第 8459 页。

者伪枢密使王能著等皆坐诛”[①]，宦官之中亦有支持朱玫者，只是不及权阉杨氏强大。初朱玫擅立，曾“复密结枢密使杨复恭”[②]，看来并未成功。朱玫霸府政治的失败却促进了宦官杨氏和河中、河东二镇的进一步联合。宦官杨氏以河中王重荣、河东李克用为外援不断巩固自己的权力和地位，王、李也倚其为内助，至少有人在朝廷中为自己辩护。

文德元年（888）初，僖宗在长安病逝，昭宗继位。昭宗虽是杨复恭援立，却对宦官并无好感。《资治通鉴》载：

> 上在藩邸，素疾宦官，及即位，杨复恭恃援立功，所为多不法，上意不平；政事多谋于宰相，孔纬、张濬劝上举大中故事，抑宦者权。复恭常乘肩舆至太极殿。他日，上与宰相言及方反者，孔纬曰：“陛下左右有将反者，况四方乎！”上瞿然问之，纬指复恭曰：“复恭陛下家奴，乃肩舆造前殿，多养壮士为假子，使典禁兵，或为方镇，非反而何！”复恭曰：“子壮士，欲以收士心，卫国家，岂反邪！”上曰：“卿欲卫国家，何不使姓李而姓杨乎？”复恭无以对。[③]

昭宗本欲讨伐杨复恭，又恐其假子掌握北门六军的杨守立掣肘，故隐而不发。大顺元年（890）初，在杨复恭失势时依附田令孜的张濬被昭宗选任宰相。张濬曾在平定黄巢起义时任都统判官，与李克用有些交集。当李克用闻张濬拜相，就对来使说：“张公好虚谈而无实用，倾覆之士也。主上采其名而用之，他日交乱天下，必是人也。”[④]张濬知道后，对李克用也颇有微词。五月，昭宗诏削夺李克用官爵、属籍，以张濬为河东行营都招讨制置宣慰使，京兆尹孙揆副之，以镇国节度使韩建为都虞候兼供军粮料使，以朱温为南面招讨使，李匡威为北面招讨使，赫连铎副之，全面讨伐河东。张濬临行前，对昭宗说：“俟臣先除外忧，然后为陛下除内患”[⑤]，被杨复恭听到。同年，伐李联军大败，“杨复恭复从

①　《新唐书》卷224下《逆臣下·朱玫传》，第6405页。
②　《旧唐书》卷175《朱玫传》，第4548页。
③　《资治通鉴》卷258，唐昭宗龙纪元年十一月条，第8510页。
④　《资治通鉴》卷258，唐昭宗大顺元年四月条，第8515—8516页。
⑤　《资治通鉴》卷258，唐昭宗大顺元年五月条，第8519页。

中沮之，故潘军望风自溃"①。二年，李克用屯兵河中，昭宗不得已外斥孔纬为均州刺史，张潘为连州刺史，并悉复李克用官爵。张潘从蓝田逃往华州依附韩建，与孔纬向朱温求救。朱温上表为孔纬、张潘讼冤，朝廷任其自便，孔纬亦寓居华州。昭宗扶持李顺节（杨复恭假子）牵制杨复恭，终在九月逼其致仕。十月，昭宗以杨复恭谋反，令天威都将李顺节、神策军使李守节等讨伐他于长安，杨复恭与一众假子逃往兴元。景福元年（892）初，李茂贞、王行瑜以山南西道节度使杨守亮隐匿父杨复恭，求招讨使讨伐兴元，"时宦官有阴与二镇相表里者，宰相相顾不敢言"②。八月，李茂贞攻占兴元，杨复恭、杨守亮等逃往阆州。乾宁元年（894），李茂贞克阆州，杨复恭欲逃往河东依附李克用，在途中被华州兵擒获，昭宗命斩杀于独柳。

杨氏的覆灭，最受影响的就是李克用。自此，在京师宦官中未有人能为河东耳喉。可以说，在诸侯唐末霸府政治的逐鹿中，最早出局的就是李克用。

第三节　王行瑜与尚书令

杨复恭离开长安之后，西北军阀与昭宗的矛盾开始激化。

景福二年（893）正月，昭宗令李茂贞移镇兴元并以中书侍郎、同平章事徐彦若任凤翔节度使，李茂贞欲自兼山南西道和凤翔节度使，不奉诏。七月，李茂贞上表言辞颇有不逊，昭宗决定讨伐李茂贞。"崔昭纬阴结邠、岐，为之耳目，让能朝发一言，二镇夕必知之。"③八月，昭宗以嗣覃王嗣周为京西招讨使。九月，李茂贞、王行瑜在长安及附近接连战胜官军。至十月，昭宗被迫杀死杜让能及宦官西门君遂、李周潼，又以内侍骆全瓘、刘景宣为左、右军中尉，韦昭度及崔胤为宰相。"是朝廷动息皆禀于邠、岐，南、北司往往依附二镇以邀恩泽。有崔铤、王超者，为二镇判官，凡天子有所可否，其不遑者，辄诉于铤、

---

① 《资治通鉴》卷258，唐昭宗大顺元年十一月条，第8529页。
② 《资治通鉴》卷259，唐昭宗景福元年二月条，第8545页。
③ 《资治通鉴》卷259，唐昭宗景福元年七月条，第8567页。

超，二人则教茂贞、行瑜上章论之，朝廷少有依违，其辞语已不逊。"①当月，王行瑜已守侍中兼中书令，又求尚书令，韦昭度密奏："太宗以尚书令执政，遂登大位，自是不以授人臣。惟郭子仪以大功拜尚书令，终身避让。行瑜安可轻议。"②十一月，昭宗出于安抚王行瑜，以其为太师，赐号尚父，并赐铁券。尚书令本就是尚书省最高长官，只是由于唐朝皇帝集权于自身的需要，不断弱化相权，才由仆射甚至左右丞掌实权，再凭借半近臣性质的中书、门下长官的官阶优势凌驾于掌握实权的尚书省实际长官之上使尚书省变为了纯粹的业务执行部门。当然，这一切的发生前提条件就是皇权的稳固，在唐末乱世中皇帝尚受制于阉臣和诸侯，孱弱的皇权已经无法保证中书、门下二省对于尚书省的制约。王行瑜想要兼任尚书令无非是想凭借武力直接介入国家处理事务的最重要机构，从而主导整个国家机器的运转。

乾宁二年（895）初，"崔昭纬与李茂贞、王行瑜深相结，得天子过失，朝廷机事，悉以告之"③。王行瑜、李茂贞在邠宁节度副使崔昭纬族人崔鋋的挑拨下，先迫使昭宗放弃复相李谿，后又罢相韦昭度。五月，王行瑜求良原镇、韩建亦求邠阳镇，都被朝中宦官以"此天子禁军"的理由而阻止，且王行瑜屡求尚书令不得，二镇对唐廷十分不满。就在这时，王氏宗族因河中节度使人选问题内部发生激烈争执，王行瑜、韩建及李茂贞等支持王珙任河中节度使，与支持王珂的李克用形成对立。王行瑜使其弟匡国节度使（治所同州，今渭南市大荔县）行约攻河中，自己率军与韩建、李茂贞进入京师，杀韦昭度、李谿于都亭驿，又杀枢密使康尚弼及宦官数人，当是内朝不附邠岐者。六月，昭宗以崔昭纬等外交邠岐，用孔纬和张濬为相。不久，李克用南下讨伐王行瑜、李茂贞、韩建等，首战即胜王行约于朝邑。中尉刘景宣与左军指挥使王行实欲请昭宗至邠州，右军指挥使李继鹏及枢密使骆全瓘欲请昭宗至凤翔，可见邠岐二阵营已出现分歧。王行实和李继鹏在长安发生军事冲突，昭宗急诏盐州六都兵护卫，稳定了局势，又恐王行瑜、李茂贞再入长安，故逃至石门镇（今蓝田县西南）。内侍郗廷昱至李克用军中将昭宗希望河中、河东军队联合进驻新平（今陕西兴平市）阻击邠军之意进行了传达，时彰义节度使张鐇的军队也驻防凤翔至长安

① 《资治通鉴》卷259，唐昭宗景福二年十月条，第8570页。
② 《资治通鉴》卷259，唐昭宗景福二年十月条，第8571页。
③ 《资治通鉴》卷260，唐昭宗乾宁二年二月条，第8586页。

的道路之上。李克用进军渭桥，遣其将李存贞为前锋占领永寿（今咸阳市永寿县），晋将史俨率领 3000 骑兵至石门护卫皇帝。随后，李存信、李存审会同保大节度使（治所鄜州，今延安市富县）李思孝攻王行瑜梨园寨（今咸阳市淳化县境），败邠军。李茂贞恐祸及自身，杀李继鹏向昭宗请求谅解。昭宗遣宗室亲王令李克用和李茂贞一起讨伐邠州，又削夺王行瑜官爵。唐廷以李克用为邠宁四面行营都招讨使，保大节度使李思孝为北面招讨使，定难节度使（治所夏州，今陕西靖边县白城子）李思谏为东面招讨使，彰义节度使（治所泾州，今平凉市泾川县）张鐇为西面招讨使，李克用以行营都招讨使的名义暂时暂凌驾于其他西北军阀之上。九月，李克用急攻王行瑜于梨园，李茂贞军屯龙泉镇和咸阳援助王行瑜。李克用请昭宗削夺李茂贞官爵，并欲分兵讨伐，昭宗"以茂贞自诛继鹏，前已赦宥，不可复削夺诛讨，但诏归镇，仍令克用与之和解"①。十月，河东军败邠宁军于朵园（今咸阳市旬邑县东北）北，昭宗见王行瑜大势已去，贬邠岐党人右仆射崔昭纬为梧州司马。十一月，李克用终克邠州，王行瑜覆灭。《资治通鉴》载：

> 十二月，李克用遣掌书记李袭吉入谢恩，密言于上曰："比年以来，关辅不宁，乘此胜势，遂取凤翔，一劳永逸，时不可失。臣屯军渭北，专俟进止。"上谋于贵近，或曰："茂贞复灭，则沙陀大盛，朝廷危矣！"上乃赐克用诏，褒其忠款，而言："不臣之状，行瑜为甚。自朕出幸以来，茂贞、韩建自知其罪，不忘国恩，职贡相继，且当休兵息民。"克用奉诏而止。既而私于诏使曰："观朝廷之意，似疑克用有异心也。然不去茂贞，关中无安宁之日。"又诏免克用入朝，将佐或言："今密迩阙庭，岂可不入见天子！"克用犹豫未决，盖寓言于克用曰："曩者王行瑜辈纵兵狂悖，致銮舆播越，百姓奔散。今天子还未安席，人心尚危，大王若引兵渡渭，窃恐惊骇都邑。人臣尽忠，在于勤王，不在入觐，愿熟图之！"克用笑曰："盖寓尚不欲吾入朝，况天下之人乎！"②

---

① 《资治通鉴》卷 260，唐昭宗乾宁二年九月条，第 8596 页。
② 《资治通鉴》卷 260，唐昭宗乾宁二年十二月条，第 8600 页。

先者，李克用平定黄巢起义尚得入长安，至此却犹豫不决，正因朝廷之上皆不愿看到某一方势力做大。随着邠州的平定，李克用的影响力再次被局限于河东一镇。而李克用终受制于宗室虚名，无法说服自己控制唐朝皇帝与中央政府，建立以自己为中心的霸府政治。此时，尤显杨氏宦官之后朝廷之上无为李克用辩护与支持者。若强行进兵就会变成逆臣，即李克用在朝廷上无政治优势。昭宗恐王行瑜专权而不肯授予其尚书令，而李克用对于朝廷政务始终少有兴趣。

第四节　朱温的霸府政治

乾宁三年（896），昭宗从石门返回长安，在神策两军以外别置安圣、捧宸、保宁、宣化等军共数万人，使诸王统领；嗣延王戒丕、嗣覃王嗣周又自领数千人作为自己的卫队。昭宗命宗室诸王屯兵长安要地以备不测。李茂贞得知昭宗整军备战，遂上表称：延王无故筹组军队讨伐自己，所以要带领军队向昭宗请罪。昭宗遂遣使告急于李克用。不久，李茂贞引兵出凤翔，官军战败于娄馆。七月，李茂贞进逼京师，延王戒丕言："今关中藩镇无可依者，不若自鄜州济河，幸太原，臣请先往告之。"①昭宗行至渭北，镇国军韩建遣其子从允奉表请幸华州，昭宗不许，为了安抚韩建仍加其为京畿都指挥、安抚制置及开通四面道路、催促诸道纲运等使。韩建仍不断上奏请幸华州，最终出于安全考虑，昭宗前往华州。同时，李茂贞遂入长安，烧毁了中和以来所葺宫室、市肆。八月，韩建推辞了昭宗让自己参与朝政的诏令，仍移檄诸道令输资粮至华州。与朱玫一样，韩建在掌握皇帝之后都急迫需要控制各地转运至关中的物资。

中唐以降，西北藩镇之兵与江南之钱粮的结合构成了关中本位政策重建的基础。我们可以预见，处于抵抗回纥、吐蕃等少数民族战争前线的西北藩镇自身"造血能力"严重不足，需要唐廷不断转移支付江南钱资维持庞大的军费开销。同理，李茂贞索取山南西道也应有拓展钱资来源的考量。九月，韩建将崔

---

① 《资治通鉴》卷260，唐昭宗乾宁三年七月条，第8611页。

胤外斥湖南，崔胤求援于朱温并教其营建洛阳表迎銮驾之策。于是，朱温与河南尹张全义上表请求昭宗迁都洛阳，并派军两万前往华州。在汴军的军事威胁下，韩建不得已表奏崔胤复相。

乾宁四年（897）二月，韩建伪称睦王等八王要谋杀自己，逼迫昭宗允许自己囚禁宗室，并解散了随驾殿后军两万人，"自是天子益微，宿卫之士尽矣"[①]。八月，延王戒丕自晋阳返回，韩建杀宗室诸王，其中延王戒丕、丹王允曾拜李克用为兄，当是恐宗室和河东联合。年末，李茂贞和朱温都欲发兵控制昭宗，韩建在父亲劝阻下放弃了废黜昭宗的想法。[②] 光化元年（898），朱温开始营建洛阳宫殿，并多次上表请求皇帝移驾洛阳，韩建被迫放昭宗离开了华州返回长安。次年（899），崔胤被罢去宰相职务，外放岭南。光化三年（900），崔胤借朱温之势迫使昭宗贬杀宰相王抟及宦官枢密使宋道弼、景务脩，自入朝辅政。年末，刘季述、右军中尉王仲先、枢密使王彦范、薛齐偓等恐崔胤谋害自己，发动兵变，昭宗退位，但宦官惧怕朱温，只罢去崔胤所兼的使职。《资治通鉴》载：

> 朱全忠在定州行营，闻乱，丁未，南还；十二月，戊辰，至大梁。季述遣养子希度诣全忠，许以唐社稷输之；又遣供奉官李奉本以太上皇诰示全忠。全忠犹豫未决，会僚佐议之，或曰："朝廷大事，非藩镇所宜预知。"天平节度副使李振独曰："王室有难，此霸者之资也。今公为唐桓、文，安危所属。季述一宦竖耳，乃敢囚废天子，公不能讨，何以复令诸侯！且幼主位定，则天下之权尽归宦官矣，是以太阿之柄授人也。"全忠大悟，即囚希度、奉本，遣振如京师调事。既还，又遣亲吏蒋玄晖如京师，与崔胤谋之；又召程岩赴大梁。[③]

天复元年（901）正月，崔胤联合孙德昭、孙承诲、董从实等反正成功，尽诛刘季述党。凤翔、彰义节度使李茂贞来朝，加守尚书令兼侍中，进爵岐

---

① （北宋）薛居正等撰：《旧五代史》卷15《梁书·韩建传》，北京：中华书局，2015年，第232页。

② （北宋）欧阳修撰；（北宋）徐无党注：《新五代史》卷40《韩建传》，北京：中华书局，2015年，第493页。

③ 《资治通鉴》卷262，唐昭宗光化三年十二月条，第8661—8662页。

王，与王行瑜求实权尚书令不同，昭宗主动所予李茂贞的尚书令是虚衔，是为了牵制朱温，保持东西方两大诸侯均势，从而维护自己的皇位。崔胤未能控制神策军，前任凤翔监军的枢密使韩全诲、现任凤翔监军使张彦弘任左、右中尉，李茂贞间接掌握了神策军，在某种程度代表了朱温的失利。北司宦官和南衙宰相，分别结交李茂贞和朱温以为外援。时"全诲等知胤必除己乃已，因讽茂贞留选士四千宿卫，以李继筠、继徽总之；胤亦讽朱全忠内兵三千居南司，以娄敬思领之"①；崔胤回到京城的住所，亦有孙继昭和关东诸道兵共同保护，南衙北司的矛盾已经不可调和。二月，朱温占领河中。六月，朱温由汴州进驻河中，坐观长安局势。时"朱全忠、李茂贞各有挟天子令诸侯之意，全忠欲上幸东都，茂贞欲上幸凤翔，胤知谋泄，事急，遗朱全忠书"②，朱温返回汴州调遣军队。年末，韩全诲闻朱温汴州大军将至，令李继筠、李彦弼等勒兵劫持昭宗前往凤翔。朱温路经华州，命韩建移镇许州。"是时京师无天子，行在无宰相，崔胤使太子太师卢渥等二百余人列状请朱全忠西迎车驾"③，南衙完全听命于朱温。不久，李茂贞养子静难节度使李继徽投降朱温。天复二年（902），李茂贞的山南诸州也被王建攻取，弟保大节度使李茂勋也投降朱温，自己只剩凤翔一镇。天复三年（903）初，李茂贞相继斩杀韩全诲、李继筠、李继海、李彦弼及内诸司使韦处廷等人向朱温和崔胤求和，放昭宗返回长安。朱温将第五可范等数百宦官尽杀于内侍省，崔胤控制了神策军及其他禁军。不久，昭宗以李祚为诸道兵马元帅，加朱温守太尉，充副元帅，晋爵梁王，此时，元帅府对全国军事的统领权是建立在宣武镇独大的基础之上，只能说昭宗甘于将自己名义上统领全国军队的权力都让给了朱温。同时，昭宗诏令："比在凤翔府所除官，一切停"④，意味着李茂贞无法再左右朝廷。

朱温（朱全忠）的霸府到底如何运作，试以析之。在任副元帅前，朱温就以节度使幕府官员兼任中央官员的形式部分侵蚀中央权力。《石彦辞墓志》载：

① 《新唐书》卷208《宦者下·韩全诲传》，第5896页。
② 《资治通鉴》卷262，唐昭宗天复元年六月条，第8676页。
③ 《资治通鉴》卷262，唐昭宗天复元年十一月条，第8682页。
④ 《资治通鉴》卷264，唐昭宗天复三年二月条，第8721页。

公中和乙巳（885，即光启元年），职宣武军，同节度副使兼御史司宪，霸府右校，法秩兼衔……其年迁首列，授宋州长史，兼御史大夫……光启丙午年（886，即光启二年），转右千牛卫将军、检校右散骑常侍、亳州别驾。继专军旅，益动风云……龙纪己酉岁（889，即龙纪元年），加检校工部尚书、右威卫将军，迁节院使。乾宁甲寅（894，即乾宁元年），加金紫光禄大夫、检校户部尚书。丁巳（897，即乾宁四年），转天平军左都押衙。景福癸亥（天复癸亥年之误①，903即天复三年），加检校司空、守台州刺史……天复甲子（904，即天复四年），授右羽林军大将军，转左金吾将军，加爵邑，充飞龙监牧……道契新朝，事符往制。②

石彦辞是一个典型以朱温节度使幕职为跳板在仕途上不断晋升的官员。既然他最迟至龙纪元年（880）就已经任右威卫将军代表朱温势力进入了长安的禁军体系，那么光启元年（885）所提到的霸府就是宣武节度使的幕府，说明汴系将官在朱温宣武节度使任上就开始向中央官僚体系渗透。朱温之所以势力远超其他藩镇的一个重要表现是不断将汴系背景将官安插进入中央政府或禁军，全面监视皇帝和朝政。

梁末帝朱友贞曾言："重念太祖皇帝，尝开霸府，有事四方"③，所指应是行营性质、治所并不固定的霸府。《新唐书·百官志》载：

天下兵马元帅、副元帅，都统、副都统，行军长史，行军司马、行军左司马、行军右司马，判官，掌书记，行军参谋，前军兵马使、中军兵马使、后军兵马使，中军都虞候，各一人。元帅、都统、招讨使，掌征伐，兵罢则省。都统总诸道兵马，不赐旌节。④

---

① 潘昌来：《石彦辞：新发现的台州刺史》，载《台州日报》，2018年5月8日。
② 《五代墓志汇考》，《梁故静难功臣金紫光禄大夫检校司空前守右金吾卫大将军充衔使兼御史大夫上柱国武威县开国男食邑三百户石府君墓志铭并序》，第17—18页。
③ 《旧五代史》卷8《梁书·末帝纪上》，第133页。
④ 《新唐书》卷49下《百官四下》，第1308页。

石云涛《唐代幕府制度研究》一书中，将肃宗、代宗之际的行营幕府分为以亲王为统帅的元帅幕府，身兼宰相的副元帅幕府，亲王、宗室为长官的都统、诸道、诸使幕府三类；其中副元帅幕府佐僚多来自朝廷低级官员、州县官员，或科举出身尚未释褐除授者①当适用于朱温的副元帅幕府。"时唐室微弱，诸道州兵不为王室所用"②，僖宗曾以朱温代替时傅为蔡州四面行营都统专平秦宗权，"由是诸镇之师，皆受帝之节制"③。诸道非因皇命而听命于朱温，实因汴军实力已远超自己。至诸道兵马元帅府建立，朱温的霸府政治走向全盛。"先是，李周彝弃鄜州自投归国，署为元帅府行军左司马，宠冠霸府，及道昭至，以为右司马，使与周彝同领寇彦卿、南大丰、阎宝已下大军伐沧州。"④必须指出，元帅府的以上幕职都是用来协调或统率除牙军以外的军队。

与节度使更加密切的牙兵体系幕职是独立运转的。本来幕府中分文武佐僚体系，文职佐僚有副使、行军司马、判官等；武职佐僚有都知军马使、左右厢后院等兵马使、都候（都虞候）、都押牙、左右押牙、押牙等。⑤既然"押牙者，尽管节度使牙内之事"⑥，其在使府军将中排在衙前兵马使及十将之前⑦，明显押牙类佐僚负责参谋军事、军将调遣，与节度使的关系更加亲密。从《石彦辞墓志》载墓主在乾宁四年（897）转任天平军都押牙来看，朱温直辖四镇节度使的牙兵也是分别独立存在。

元帅府亦设有牙军。《旧五代史》载："及太祖为元帅，以克裕为元帅府左都押衙（牙），复统六军，兖州平，命权知泰宁军留后。"⑧天复二年（902）正月，平卢节度使王师范行军司马刘鄩占领兖州，朱温于次年（903）末平定王师范，说明赵克裕以诸道兵马元帅左都押牙身份统领了数量可观的军队。王师范

① 石云涛：《唐代幕府研究》，北京：社会科学出版社，2003年，第169—195页。
② 《旧五代史》卷1《梁书·太祖本纪一》，第6页。
③ 《旧五代史》卷1《梁书·太祖本纪一》，第10页。
④ 《旧五代史》卷21《梁书·符道昭传》，第327页。
⑤ 严耕望：《唐代方镇使府僚佐考》，收入《严耕望史学论文集》上册，上海：上海古籍出版社，2009年，第406—452页；石云涛：《唐代幕府制度研究》，北京：中国社会科学出版社，2003年，第86—159页。
⑥ 《资治通鉴》卷216，唐玄宗天宝十一年十二月条，第7006页。
⑦ 张国刚：《唐代政治制度研究论集》，台北：文津出版社，1994年，第168页。
⑧ 《旧五代史》卷15《梁书·赵克裕传》，第242页。

败，刘鄩既降，朱温任以元从都押牙，时"太祖牙下诸将，皆四镇旧人"。①笔者倾向刘鄩转任了朱温四镇之一节度幕府的都押牙。至于为何加"元从"，大概是名字被登录在了区别于一般兵籍的私属兵籍上②，意味着节度使和被记名者之间私人隶属关系的确定。这样一来，我们就可以看出，元从牙兵又比普通牙兵更加亲近于节度使，即成了牙兵中的特殊群体。《牛存节墓志》载：天佑元年（904），朱温以墓主署元帅府左都押牙。③天佑二年（905）十月，原诸道兵马元帅李祚已即位，自然允"朱全忠为诸道兵马元帅，别开幕府"④。次年（906）正月，朱温的幕府正式设置，"以鄩为元帅府都押牙，执金吾如故"⑤。《吴存锷墓志》载："乾化五年（915），本府节度使南越王（案：刘岩）统军府，思公旧勋，乃署元从都押衙。"⑥《高继蟾墓志》载：为墓志主丧者是其弟宣义军元衙前兵马使高继严。⑦以上两方墓志主都是葬于五代朱梁，可见"元从"已经成了一种特殊的政治符号被各地的割据者所使用。牙职之内又加"元从"，构成了一个更加亲近主帅的政治群体。诸道元帅府与蔡州行营都统府虽是公府，但随着朱温权力的扩张，越来越多汴系军官被安插进入中央政府或禁军。实际上，元帅府和汴州等四个节度使幕府是公私互相区别的指挥体系，而汴州等四镇幕府体系又互相独立，幕府中牙内军职和牙外军职体系也互相独立，不同体系的幕府间即使存在人员交流，朱温也未有整合的打算。《旧五代史》载："寇彦卿，太祖为元帅，补元帅府押牙，充四镇通赞官行首兼右长直都指挥使，累奏授检校司徒，领洺州刺史。"⑧四镇即直属于朱温的宣武、宣义、天平、护国四镇，也是朱温最核心的军事力量。其中，宣武在四镇之中居于核心地位，与其他三镇

---

① 《旧五代史》卷23《梁书·刘鄩传》，第355页。

② ［日］堀敏一：《藩镇亲卫军的权力结构》，收入刘俊文主编；夏日新、韩昇、黄正建等译：《日本学者研究中国史论著选译》卷4《隋唐卷》，北京：中华书局，1992年，第623—624页。

③ 《五代墓志汇考》，《梁故天平军节度使郓曹棣等州观察处置使检校太尉同中书门下平章事赠太师牛公墓志铭》，第66页。

④ 《资治通鉴》卷265，唐昭宣帝天佑二年十月，第8768页。

⑤ 《旧五代史》卷23《梁书·刘鄩传》，第355页。

⑥ 《五代墓志汇考》，《梁故岭东南道清海军随使元从都押牙金紫光禄大夫检校司空前使持节泷州诸军事守泷州刺史御史大夫上柱国吴公墓志铭并序》，第74页。

⑦ 《五代墓志汇考》，《梁故教坊使银青光禄大夫检校工部尚书前守右卫将军兼御史大夫上柱国商府启墓志名并序》，第8页。

⑧ 《旧五代史》卷20《梁书·寇彦卿传》，第318页。

幕府一样都是独立设置的，所以需像寇彦卿这样的官员负责镇府与镇府、镇府与元帅府的沟通和协调。如此一来，元帅府和四镇节度使幕府功能互补却无隶属关系，自然集权于朱温，也就很难出现大规模的军队叛变事件了。

《新五代史·梁书·裴迪传》载："梁太祖镇宣武，辟节度判官。太祖用兵四方，常留迪以调兵赋。太祖乃榜院门，以兵事自处，而以货财狱讼一切任迪。"① 由于宣武镇乃是自己直辖方镇，朱温用了文职僚佐中次于副使、行军司马的判官掌握实权，防止他人篡权。受幕府僚佐权势远超朝廷官员的影响，甚至出现了官员主动要求进入幕府的情况。龙纪二年（890），早年与朱温有私交的亳州团练使兼太清宫副使谢瞳主动向讨伐淮南路经亳州的朱温要求进入宣武军幕府任职。② 幕府架空中央政府的表现十分明显，"唐自昭宗迁都之后，王室微弱，朝廷班行，备员而已。振皆颐指气使，旁若无人，朋附者非次奖升，私恶者沈弃。振每自汴入洛，朝中必有贬窜，故唐朝人士目为'鸱枭'"③。

朱温闻李茂贞、杨崇本计划起兵进攻长安，在诛尽宦官后又与崔胤的政治分歧日益明显，"并吞关中，威震天下，遂有篡夺之志"④。朱温曲从崔胤补充六军十二卫兵员的请求，在朱友伦死后加紧筹划迁都洛阳。天复三年（903），朱温以河中为跳板驯服了凤翔李茂贞，昭宗任命其守太尉、兼中书令、宣武等军节度使、诸道兵马副元帅，进爵为梁王。长安远离汴州，非遥控皇帝挟制中央政府的佳地。天祐元年（904）正月，朱温密表崔胤祸国专权，令宿卫都指挥使朱全谅杀崔胤及其党羽。时朱温引兵屯河中关注长安局势，并派遣牙将寇彦卿奉表向昭宗奏称邠、岐兵逼进京师，请迁都洛阳。同年，朱温强迫昭宗迁都洛阳，缩短了皇帝与汴州之间的距离，如北朝高氏"晋阳—邺城"、宇文氏"同州—长安"的"霸府政治"⑤。在这里我们有必要将各种霸府与都城的模式组合从距离的角度稍作分析（表8）。

---

① 《新五代史》卷43《裴迪传》，第537页。

② 《旧五代史》卷20《梁书·谢瞳传》，第310页。

③ 《旧五代史》卷18《梁书·李振传》，第289—290页。

④ 《资治通鉴》卷264，唐昭宗天复三年十二月，第8743页。

⑤ ［日］谷川道雄著；李济沧译：《隋唐帝国形成史论》，上海：上海古籍出版社，2001年，第300—304页。

表 8　霸府与都城间里程表（含假设）

序号	都城	霸府	里程（华里）	统治者
1	长安	晋阳	1600①	李克用
2	长安	汴州（中经洛阳）	850②+420=1270	朱温
3	邺城	晋阳（中经潞州）	350③+450④=800	高欢
4	洛阳	汴州	420⑤	朱温
5	洛阳	晋阳	890⑥	李克用
6	长安	潞州	1330⑦	
7	长安	河中	325⑧	朱温
8	洛阳	河中	585⑨	朱温
9	洛阳	潞州	470⑩	
10	长安	同州	250⑪	宇文泰
11	长安	邠州	300⑫	王行瑜
12	长安	凤翔	310⑬	李茂贞
13	长安	华州	180⑭	韩建

① （北宋）乐史撰；王文楚等点校：《太平寰宇记》卷40《河东道一·并州》，北京：中华书局，2007年，第840页。

② 《太平寰宇记》卷25《关西道一·雍州》，第518页。

③ 《太平寰宇记》卷55《河北道四·相州》，第1135页。

④ 《太平寰宇记》卷45《河东道六·潞州》，第936页。

⑤ 《太平寰宇记》卷1《河南道一·东京》，第2页。

⑥ 《太平寰宇记》卷40《河东道一·并州》，第840页。

⑦ 《太平寰宇记》卷45《河东道六·潞州》，第936页。

⑧ 《太平寰宇记》卷46《河东道七·蒲州》，第951页。

⑨ 《太平寰宇记》卷46《河东道七·蒲州》，第951页。

⑩ 《太平寰宇记》卷45《河东道六·潞州》，第936页。

⑪ 《太平寰宇记》卷25《关西道一·雍州》，第518页。

⑫ 《太平寰宇记》卷25《关西道一·雍州》，第518页。

⑬ 《太平寰宇记》卷25《关西道一·雍州》，第518页。

⑭ 《太平寰宇记》卷25《关西道一·雍州》，第518页。

李克用霸府政治模式是 1，朱温霸府政治模式是 7 和 4，1 里程分别相当于 7、4 的 4、2 倍，李克用与王行瑜、李茂贞、韩建的模式相比，都城与霸府之城间的距离就更长了。如此看来，"晋阳—长安"的霸权十分脆弱，李克用很难及时干预长安局势。乾宁三年（896），凤翔李茂贞与朝臣发生争斗，将犯长安。昭宗欲幸太原不得，行至富平被华州韩建所控制，即晋阳距长安过远而被其他诸侯抢得先机的典型例子。先有北魏孝文帝平城迁都洛阳，又有后唐、后汉各都洛、汴。同为少数民族的李克用不向中原挺进，或许与自身军力大多来源于游牧部落有关。魏特夫将后唐等沙陀诸朝视作渗透王朝[1]，非汉民族入侵中原存在渗透和征服两种不同的价值取向，这两种价值取向可以同时存在某一民族的不同发展时期。就唐末的沙陀而言，这个民族尚处向中原渗透的初始阶段，部落尚存的沙陀人缺乏从游牧与农耕中间地带向中原深入的理由或意愿。加之，代北人是李克用亲信集团的主干[2]，李克用被自身游牧部落首领和地区集团统帅的二元性身份所束缚而止步于太原。

天祐元年（904）三月，朱温兼判左、右神策及六军诸卫事，完全控制禁军。四月，銮驾抵达洛阳，昭宗"敕内诸司惟留宣徽等九使外，余皆停废，仍不以内夫人充使，以蒋玄晖为宣徽南院使兼枢密使，王殷为宣徽北院使兼皇城使，张廷范为金吾将军、充街使，以韦震为河南尹兼六军诸卫副使，又征武宁留后朱友恭为左龙武统军，保大节度使氏叔琮为右龙武统军，典宿卫，皆全忠之腹心也"[3]，皇帝身边的重要禁军将领和贴身侍臣都是汴人。八月，昭宗遇害。次年（905）六月，裴枢、独孤损、崔远、陆扆、王溥、赵崇、王赞等被赐自尽，阻止朱温操纵政府的旧唐文官被大量杀戮。十一月，唐朝被迫加朱温九锡，授相国，总百揆，以宣武天平等二十一节度使辖地建魏国，进封其为魏王，依前充诸道兵马元帅、太尉、中书令、宣武宣义天平护国等军节度观察处置等

---

① ［美］魏特夫：《中国社会史——辽（907—1125：总论）》，收入王承礼主编：《辽金契丹女真史译文集》，长春：吉林文史出版社，1990 年，第 42—44 页；［日］田村实造：《中国征服王朝——总括》，收入郑钦仁、李明仁译著：《征服王朝论文集》，台湾：稻乡出版社，2002 年，第 70—75 页。

② 孙瑜：《唐代代北军人群体研究》，北京：首都师范大学，2011 年，博士论文，第 135—136 页。

③ 《资治通鉴》卷 264，唐昭宗天祐元年四月条，第 8750—8751 页。

使。①需要强调的是，朱温这时才直接参与中央政府政务的处理。当月，唐哀宗批准了中书门下关于"相国魏王总百揆，百司合呈纳本私印，其中书门下印，堂候王仁珪呈纳，中书公事，权追中书省印行遣"②的奏章。也就是说，百官的私印和各行政机构的公印都交给朱温，就连政事堂中书门下的大印也不例外。在此期间，政事堂处理事务暂用中书省的印章。时魏国方镇节度使多出自汴系（表9），朱温以军领政完全架空皇帝和中央政府，霸府政治向皇权政治的转变只差一禅代的形式而已。

表9　天佑二年十二月魏国二十一道表③

序号	藩镇	节度使	类型	节度使背景
1	宋州宣武军节度使	朱全忠	直属	
2	滑州宣义军节度使	朱全忠	直属	
3	郓州天平军节度使	朱全忠	直属	
4	河中护国军节度使	朱全忠	直属	
5	魏州天雄军节度使	罗绍威	附属	中唐旧藩
6	镇州武顺军节度使	王镕	附属	中唐旧藩
7	许州忠武军节度使	张全义	任命	朱温政治盟友
8	京兆府佑国军节度使	韩建	任命	原镇国军节度使
9	孟州河阳三城节度使	王师范	任命	原平卢节度使
10	定州义武军节度使	王处直	附属	中唐旧藩
11	潞州昭义军节度使	丁会	任命	汴军旧将
12	陕州保义军节度使	朱友谦	任命	朱全忠养子
13	金州戎昭军节度使	冯行袭	附属	唐末地方军阀
14	洋州武定军节度使	王宗绾	蜀控制	王建养子

①　《旧唐书》卷20下《哀帝本纪》，第801—802页。

②　《旧唐书》卷20下《哀帝本纪》，第802页。

③　表格主体见于邓长宇：《移镇与更替：五代宋初藩镇空间布局的研究（833—977）》，上海：华东师范大学，2017年，硕士论文，第21—22页。笔者根据《旧五代史》《新五代史》等史料补充节度使背景。

续表

序号	藩镇	节度使	类型	节度使背景
15	兖州泰宁军节度使	刘仁遇	任命	朱全忠亲家、汴州旧将[①]
16	青州平卢军节度使	王重师	任命	汴军旧将
17	同州匡国军节度使	刘知俊	任命	时溥旧部、汴州旧校
18	华州镇国军节度使	无	直属？	
19	徐州武宁军节度使	张慎思	任命	汴军旧将
20	襄州忠义军节度使	杨师厚	任命	李罕之旧部、汴军旧将
21	荆南节度使	贺瑰	任命	朱瑄旧部

第五节　小结

　　霸府是公府、私府并存的二元军政管理机制。在唐末乱局中，诸侯霸府政治建立的趋势十分明显，但部分诸侯也只是止步于私府政治。韩建实力不足无法支撑霸府政治的确立。尽管王行瑜、李茂贞有扶持朝中邠岐党人，相比政治渗透他们仍习惯于军事直接干预长安决策。诸雄之中，唯有李克用最欠缺政治智慧。在权阉杨氏覆灭之后，唐廷朝堂和内廷都没有河东镇的支持者，也就无法长久维持在朝中的影响力，其一时的霸权也仅是建立在沙陀骑兵强大的战斗力之上。从政治层面上讲，李克用即便在实力与声望顶峰之时，也未能以霸府为中心建立起以自身为中心的军政运行机制，从而渗透和干预朝政，在杨氏被驱逐出京后实际已从末世的逐霸战中出局。朱玫和朱温属于真正建立起霸府政治的人，但二者霸府政治的形式存在差异。前者以自上而下的方式，以邠府的

　　① （后蜀）何光远：《鉴诫录》卷3《语忌诚》，载："时太祖方据四镇，仁遇后在偏裨，虽是亲家，太祖竟为记忌。后太祖一居南面，仁遇久在西班，累乞一藩，终不俞允"，收入陶敏主编：《全唐五代笔记》，西安：三秦出版社，2008年，第3025页。

军力作为支撑进入宰相群体控制中央政府从而主导朝政运转；后者以自下而上的方式，通过宣武军幕府、元帅府、相国府相辅相成从而主导北方政局。朱玫过分重视政务，放松了军队的掌控，以致遭遇突袭而亡。若将唐末诸侯的霸府趋势置于整个中古时期的视野下进行讨论，从朱玫失败到朱温胜利很明显就可以洞悉相权的弱势已经无法逆转。皇帝和宦官在争夺以神策军为主的禁军及节度使主导下的藩镇两大系统军权的过程中，无论从哪个角度都未能见到宰相群体有在军队控制上有所作为。中古时期宰相渐失军权，导致这一群体在政治上的话语权被大大削弱，对于朱温这样的地方诸侯来说只要手中有足够强大的军队，掌控中央政府的时间选择完全取决于自己的意愿和需求。回顾朱温在唐末的军政行动，他的霸府经历了初开宣武节度使幕府，中添诸道兵马元帅府，终加相国府三个阶段，由公私两军府过渡至公私军政三府的运转体制。宣武幕府加元帅府的霸府机构组合将着力点首先放在了军权的把控上面，通过系统地、全方位地代替皇帝和唐廷行使军事职能从而控制军权。在此基础上，增加相国府侵夺唐廷政务职能和提升自身名望，最终形成宣武幕府、元帅府、相国府公私三府共同维持军政的运转（表10）。

表 10　朱全忠霸府体制表

主导者	朱全忠				
机构性质	军事				行政
时间	私府				公府
中和三年（883）	汴州宣武军幕府	滑州宣义军幕府	郓州天平军幕府	河中护国军幕府	诸道兵马元帅幕府
大顺元年（890）					
光化元年（898）					
天复元年（901）					
天复三年（903）					
天祐二年（905）					相国府

由此观之，霸府政治的作用是以军夺政，再以政促军，军政结合，从而渐进式向皇权迈进。就唐末诸侯的霸府趋势而言，则说明中古时期相权的弱势已不可逆。

结 论

唐代河东道在不同时期都是构成国家军事防御体系不可或缺的重要组成部分。

隋至唐贞观初年，突厥势力盘踞漠北，不时趁战乱之机南下入侵中原腹地，对于农耕区人民的生产生活造成严重破坏。河东道险要的地形对于新兴的李唐政权有十分重要的军事意义。唐军利用河东道"山河形便"的地利，以代州、并州、晋州、绛州、蒲州诸总管府为依托，集中有限兵力据守交通干线上的重要军事节点，实现了"据河防御"的既定军事策略，成功将突厥和刘武周阻击于黄河，最终稳定了关中局势，为统一全国奠定了良好基础。唐军据守上党等太行山脉沿线地区，在一定程度上对窦建德和王世充形成了牵制，减少了主力部队作战的阻力。随着唐朝国势的上升，至贞观初年，唐太宗趁东突厥汗国内乱一举荡平漠北。然而薛延陀、后突厥、回纥（回鹘）等汗国迭兴，河东道的军事角色由内疆防御转向边疆防御，太原也代替蒲州成为道域的军事重心。隋炀帝、唐太宗、唐高宗三朝连续征战朝鲜半岛，将整个国家的军事资源集中在东北一隅，塑造了一段东北军事的强势时期，却掩盖了边防体系的燕山弱点。武则天以周代唐，都城由长安迁移至洛阳，却无法改变府兵制"以关中制天下"造成的阴山与燕山防线的强弱悬殊。突厥、契丹频繁突破幽州防线，袭扰内地，北部军事防御与反击更加倚重河东道的军队。中宗反正，政权运营中心重归府兵大军羽翼之下，反而减轻了幽州防线的军事压力，边防形势日渐趋稳。唐朝于开元、天宝年间社会和经济日益发展，河东道军事重心短暂由太原北移至云州（今山西大同市）。自安史之乱始，唐都长安被攻陷多次，却仍能存续，皆因国家经济命脉的南北漕运未中断。"唐之中叶至宋之南渡，是我国经济重心南移的过渡时期。"① 在这一过程中，汴州作为大运河最重要的中转站，唐廷利用南方的税赋支持镇压地方异心势力和巩固亲唐阵营联合。唐朝失汴州就无法维持"南财北用"的财富分享模式，渐被坐镇汴州的朱温所倾覆。河中、昭义分属汴州和长安两个不同防御圈，随着汴州经济和军事地位的上升，潞州取代河中成为河东道内疆防御的军事重心，而河中作为西北物资转运中心依旧发挥作用。吐蕃、回纥二族趁乱向关内道和陇右道挺进，长安西部的军事缓冲区基本沦陷，都城成为边疆地带，反而承担起边疆防御的职责。基于稳定长安周边防御的目标，唐朝实行了防秋制度，山东军队驻防关中周边地区，填补防御空隙，力图重新塑造"以关中制天下"的军事格局，却也显示了山东军事实力已逐渐超过关中。关内道的经济已经无法支撑朔方诸军的开销，于是地缘相近的"闲地"河中自然成为其军费开支的重要来源，一度在军事行政上依附于朔方系的邠州军。朔方军的过分强大引起了唐朝统治者的警惕性，仆固怀恩、李怀光相继作乱，进一步加深了这种疑虑。随着郭子仪等安史勋将的故去，唐廷不再希冀于维系朔方系诸军间的关联，河中独立成镇是削弱朔方军的必然选择。中唐以降，以中央政府为代表的西方和以河北藩镇为代表的东方一直存在着人力、财力、物力的全方位竞争。有意思的是，唐廷和藩镇互不侵犯、又互为唇齿的模式来自安史之乱中"事实割据"大同的高秀岩。后来，藩镇不断试探唐廷的底线，有意逐步争夺地方人事、财政等方面诸权，藩镇节度使家族内部传承的"河朔故事"频繁上演。当唐廷构筑兼具军事和道德双重意义的"太行山—黄河"防线，既是监视河北藩镇，保卫洛阳、汴州的军事防线，又是遏制"河朔故事"的道德防线，潞州成为双方角力的战争前线。刘氏逐步利用"河朔故事"进行"和平演变"，企图单方面改变昭义镇的方镇性质。在这一计划的实施过程中，昭义镇内亲唐与反唐群体相互制约的平衡逐渐被打破。经过刘氏两代节度使的苦心经营，昭义镇内基本没有忠唐群体的生存空间。唐廷自然不可能允许山河防线出现缺口，于是军事平定昭义成为唯一选项。如果说"后安史时代"历史主轴是唐廷与河朔藩镇间的军政角力，那么"后黄巢时代"就是朱温和李克用之间的军政较量。黄巢起义是新的节度使和藩镇诞生、发展的契机。唐朝直接统治区大部分都遭逢战乱，严重动摇李氏的统治。随着唐军在全国范

---

① 张家驹：《两宋经济重心的南移》，武汉：湖北人民出版社，1957 年，第 2 页。

围内的溃败，李克用获节河东镇，朱温也以宣武镇为基础在东方攻城略地，军事实力都呈几何倍增长。"上源驿"事件将汴、晋二家的矛盾公开化。从经济层面来讲，晋军控制区远不及汴军控制区经济发达、人口众多，以致双方实力悬殊。从政治层面讲，李克用在诸侯建立霸府政治的趋势中谋略远不及朱温等人，以致皇帝和中央政府的决策很难为河东服务。朱温以公私多府合一的霸府体制总军政权力于自身，最终架空了皇帝和中央政府，为后梁代唐奠定了基础。

尽管河东道仅是唐朝行政区的一部，但其相关历史却能够立足本域而反映整个王朝的军政问题脉络，可称得上"窥一隅而知全貌"。

附　录①

游牧经济与骑兵概论

游牧民族的骑兵产生与演变都取决于自身游牧经济的发展程度。就经济基础来说，游牧民族骑兵确实与农耕民族骑兵有很大区别。

一、游牧化与骑兵化的不同

当某一民族经济游牧化，文化、政治，甚至娱乐方式都会全面向游牧民族靠拢，最终彻底成为一个游牧民族。

（一）农业的产生滞后于人类的产生

最初，并无游牧与农耕经济之分，原始人类生存更多依靠大自然的馈赠。

最早的猿类先栖息于树上，后当一部分猿类偶然发现自己的脚趾能够支撑其身体直立于地面并逐渐适应直立行走的时候，标志着类人猿的出现。当这些类人猿习惯于居住于地面的时候，人类开始出现。②人类从类人猿中分化出来，

---

① 附录二则偏重于读书笔记，可兹参考唐代河东道军事。

② ［英］韦尔斯著；梁思成、向达、陈建民等译述；梁启超、米经农、竺可桢等校定：《世界史纲》，上海：上海人民出版社，2013年，第45—48页。

开启了最初的所谓"野蛮人的时代"①。最初的野蛮人与动物没有区别，依靠大自然的馈赠生存。逐渐，人类懂得利用鱼类资源和火种，改变了过去依靠果实采集的单一生活。弓箭的发明使得人类可以猎杀动物，获取足够的肉类。人类开始制作陶器，可以用来储存水和其他物资。在开化时代，野蛮人开始在陶器上涂绘各种图案，慢慢形成原始的文字，标志着文明的萌芽。同时，人类发现可以通过栽培和养殖技术获取稳定的蛋白质，狩猎和采集食物的重要性日益降低。②

猿类分化出人类时，人类经历了由依靠采集经济过渡到狩猎和采集经济共同维持其在地球上生息繁衍的漫长过程。当进入文明阶段，人类掌握了栽培技术，开始在土地上进行耕作，也就产生了农业。农业为人类生存繁衍提供了比较稳定的食物来源。

农业的产生意味着人类从完全依靠大自然开始向利用大自然的阶段转变。也就是说，农业的产生要滞后于人类的产生。

（二）古代游牧经济产生与中国民族分布

不同地域上生活的人由于地理环境塑造了经济模式间的差异性，使区别于他人的特征愈加明显，民族就形成了。

恩格斯在《家庭、私有制和国家的起源》中指出，在原始社会的末期"游牧部落从其余的野蛮人群中分离出来——这是第一次社会大分工。"③在这次社会大分工发生之后，农业开始出现分化。农耕业源自采集野生植物的根叶或果实时偶然发现果核或谷粒，通过农田培育使谷物在土地上复萌新苗及开花结果，渐悟人工种植的方法。在此基础上，繁育食草动物的畜牧业又逐渐成为农耕地区另外一种生产方式。同时，因为牧畜的增多，一些野蛮人选择了往返于不同场所寻找水源

---

① 邵元宝编：《尼采在中国》，上海：上海三联书店，2001年，第92页，转引尼采关于野蛮人的论述："达尔文推测生物各种类由下等而进至高等，最高等的是人……我们人既然能够从类人猿时代力争上游，成为野蛮人，又能从野蛮人时代力争上游成为文明人……"

② ［美］摩尔根著；杨东莼、张栗原、冯汉骥译：《古代社会》，北京：三联书店出版社，1957年，第19—27页。

③ 中共中央马克思恩格斯列宁斯大林著作编译局编：《马克思恩格斯文集》第四卷上，北京：人民出版社，2009年，第179页。

和牧草，逐渐适应了游牧的生活生产方式。[①] 以古代中国为例，在第一次社会大分工的时候，新石器时代存于广大草原的狩猎文化及黄河上游、河套地区、西拉木伦河地区一线的河谷原始农业文化在公元前 2000 年以后逐渐形成了游牧文化区。[②] 之所以会产生分工，究其原因还是自然气候的变化，一些地区的日益干旱使得原本从事"农耕—畜牧"混合经济的部落放弃定居生活，跟随降水寻找草场。于是，此线南北农耕与游牧文化分庭抗礼。需要补充的是，农耕区的畜牧业主要依靠种植业富余的粮食及其附加产品来养殖牧畜，而游牧业则更多依靠天然资源。

在欧亚大陆上，草原植被呈连续带状自欧洲多瑙河下游起向东延伸，经罗马尼亚、俄罗斯和蒙古，直至中国，构成了世界上最宽广的草原地带，即欧亚草原区。根据区系地理和生态环境差异，与中国相关的有 3 个亚区：黑海 – 哈萨克斯坦亚区、亚洲中部亚区和青藏高原亚区。[③] 草原地区具有显著的大陆性气候，年降雨量较少且多集中于夏、秋两季，冬季少雪严寒。中国北方的草原上根据语言文化、族源族属、经济类型、风俗习惯大致可分为五个系统：一是匈奴系统，包括匈奴、北匈奴、南匈奴；二是突厥系统，包括丁零、高车（敕勒）、铁勒、突厥、回鹘（回纥）、薛延陀、黠戛斯、畏兀尔；三是东胡系统，包括东胡、乌桓、鲜卑、柔然、契丹、库莫奚、室韦、蒙古；四是吐蕃系统，包括吐蕃和藏族；五是西域游牧各族，因各族在语言、文化、经济、生活和族源族属等方面各有不同，并非同一族系。[④]

---

① 李剑农：《中国古代经济史稿》，武汉：武汉大学出版社，2011 年，第 3—4 页。
② 王钟翰主编：《中国民族史》，北京：中国社会科学出版社，1994 年，第 20 页。
③ 探索发现丛书编委会编：《探索发现丛书：闻名世界的辽阔草原》，成都：四川科学技术出版社，2013 年，第 87—88 页。
④ 林幹：《中国古代北方民族通论》，呼和浩特：内蒙古人民出版社，2007 年，第 3—4 页。案：林幹先生原将中国古代北方民族根据语言文化、族源族属、经济类型、风俗习惯和活动地区大致可分为五个或三个系统：一是匈奴系统，包括匈奴、北匈奴、南匈奴、屠各、卢水胡、铁弗；二是突厥系统，包括丁零、高车（敕勒）、铁勒、突厥、回鹘（回纥）、薛延陀、黠戛斯、畏兀尔；东胡系统，包括东胡、乌桓、鲜卑、柔然、契丹、库莫奚、室韦、蒙古；四是肃慎系统，包括肃慎、挹娄、勿吉、靺鞨、女真、满族；五是，西域各族，因各族在语言、文化、经济、生活和族源源属等方面各有不同，并非同一族系，故称为"西域各族"。而笔者则以生活地区（欧亚草原）为首先考量，兼顾语言文化、族源族属、经济类型、风俗习惯，故将其分为五个系统，其中五胡十六国时期屠各、卢水胡、铁弗已经内迁，而肃慎系统各族最初经济属于渔猎，故将以上删去。又增加因吐蕃和藏族系统生活于青藏高原；而西域中游牧民族和农耕民族皆有故称为"西域游牧各族"；南北朝时期，柔然则是上层为拓跋元魏漠北遗种，下层则为高车等被统治民族，笔者倾向将其视作民族联合体，暂未列入。如此略作修改以符合本文。

就中国而言，游牧民族与农耕民族的互动成为历史发展的脉络之一。游牧
民族利用草原上的自然资源发挥自己的聪明才智发展出具有本民族特点的游牧
经济，在交往中维持和推动本民族和周边民族的共生共存。

二、游牧畜牧业与农耕畜牧业区别

游牧业与农耕业中都存在畜牧业，但在不同民族的生活中作用也不同。

（一）游牧畜牧业

畜牧业是游牧经济的支柱产业。《史记·匈奴列传》载：

> 匈奴，其先祖夏后氏之苗裔也，曰淳维。唐虞以上有山戎、猃狁、
> 荤粥，居于北蛮，随畜牧而转移。其畜之所多则马、牛、羊，其奇畜
> 则橐驼、驴、驘、駃騠、騊駼、驒騱。逐水草迁徙，毋城郭常处耕田之业，
> 然亦各有分地。[①]

"逐水草迁徙"是匈奴最基本的生产生活方式，也是北方许多游牧民族的生
产生活方式。乌桓人"俗善骑射，弋猎禽兽为事。随水草放牧，居无常处"[②]；
高车人"迁徙随水草"[③]；柔然人"随水草畜牧，以穹庐为居"[④]；突厥人"其俗
畜牧为事，随逐水草，不恒厥处"[⑤]；奚人"随逐水草，颇同突厥"[⑥]；回纥人

---

① 《史记》卷 110《匈奴列传》，第 2879 页。

② （南朝宋）范晔撰；（唐）李贤等注：《后汉书》卷 90《乌桓鲜卑传》，北京：中华书局，
1965 年，第 2979 页。

③ （唐）李延寿撰：《北史》卷 98《高车传》，北京：中华书局，1974 年，第 3271 页。

④ （北齐）魏收撰：《魏书》卷 103《蠕蠕传》，北京：中华书局，1974 年，第 2289 页。

⑤ （唐）魏征、令狐德棻撰：《隋书》卷 84《北狄·突厥传》，北京：中华书局，1973 年，第
1846 页。

⑥ 《北史》卷 94《奚传》，第 3127 页。

"居无恒所，随水草流移"①。但这些逐水草而居的民族的生产资料并不是农耕民族十分看中的土地。正常情况下，匈奴会在秋天大会蹛林，"课校人畜计"②是聚会的重要内容。唐朝大臣郑元踌在总结突厥情况的时候，曾说："突厥兴亡，唯以羊马为准，今六畜疲羸，人皆菜色"③，牧畜繁育直接关系到牧民生活的好坏。《辽史·食货志》在总结契丹人的习惯时，叙述："契丹旧俗，其富以马，其强以兵。纵马于野，弛兵于民。有事而战，骿骑介夫，卯命辰集。马逐水草，人仰湩酪，挽强射生，以给日用。"④古代游牧民族入侵农耕区域，很少将粮食运走，更多的是掳掠人口和畜产即是佐证。

在游牧部落中，牧畜是一切生产生活资料中最重要也是最基础的部分。既然牧畜是游牧民族重要的生产资料，也就很容易理解薛延陀搜刮牛羊贡献唐朝求取和亲的事情了。贞观初年，薛延陀真珠毗伽可汗夷男帮助唐军平定东突厥，并占有突厥故地，称霸蒙古高原。后因大唐屡加打压，他就想通过求婚的方式稳定与唐朝的关系，献马五万匹，牛、骆驼万头，羊十万口⑤。夷男向唐朝进献大量的畜牧，既非粮食，也非金银珠宝，说明牧畜是游牧人十分重要的生产资料。

（二）自然要素在游牧畜牧业中的重要性

自然地理环境是人类社会所处的自然条件的总和，某一地域的自然环境对该地域人类的社会存在与发展有着重要的意义。历史唯物主义认为自然环境不能决定社会制度及其变化，是通过生产过程和生产方式对人类历史发生作用，自然环境中的各种要素只有进入生产过程，成为劳动资料和劳动对象时，才能

---

① （后晋）刘昫等撰：《旧唐书》卷195《回纥传》，北京：中华书局，1975年，第5159页。

② （汉）司马迁撰：《史记》卷110《匈奴列传》，北京：中华书局，1959年，第2892页。

③ 《旧唐书》卷62《郑元璹传》，第2380页。

④ （元）脱脱、铁木儿塔识、贺惟一等撰：《辽史》卷59《食货志》，北京：中华书局，1974年，第924页。

⑤ （北宋）司马光编：《资治通鉴》卷197，唐太宗贞观十七年闰六月条，北京：中华书局，1956年，第6312页。

在社会生产中即在人类历史中发挥作用。^①

在古代，游牧民族不懂得人工栽培牧草的技术，所以需要在适当的时候进行转场：一是因为要保留草根，待明年草重新发芽生长，二是为了保持地力，避免因牲畜来回践踏影响草场恢复，所以游牧民族总是在南北若干个草场之间来回迁徙。^② 另外，这种迁徙也有其他的原因。由于大陆季风气候的影响，季风对于水气的输送具有不稳定性，游牧民族需要移动追寻大自然的足迹，找到那些水源充足的草场。水源和草场成为游牧经济中最重要的两个自然因素，所以说北方游牧民族的游牧经济受到自然环境的影响比较大，表现出对大自然有着强烈的依赖性。若遭逢极端天气，游牧经济就会受到严重的打击，影响牧民的生计。汉武帝时，匈奴地区"连雨雪数月，畜产死，人民疫病"^③。东汉初年，"匈奴中连年旱、蝗，赤地数千里，草木尽枯，人畜饥疫，死耗太半"^④。《隋书·突厥列传》载：

> 每冬雷震，触地火生，种类资给，惟藉水草。去岁（案：沙钵略在位）四时，竟无雨雪，川枯蝗暴，卉木烧尽，饥疫死亡，人畜相半。旧居之所，赤地无依，迁徙漠南，偷存晷刻。^⑤

《元史·定宗本纪》载："是岁大旱，河水尽涸，野草自焚，牛马十死八九，人不聊生。"^⑥ 呼韩邪单于归降东汉时，汉帝"乃诏有司开北鄙，择肥美之地，量水草以处之"^⑦，也是出于考虑到游牧经济对水源和草场的依赖，才首先在北面控制区域内为其选择适合其经济生产模式的土地。

不可忽视，作为游牧经济重要补充的狩猎经济，同样严重依赖大自然。草原的食物链大致是：通过光合作用和水源生长的植物处于底端，草食性动物处

---

① 胡蕊、朱波、姜莉编著：《马克思主义基本原理概论》，哈尔滨：黑龙江人民出版社，2009年，第147页。
② 《中国古代北方民族通论》，第69页。
③ （汉）班固撰：《汉书》卷94《匈奴列传》，北京：中华书局，1962年，第3781页。
④ 《后汉书》卷89《南匈奴列传》，第2942页。
⑤ 《隋书》卷84《北狄·突厥传》，第1867页。
⑥ （明）宋濂撰：《元史》卷2《定宗本纪》，北京：中华书局，1976年，第39页。
⑦ 《后汉书》卷89《南匈奴列传》，第2966页。

于中端，肉食性动物则居于顶端。那么狩猎活动下，游牧的人类则处于了整个食物链的最顶端。既然水源和草场都随着季节发生变动，那么草食动物的数量也会受到直接影响，从而间接影响肉食动物的数量，最终影响牧民从事狩猎活动成果的多寡。

（三）农耕畜牧业

农耕区也存在畜牧业。《魏书·食货志》曰

> 九年，下诏均给天下民田：诸男夫十五以上，受露田四十亩，妇人二十亩，奴婢依良。丁牛一头受田三十亩，限四牛。所授之田率倍之，三易之田再倍之，以供耕作及还受之盈缩。①

北魏孝文帝经济方面的改革就是推行均田制，一头牛则授田三十亩，限制四牛。均田制主要是政府将手中的闲置土地分配给农民，建立起广泛地向国家纳税的小农经济。这种经济当然是以种植业为核心的自然经济，而耕牛当然是农耕畜牧业的体现。《管子·牧民》曰："藏于不竭之府者，养桑麻育六畜也。"②六畜即马、牛、羊、鸡、犬、豕。③人们养牛不是为了获取动物蛋白质，目的是通过牛耕提高农业的生产效率，养马则是为了当作交通工具。春秋时期，农耕大规模普及，以往作为"宗庙之牺"的牛渐"为畎亩之勤"④。汉桓宽《盐铁论·刑德》："盗马者死，盗牛者加（枷）。"⑤学者往往将牛耕作为农业进步的一大标志。北魏太武帝拓跋焘太子拓跋晃也"营立私田，畜养鸡犬"⑥，鸡犬的畜养是附属于耕作私田的。

由此言之，农耕区的畜牧业更多是种植业的附属品。

---

① 《魏书》卷 110《食货志》，第 2853 页。
② 李山译注：《管子》，北京：中华书局，2009 年，第 6—7 页。
③ 赵生群：《左传新注》下册《昭公二十六年》，西安：陕西人民出版社，2008 年，第 894 页。
④ 徐元浩撰；王树民、沈长运点校：《国语集解》卷 15《晋语九》，北京：中华书局，2002 年，第 453 页。
⑤ 王利器：《盐铁论校注》卷 10《刑德》，北京：中华书局，1992 年，第 566 页。
⑥ 《魏书》卷 48《高允传》，第 1071 页。

（四）游牧、农耕经济与自然的关系

以畜牧业为支柱产业的游牧经济与以种植业为支柱产业的农耕经济间主要产品特质也完全不同。

畜牧经济的一个特点是他的产品单一且不耐贮存[①]。若缺少降水与水源，牧草会生长缓慢甚至枯死。冬天降雪过多，也会影响牧草生长，甚至会掩盖草场不利于牧畜吃草。降雪太久，牧畜体内脂肪消耗太快则会冻死。产生了游牧经济的北方草原，地区自然环境相对于长城以南的农耕区而言，气候条件相对恶劣，气温寒冷、干燥少雨、无霜期短。与之相适应的游牧经济对良好自然资源的依赖性就很强，难以承受风霜雨雪等极端自然灾害的侵袭。

农耕民族则采取提高生产工具水平和精耕细作等方式，用有限的土地产出更多的粮食。粮食产量的提高意味着人们可以储备更多的粮食来应对不时之需。于是历代统治者很重视农耕区粮仓的建设，每逢税收之时，这些粮仓就贮藏了数量可观的粮食。即便遭逢干旱等极端天气，统治者还可以通过开仓赈济，最大限度减轻饥荒带来的人口减少，为恢复再生产保留一定的劳动力。农耕民族还有另外一大优势，就是遍布各地的水利工程网。水渠、围堰等水利设施能够在抵抗自然极端恶劣天气的过程中发挥一定作用，降低农业损失，促进灾后农业生产的恢复。

相较之下，游牧民族追逐水草的生产生活方式实际上是利用自然而非改造自然的过程。

（五）农耕生产区域的固定与游牧生产区域的流转

劳动者进行生产时所需要使用的资源或工具一般可包括土地、厂房、机器设备、工具、原料等等。生产资料是生产过程中的劳动资料和劳动对象的总和，它是任何社会进行物质生产所必备的物质条件。

农耕经济最主要的生产资料就是土地，土地本身就具有不可移动性。自井田制开始，统治者就一直试图将人们与土地的连接性强化，将百姓束缚在土地

---

① 廖国强、何明、袁国友：《中国少数民族生态文化研究》，昆明：云南人民出版社，2006年，第13—14页。

之上。《孟子》曰："方里而井，井九百亩，其中为公田，八家皆私百亩，同养公田。公事毕，然后敢治私事。"[1]《周礼·地官·小司徒》曰："乃经土地而井牧其田野，九夫为井，四井为邑，四邑为丘，四丘为甸，四甸为县，四县为都，以任地事而令贡赋。"[2] 中古时期的均田制中国家让渡部分所有权，实质仍是强化土地对人民的束缚。北魏均田制规定：成年人丁可分桑田二十亩，作为"世业"，可传给子孙。唐代均田制亦规定：十八岁以上中男和丁男，每人可授永业田二十亩。"世业"和"永业"都体现了统治者想要束缚的不是某一代人，而是整个家庭生息繁衍的子孙。虽然中国古代商品经济始终存在，但历代统治者重农抑商，用于交换的商品大部分是自给自足小农经济的富余产品，并不是专门为了用于商品交换而生产的。

前文已述，游牧民族的经济是一种"逐水草迁徙"的经济生产模式：随着大自然的影响，水源与草场的分布在空间与时间上都具有频繁的变动。这种变动带来了牛羊等牧畜随着自然资源的迁徙；而依靠着牧畜的人类则必须也随着牧畜的需求而迁徙。即自然资源时空分布的变化直接导致了作为最重要生产资料牧畜的转场，间接促成了人类的迁徙。

三、行国与城国 [3]

马克思认为，经济是政治的基础，政治是经济的集中表现，没有离开政治的经济，也没有离开经济的政治。历史唯物主义关于经济基础决定上层建筑、上层建筑对经济基础具有反作用的原理，揭示了经济与政治的辩证关系。

游牧经济是游牧民族国家政治体制的基础，游牧国家的政治制度都是其经

---

[1] （清）焦循撰；沈文倬点校：《孟子正义》卷10《滕文公上》，北京：中华书局，1987年，第361页。

[2] （清）孙怡让撰；王文锦、陈玉霞点校：《周礼正义》卷20《小司徒》，北京：中华书局，1987年，第786页。

[3] 关于一些游牧政权的行国制度相关可具体参见贾敬颜：《释"行国"——游牧国家的一些特征》，载《历史教学》，1980第1期；肖爱民：《辽朝政治中心研究》，北京：人民出版社，2014年；李大龙、李元晖：《游牧行国体制与王朝藩属互动研究》，呼和浩特：内蒙古大学出版社，2018年；等著作。

济的集中表现。游牧民族国家的政治与经济关系也是辩证统一的。上层建筑是指建立在一定经济基础上的社会意识形态以及与之相适应的政治法律制度和设施等的总和。《史记·匈奴列传》载：

> 今中国虽详不取其父兄之妻，亲属益疏则相杀，至乃易姓，皆从此类。且礼义之敝，上下交怨望，而室屋之极，生力必屈。夫力耕桑以求衣食，筑城郭以自备，故其民急则不习战功，缓则罢于作业。嗟土室之人，顾无多辞，令喋喋而占占，冠固何当？[①]

农耕民族基本据点是城市，当农耕文明向游牧地带扩张的时候，往往会选择适宜农耕的地区建立城市，进行屯田等活动复制农耕区的生产生活，从而渐进式向更远地方渗透。游牧民族则不同，因为需要在诸个牧场之间转移，所以可汗不可能在固定的某座城市中处理事务，于是牙帐就成为游牧国家政治的中心。即便是一些地跨长城南北的游牧民族建立的政权，实际的政治中心也在移动。辽朝契丹人"四时捺钵"制度下，政治中心在四季营帐间互相迁徙，所谓五个都城[②]是给农耕民族而立。蒙古皇帝每年都在上都（今内蒙古自治区锡林郭勒盟正蓝旗）与大都（今北京市）间迁移，实际政治中心也是皇帝的牙帐。基于农耕区与游牧区人民经济生活的差异，中国少数民族统治者都在某种程度上实行两面官制。

部落管理的政治体制即行国，城市管理的政治体制即城国。

四、游牧民族的骑射训练

游牧民族的生活中骑射随时随处可见。

---

① 《史记》卷110《匈奴列传》，第2900页。
② 案：上京临潢府，中京大定府，东京辽阳府，南京析津府，西京大同府。

（一）狩猎活动兼具骑射军事训练功能

在汉臣韩安国的眼中，匈奴人过着"畜牧为业，弧弓射猎，逐兽随草，居处无常"[①]的生活。

人类在最初的野蛮人阶段，需要采集经济和狩猎经济共同支撑起自身的生存与繁衍。当社会第一次大分工发生的时候，农耕部落逐渐通过种植业获取稳定的植物蛋白质并利用其附加物发展了农耕畜牧业。这样一来，狩猎活动在农耕民族的生产生活中的比重日益降低，几乎可以忽略不计。相比之下，游牧经济则是一种严重依靠自然的经济发展模式，这种发展模式对天灾的抵抗力相对较弱，所以狩猎活动就有存在的意义。

"步兵的成功取决于双手及双脚，骑兵的成功则取决于士兵像骑士随从一样骑马，并得到马匹的完全服从。"[②] 从此可见，骑兵比步卒形成战斗力更加困难。骑兵需要具备两种要素，一是精神要素，即个人勇气与集体精神（适用于其他兵种）；二是身体要素，包括肉体健全和健康、战马和骑手配合的马术，以及整支部队在战斗中的机动力和准确性。[③] 显然，游牧民族通过长期狩猎保持了身体健康，并在此基础上锻炼自己与战马的协调性。《史记·匈奴列传》载：

> 儿能骑羊，引弓射鸟鼠，少长则射狐菟，肉食。士力能弯弓，尽为甲骑。其俗，宽则随畜田猎禽兽为生业，急则人习战攻以侵伐，其天性也。其长兵则弓矢，短兵则刀铤。利则进，不利则退，不羞遁走。苟利所在，不知礼义。[④]

乌桓人"俗善骑射，弋猎禽兽为事。随水草放牧，居无常处"[⑤]，鲜卑人"言

---

① 《汉书》卷 52《韩安国传》，第 2401 页。

② ［英］弗雷德里克·纳图施·莫德著；周执中、张潜译：《骑兵论》，北京：台海出版社，2019 年，101 页。

③ 《骑兵论》，162 页。

④ 《史记》卷 110《匈奴列传》，第 2879 页。

⑤ 《后汉书》卷 90《乌桓鲜卑传》，第 2979 页。

语习俗与乌丸同"①。游牧民族从小就培养部落内的小孩子从事狩猎活动，随着孩子年龄的增长，狩猎活动从骑羊射鸟鼠等小型动物到射狐狸、兔子等稍微大一些的动物，狩猎训练的强度也在不断增强。这种狩猎是在从事游牧的闲暇时间进行的生产活动，而作为被狩猎对象的动物基本上也需要依靠水源和草场生存。

狩猎不仅锻炼了马匹，还使士兵变得更加机警和获得一些军事战术的实战经验。②根据阴山岩画及其相关记叙考察资料来看，匈奴人的狩猎方式大致可以分为：集体围猎、群猎和个人猎三种。群猎和个人猎属于生产生活的范畴；而集体围猎则经常视作战争的同伴物，随时可以将攻击目标由野生动物转变为人类。③当然农耕王朝也举行皇家狩猎活动，这种狩猎更多倾向于娱乐性，强度、频率、广度都要低于游牧民族。同时参与的人员也十分有限，并没有游牧民族呈现全员参与狩猎活动的特点。匈奴冒顿单于在狩猎活动中突然发动政变，使用鸣镝杀死父亲头曼单于④，就是狩猎军事训练功能的体现⑤。

战国之前，农耕民族的狩猎是用战车而与骑术无关。《诗经·秦风·驷驖》描绘了当时贵族狩猎时的情景："驷驖孔阜，六辔在手，公之媚子，从公于狩"⑥。《诗经·小雅·车攻》曰："我车既攻，我马既同，四牡庞庞，驾言徂东。"⑦在农耕区的娱乐中，骑术与军事作战关系不大。以马球为例，汉代随着东西方文化通过陆上丝绸之路交流的频繁，马球开始传入并发展，但当时的马球开展主要还是在军队和民间节日。⑧唐代才是马球鼎盛的时期，在社会各个阶层群体中蔚然成风。然而就骑术而言，在马球中表现为用球杖击球，相比用弓箭射杀禽兽，军事对抗性明显下降，娱乐和观赏性反而上升。

---

① （晋）陈寿撰；（南朝宋）裴松之注；陈乃乾点校：《三国志》卷30《魏书·鲜卑传》，北京：中华书局，1959年，第836页。

② ［拜占庭］莫里斯一世著；王子午译：《战略：拜占庭时代的战术、战法和将道》，北京：台海出版社，2019年，第155页。

③ 王钟翰主编：《中国民族史》，北京：中国社会科学出版社，1994年，第219页。

④ 《史记》卷110《匈奴列传》，第2888页。

⑤ ［日］泽天勋著；王庆宪、丛晓明译：《匈奴：古代游牧国家的兴亡》，呼和浩特：内蒙古人民出版社，2010年，第115页。

⑥ 程俊英、蒋见元：《诗经注析》，北京：中华书局，1991年，第337页。

⑦ 《诗经注析》，第511页。

⑧ 孙海欧：《我国古代马球流变历程研究》，哈尔滨：哈尔滨师范大学，2015年，硕士论文，第7—14页。

农耕贵族们娱乐性的骑射活动很难转化为真正战力，这些人引领的风气对于增加民族骑射能力恐怕意义不大。

（二）骑兵作战方式与机动力优势

游牧民族骑兵机动力主要体现在聚散难料、来去自如的作战方式。

秦国初混六合，秦始皇欲攻击河套地区的匈奴人，李斯就劝谏曰："不可。夫匈奴无城郭之居，委积之守，迁徙鸟举，难得而制也。"[①]汉武帝时期大臣王恢和韩安国关于对匈奴采取战争还是和平的方针发生争论，话语间颇涉及匈奴的作战方式，见于《汉书·韩安国传》载：

> 匈奴来请和亲，上下其议。大行王恢，燕人，数为边吏，习胡事，议曰："汉与匈奴和亲，率不过数岁即背约。不如勿许，举兵击之。"安国曰："千里而战，即兵不获利。今匈奴负戎马足，怀鸟兽心，迁徙鸟集，难得而制。得其地不足为广，有其众不足为强，自上古弗属。汉数千里争利，则人马罢，虏以全制其敝，势必危殆。臣故以为不如和亲……且匈奴，轻疾悍亟之兵也，至如猋风，去如收电，畜牧为业，弧弓射猎，逐兽随草，居处无常，难得而制。"[②]

在韩安国看来，汉军远道奔袭敌国易造成人困马乏的窘境，匈奴可以逸待劳。又匈奴居所并无固定，作战聚散难料。可见，韩安国所顾虑的就是无法准确锁定目标即匈奴的机动力。同理，汉军队奇袭少数民族时，也有依靠骑兵机动力的情况。唐太宗贞观九年（635）三月，李靖出鄯州追击吐谷浑可汗伏允。唐军骑兵部队"长驱疾进""轻赍深入"[③]转战两千余里，契苾何力又以骑兵在突沦川奇袭成功，才平定了吐谷浑。骑兵机动力基础源自马匹的机动力，故宋代邵伯温《邵氏闻见前录》曰："唯彼蕃戎，岂为敌对？迁徙鸟举，自古难得

---

① 《史记》卷 112《平津侯主父列传》，第 2954 页。
② 《汉书》卷 52《韩安国传》，第 2398—2401 页。
③ 《旧唐书》卷 69《侯君集传》，第 2509—2510 页。

制之。"①

后晋天福六年（941）六月，桑维翰《论安重荣请讨契丹疏》分析双方优劣势，颇涉游牧骑兵运用：

> 方今契丹未可与争者，其有七焉。契丹自数年来，最为强盛。
> ……引弓之民，迁徙鸟举。行逐水草，军无馈运。居无灶幕，住无营栅。便苦涩，任劳役，不畏风霜，不顾饥渴，皆华人之所不能。此未可与争者五也。戎人皆骑士，利在坦途。中国用徒兵，喜于走险。赵魏之北，燕蓟之南，千里之间，地平如砥。步骑之便，较然可知。国家若与契丹相持，则必屯军边上，少则惧夷狄之众，固须坚壁以自全。多则患飞挽之劳，则必逐寇而速反。我归而彼至，我出而彼回。则禁卫之骁雄，疲于奔命。镇定之封境，略无遗民。此未可与争者六也。②

桑维翰指出了不可与契丹开启战端的七个原因，与契丹骑兵有关的有二：一是，燕云十六州以南的华北平原地区地势平坦利于骑兵作战；二是，契丹民族面对食物短缺通常可以保持隐忍。《百战奇法》曰：

> 凡骑兵与步兵战者，若遇山林、险阻、陂泽之地，疾行急去，是必败之地，勿得与战。欲战者，须得平易之地，进退无碍，战则必胜。
> 法曰："易地则用骑。"③

后梁开平四年（910），李存勖出晋阳救赵，与梁将王景仁相持于柏乡。李存勖欲战，周德威劝谏说"赵人皆守城而不能野战；吾之取胜，利在骑兵。平原旷野，骑兵之所长也"，所以采取诱敌深入的办法，将梁军诱骗至"平原浅

① （北宋）邵伯温、邵博撰；王根林校点：《历代笔记小说大观：邵氏闻见录·邵氏闻见前录》，上海：上海古籍出版社，2012年，第31页。
② （清）董诰等编：《全唐文》卷854，桑维翰《论安重荣请讨契丹疏》，北京：中华书局，1983年，第8960—8961页。
③ 刘永海译注：《百战奇法》卷1《骑战》，北京：中华书局，2017年，第20—21页。

草，可前可却"之地消灭之。^①李存勖率领的骑兵多沙陀人，在草原上生活日久善于开阔地带作战。梁军本可凭借人数优势以逸待劳坚守河流，却冒险轻进渡河至平原地带，将自己置于沙陀骑兵优势的作战场所，其败局已定。

游牧民族在生产生活中因自然灾害或转场间隙造成暂时的食物短缺，所以就必须在饥饿面前保持忍耐。这种隐忍逐渐成为一种生活习惯，当处于作战的运动过程中时，依靠隐忍可以节约时间，保证最短时间内达到指定地点，提高作战效率。蒙古人平均可驾驭十八匹马，待马疲时另换马匹，可以驰奔十个昼夜。^②"马换人不换"的行军模式进一步了提高了游牧民族的作战效率。

（三）农耕骑兵与游牧骑兵的补给方式

既然"军队是军团、辅助部队以及骑兵的集合体"^③，那么古代后勤保障人员应被看作军队的一部分予以足够的重视。农耕民族始终在模仿和学习游牧民族，建立骑兵部队进行防御。隐忍精神、训练强度和马匹种类可以无限接近或超越游牧民族，但固有生活生产方式造就了饮食习惯的不同，衍生出游牧与农耕民族骑兵在补给食物上最大的区别，成为制约农耕民族骑兵向更高机动力发展的瓶颈。

汉人打仗强调"兵马未动，粮草先行"即行军打仗时，必须将粮食运往作战前线。汉族骑兵作战半径往往受军粮运输制约，粮食所及之处，即是兵力投送作战半径的极限，即"军随粮动"。《史记·匈奴列传》载：

> （匈奴）自君王以下咸食畜肉，衣其皮革，被旃裘。壮者食肥美，老者饮食其余。贵壮健，贱老弱。父死，妻其后母；兄弟死，皆取其妻妻之。其俗有名不讳而无姓字……

---

① 《百战奇法》卷1《骑战》，第20—21页。

② ［意］马克·波罗口述；［意］谦诺笔录；余前帆译注：《马克·波罗游记（中英对照）》，北京：中国书籍出版社，2009年，第126页。

③ ［古罗马］雷纳图斯著；魏止戈译：《兵法简述》，武汉：华中科技大学出版社，2016年，第57页。

初，单于好汉缯絮食物，中行说曰："匈奴人众不能当汉之一郡，然所以强者，以衣食异，无仰于汉也。今单于变俗好汉物，汉物不过什二，则匈奴尽归于汉矣。其得汉絮缯，以驰草棘中，衣裤皆裂弊，以视不如旃裘之完善也；得汉食物皆去之，以示不如湩酪之便美也。"于是说教单于左右疏记，以计课其人众畜牧。[①]

契丹人行军"行逐水草，军无馈运，居无灶幕，住无营栅"，明显无"联勤保障部队"专门供应食物。中原骑兵以赵武灵王"胡服骑射"为契机，模仿北方游牧民族得以迅速发展。凭借发达的手工业，中原骑兵的装备日益精良，甚至短时间内的杀伤力超越了游牧民族。粮食补给是制约中原骑兵发展的最大障碍，故主父偃曰："轻兵深入，粮食必绝；踵粮以行，重不及事。"[②]

游牧军队外出作战不需要携带和保护笨重的辎重粮草。游牧民族和农耕民族不同点之一就是饮食穿着的差异。饮食差异是游牧民族机动性强于农耕民族的重要因素。唐《李秀神道碑》曰：

是时也，列藩失稔，诸军艰食，转输不足以□□，仓囷不足以旷旬。战则我单师，彼厚阵；守则我粮绝，彼资多。公乃言曰：不若罢全军，退就粟麦，用偏卒荐食牛羊，驱之不难，啖之又省，自可持久，邀其堕归。[③]

根据吐蕃和唐朝军队补给的特点，李秀建议唐廷以小部分军队模仿游牧民族的饮食习惯在前线战略要地防守，大军内撤至农耕区就地解决粮食问题。这样一来，唐军解决了军队补给问题，就可以长久地与吐蕃相持于边境。南宋彭大雅曾于十三世纪出使元朝，所著《黑鞑事略》描述当时草原牧民的饮食习惯：

---

① 《史记》卷110《匈奴列传》，第2899页。

② 《汉书》卷64《主父偃传》，第2800页。

③ 吴钢主编；陕西省古籍整理办公室、洛阳市第二文物工作队编；王京阳等点校：《全唐文补遗》第8辑《唐故云麾将军左豹韬翊府中郎将辽西郡开国公上柱国李府君神道碑并序》，西安：三秦出版社，2005年，第38—40页。

其食肉而不粒。猎而得者，曰兔、曰鹿、曰野彘、曰顽羊、曰黄羊、曰野马、曰河源之鱼。牧而庖者，以羊为常，牛次之。非大宴会，不刑马。火燎者十八九，鼎烹者十二三。其饮，马乳与羊牛酪。其味盐一而已。[①]

游牧民族的食物以牛羊肉为主，战争的时候牛羊比粮食更容易移动。宋代赵珙在《蒙鞑备录》一书有关于蒙古人出征时保障食物的记载：

蒙古人出入止饮马乳，或宰羊为粮。故彼国中有一马者，必有六七羊，谓如有百马者，必有六七百羊群也。如出征于中国，食羊尽，则射兔鹿野豕为食，故屯数十万之师，不举烟火。[②]

另外，《马可波罗游记》曾更加具体言及蒙古人行军打仗期间的饮食：

如果战斗需要，他们以马奶和猎到的任何野兽充饥，能够坚持一个月。他们的马只用草料饲养，无需大麦和其他谷物。男人必须训练骑在马上两天两夜，而不能下马卸鞍休息。只有当马吃草时，他们才能在马背上打盹。[③]

蒙古人在战情宽松的时候，可自主移动的牛羊就成为可移动的食物，作战中亦可游牧。若遇到突发状况需紧急行军，蒙古人喝马奶吃肉干，可持续作战十天以上。

游牧民族区别于农耕民族的饮食习惯成就了其低负重下的速度和耐力，利于骑兵更广范围、更快速度进行长时间的作战。

---

① （南宋）彭大雅撰；徐霆疏证：《黑鞑事略》，北京：中华书局，1985年，第3页。

② （南宋）孟珙撰：《蒙鞑备录》，收入《丛书集成初编：金源札记（及其他二种）》，北京：中华书局，1985年，第5页。

③ 《马克·波罗游记（中英对照）》，第124页。

五、小结

综上所述，骑兵发挥优势必须具备三个条件：一是作战地形的平坦；二是战士刻苦耐劳的精神；三是携带轻便的军粮。只有这样，才能发挥骑兵的机动力优势。农耕民族不断地向游牧民族学习，在骑兵建设方面取得了长足发展，却因经济模式的不同无法弥合饮食习惯上的鸿沟。游牧民族牧畜的可移动性及食物的便携性远高于农耕民族，促进了游牧骑兵作战半径的增加、作战续航的提升、作战速度的加快。相反，缺少游牧经济的支撑，骑兵始终都是农耕民族的军事短板。

唐末的晋梁之争

唐中和四年（884）五月，宣武节度使朱温在陈州至汴州途中上源驿[①]策划暗杀李克用的行动，开启了朱、李两家争霸的序幕。

一、朱、李争夺潞州

就攻守形势而言，汴州的朱温必须突破黄河对于自己的束缚，而太原的李克用必须突破太行山对于自己的束缚。如此，昭义镇就成了两强相争的主战场。

早在中和元年（881）九月，昭义节度使高浔因石桥（属华州城西）之败退回潞州，被昭义十将之一的成麟所杀。时任天井关（今泽州县晋庙铺镇天井关村南）戍将孟方立闻讯起兵攻杀成麟。潞州军队本请以监军吴全勖为节度使，孟方立请求以儒臣为帅，王铎随以郑昌图知昭义军事。然郑昌图无法控制专据

---

① （北宋）司马光编：《资治通鉴》卷255，唐僖宗中和四年五月条，北京：中华书局，1965年，第8427—8429页。

邢州的孟方立，王徽又不愿赴任昭义节度使。次年（882）十二月，孟方立自称昭义军节度使留后，表奏其将李殷锐为潞州刺史。① 中和三年（883）九月，孟方立又将节度使治所迁至邢州，并将潞州本地大将家属及富室皆迁往山东，引起了潞州人的反感。监军祁审海见人心思安，遣武乡镇使安居授蜡丸于李克用，乞师恢复军府于潞州。② 十月，李克用遣其将贺公雅等赴潞州，被孟方立所败；又遣李克脩取潞州，杀孟所署刺史李殷锐，泽州则被张全义将李罕之所获。中和四年（884），李克脩为昭义节度使③，李克用只控制了潞州。

光启二年（886）九月，昭义节度使李克脩攻孟方立，擒其将吕臻于焦冈，占领故镇、武安、临洺、邯郸、沙河，晋安金俊任邢州刺史。④ 十月，河阳节度使诸葛爽薨，大将刘经、张全义立爽子仲方继任留后。李克脩攻邢州未克而还。⑤ 十二月，河阳镇大将刘经自洛阳偷袭李罕之于渑池（今三门峡市渑池县）未果，弃洛阳走河阳。张全义与李罕之攻河阳不胜，退守怀州（今河南沁阳市）。⑥ 光启三年（887）五月，蔡州（今驻马店市汝南县）秦宗权攻汴州（今河南开封市），朱温征调义成军汇合兖州朱瑄、郓州朱瑾大破蔡军于边孝村（今开封市北）。蔡军放弃河阳、许、汝、怀、郑、陕、虢等州，秦宗权势力稍衰。六月，张全义由怀州至东都任河南尹；李罕之则由泽州至河阳任节度使。

文德元年（888）二月，河阳节度使李罕之攻下绛州（今运城市新绛县），旋即进兵晋州。李罕之时常轻视张全义，又索取无度。张全义就潜通护国节度使王重盈，趁李罕之远在河东袭取河阳，自兼节度使。⑦ 李罕之逃至泽州（今晋州市泽州县）向李克用求援。晋南面招讨使康君立携李存孝等五将助李罕之攻打河阳。张全义婴城自守并以妻子为人质求救于朱温。⑧ 河阳、怀州等河北州县附庸于朱温，成为汴州北部防御的战略缓冲区。四月，汴丁会、葛从周、牛存节等部北援河阳。晋李存孝留李罕之率步兵围困河阳城，亲率骑兵在温（今焦

---

① 《资治通鉴》卷 255，唐僖宗中和二年十二月条，第 8406—8407 页。
② 《资治通鉴》卷 255，唐僖宗中和三年十月条，第 8421 页。
③ 《资治通鉴》卷 256，唐僖宗中和四年八月条，第 8435 页。
④ 《资治通鉴》卷 256，唐僖宗光启二年九月条，第 8460—8461 页。
⑤ 《资治通鉴》卷 256，唐僖宗光启二年十月条，第 8461—8462 页。
⑥ 《资治通鉴》卷 256，唐僖宗光启二年十月条，第 8463—8464 页。
⑦ 《资治通鉴》卷 257，唐僖宗文德元年二月条，第 8495—8496 页。
⑧ 《资治通鉴》卷 257，唐僖宗文德元年三月条，第 8497—8498 页。

作市温县）地迎战汴军未胜。汴军分兵欲断太行山康君立归路，晋军撤退。^①汴
将丁会任河阳留后，张全义专任河南尹，河阳和洛阳完全成为朱温势力范围。
五月，朱温破秦宗权于蔡州南。十月，孟方立属将奚忠信部3万攻辽州（今晋
中市左权县），被晋潞州节度使李克脩击退。^②

　　龙纪元年（889）正月，蔡将郭璠送秦宗权于汴州，朱温以郭璠为淮西留
后。五月，晋李罕之、李存孝部攻孟方立。六月，晋军占领磁（今邯郸市磁
县）、洺（今邯郸市永年区）二州，在琉璃陂（今邢台市西南）大败孟方立，乘
胜进攻邢州。孟方立饮药而死，昭义兵众拥立其弟孟迁继任留后，并向朱温求
援。汴王虔裕部数百人间道入邢州共守。^③大顺元年（890）正月，晋军急攻邢
州，孟迁出降，晋安金俊任邢洺团练使。二月，安金俊中流矢死于云州，弟知
建代邢洺团练使。李克脩受辱于李克用，忧愤而死。次月，晋李克恭继任昭义
留后。五月，唐昭宗下诏削夺李克用官爵、属籍，京兆尹孙揆辅助河东行营都
招讨制置宣慰使张濬集结军队，镇国节度使韩建兼都虞候、供军粮料使，宣武
节度使朱温兼南面招讨使，幽州节度使李匡威、大同节度使赫连铎分别兼任北
面正、副招讨使，配合中央军讨伐李克用。^④潞州小校冯霸以"后院将"军在铜
鞮（今沁县故县镇）叛乱，在沁水击败潞州牙将李元审，与牙将安居在潞州杀
害留后李克恭。^⑤汴河阳留后朱崇节入潞州权知留后事，却被晋康君立、李存孝
部围困在潞州城。同月，唐廷削夺了附庸李克用的泽州李罕之官爵。六月，唐
廷以孙揆为昭义节度使充招讨副使会同张濬中央军及宣武、镇国（今渭南市华
州区）、静难（治邠州，今陕西省彬州市）、凤翔（今宝鸡市凤翔县）、保大（治
坊州，今延安市黄陵县）、定难（治夏州，今靖边县红墩界乡白城子村）诸镇军
队进入河东。^⑥七月，官军与晋军相持于阴地关（今灵石县南关村），汴葛从周
部自壶关（今长治市壶关县）夜达潞州，破晋军围困进入城中。汴李谠、李重
胤、邓季筠等部应援潞州，联合张全义、朱友裕军攻打泽州李罕之。张濬恐汴

　　① 《资治通鉴》卷257，唐僖宗文德元年四月条，第8498页。
　　② 《资治通鉴》卷257，唐僖宗文德元年十月条，第8502页。
　　③ 《资治通鉴》卷258，唐昭宗龙纪元年六月条，第8506—8507页。
　　④ 《资治通鉴》卷258，唐昭宗大顺元年五月条，第8517页。
　　⑤ 《资治通鉴》卷258，唐昭宗大顺元年五月条，第8518页。
　　⑥ 《资治通鉴》卷258，唐昭宗大顺元年五月条，第8519页。

军抢占昭义，分兵孙揆先往昭义。[①]八月，孙揆经晋州至长子西谷（属潞州长子县）被晋李存孝俘杀。李存孝随即转援泽州。[②]九月，朱温大军入河阳，汴葛从周入潞州，中央军张濬围困太原。汴军为免与晋李存孝部正面冲突，主动放弃潞州。朱温也从河阳返回汴州，晋康君立任昭义留后。[③]同月，幽州李匡威攻占晋蔚州。大同节度使赫连铎引吐蕃、黠戛斯兵数万攻陷遮房军（今岚县北鹿径沟）。李克用亲自率军击败幽云联军，收复二地。十月，官军出阴地关，游兵已至汾州。晋薛志勤、李承嗣部进驻洪洞（今临汾市洪洞县），李存孝部进驻赵城（今洪洞县赵城镇）。镇国节度使韩建夜袭李存孝营未成，静难、凤翔镇兵不战而退。晋军趁胜围困张濬、韩建于晋州（禁军及宣武军合万人），静难、凤翔、保大、定难等镇兵舍张濬退往河西。李存孝连陷绛州、晋州。[④]次月，张濬、韩建自含口（今运城市闻喜县东南）逾王屋山经河清渡口至黄河南。[⑤]唐廷组织的伐晋行动宣告失败。

景福元年（892）十月，晋邢、洺、磁等州留后李存孝潜结王镕及朱温，并上表以三州归附朝廷，乞赐旌节并希望朝廷再次组织军队讨伐李克用。唐廷只是授节李存孝，但未允许讨伐李克用。[⑥]乾宁元年（894）三月，李克用击退幽州李匡筹、镇州王镕。邢州因粮尽失守，李克用车裂李存孝于太原，表奏马师素任邢洺节度使。[⑦]七月至九月，李克用杀昭义节度使康君立，以薛志勤代之。

光化元年（898）正月，朱温联合魏博军进攻李克用。四月，朱温在巨鹿城下击败晋军，并追击至青山口（今邢台市内丘县西南）。同月，汴葛从周克洺、邢、磁三州，继而接任邢洺留后。十月，晋李嗣昭、周德威出青山，意图恢复山东三州，被葛从周击退。[⑧]十二月，泽州李罕之趁晋昭义节度使薛志勤亡，引军入据潞州，并执晋马溉等将及沁州刺史傅瑶向朱温请降。同月，晋李嗣昭克

① 《资治通鉴》卷258，唐昭宗大顺元年七月条，第8521—8522页。
② 《资治通鉴》卷258，唐昭宗大顺元年八月条，第8522页。
③ 《资治通鉴》卷258，唐昭宗大顺元年九月条，第8523页。
④ 《资治通鉴》卷258，唐昭宗大顺元年十月条，第8526页。
⑤ 《资治通鉴》卷258，唐昭宗大顺元年十一月条，第8526页。
⑥ 《资治通鉴》卷259，唐昭宗景福元年十月条，第8556—8557页。
⑦ 《资治通鉴》卷259，唐昭宗乾宁元年三月条，第8573页。
⑧ 《资治通鉴》卷261，唐昭宗光化元年十月条，第8638页。

泽州，收李罕之家属送往晋阳。^①光化二年（899）正月，朱温以李罕之为昭义节度使。三月，汴葛从周新破幽州士气高涨，由土门攻河东，先下承天军（今阳泉市平定县娘子关镇城西村承天山上）；分兵氏叔琮自马岭（今晋中市昔阳县皋落乡圪瘩店村东南）攻占辽州（今晋中市左权县）、乐平县（今晋中市昔阳县），进军榆次（今晋中市榆次区）。晋周德威连破汴军于洞涡（今太原市清徐县王答乡同戈站村）、石会关（今晋中市榆社县西北）。汴河阳节度使丁会取晋泽州。晋李君庆部围困李罕之于潞州。朱温屯河阳，汴张存敬部、丁会部相继北上援潞，破晋军于城外。李克用以李嗣昭为蕃、汉马步都指挥使负责总督前线攻潞事宜。^②六月，李罕之病重，移镇河阳，汴丁会接任潞州节度使。八月，晋李嗣昭引兵至潞州城，并分兵攻打泽州。汴将刘闰弃守泽州，晋军占领天井关（今山西省晋城市南），李嗣昭取潞州。^③九月，李克用表奏孟迁为昭义留后。

天复元年（901）三月，朱温暂归汴州。汴氏叔琮等部5万自太行陉（今河南沁阳市西北），魏博张文恭自磁州武安（今河北武安市）入辽州（今晋中市左权县）；葛从周率兖、郓及成德兵入土门（今河北鹿泉市西土门村）；汴洺州刺史张归厚入马岭（今晋中市昔阳县皋落乡圪瘩店村东南）；义武节度使王处直入飞狐陉（今张家口市蔚县南）；汴侯言集合慈、隰、晋、绛等地军队入阴地关（今灵石县西南南关镇）；汴氏叔琮入天井关（今山西晋城市南）军向泽州昂车关（今晋中市榆社县南）。晋沁州刺史蔡训降汴，氏叔琮攻占泽州、潞州，昭义节度使孟迁降汴。^④四月，氏叔琮出石会关（今榆社县西北）驻扎洞涡驿（今山西太原市清徐县王答乡同戈站村）。汴张归厚克辽州，白奉国会同成德兵自井陉攻占承天军。次年（902）初，晋军先后于太原城外及洞涡败汴军。汴军退，晋军收复汾州。氏叔琮将孟迁宗族南迁汴州，汴丁会守潞州。^⑤同年，朱温身兼宣武、宣义、天平、护国四镇节度使。"当是时，自蒲、陕以东，至于海，南距淮，北距河，诸镇皆为朱全忠所有。使全忠以邻道自广，则当兼领佑国、河阳、陕虢，不应越此三镇而领河中；全忠所以领河中者，上以制朝廷，下以制李克

---

① 《资治通鉴》卷261，唐昭宗光化元年十二月条，第8640—8641页。
② 《资治通鉴》卷261，唐昭宗光化二年三月条，第8643—8645页。
③ 《资治通鉴》卷261，唐昭宗光化二年八月条，第8646—8647页。
④ 《资治通鉴》卷262，唐昭宗天复元年三月条，第8671页。
⑤ 《资治通鉴》卷262，唐昭宗天复元年四月条，第8671—8672页。

用也。"① 十月，晋周德威、李嗣昭趁刘仁恭与朱温对垒于沧州，南下攻潞。十二月，汴昭义节度使丁会知昭宗亡而向李克用投降，晋李嗣昭代昭义节度使。朱温闻讯自沧州撤军，晋军又攻泽州不克而退。天祐四年（907，即后梁高祖开平元年）初，晋军久屯长子（今长治市长子县），欲趁机攻泽州。汴保平节度使康怀贞悉发京兆、同华之兵屯晋州阻击晋军。四月，唐帝禅位于朱温。

李克用反复与朱温拉锯于潞州，自己并不兼任昭义节度使，军权假手于他人，诸任晋潞州主政者多叛，频繁消耗晋军，领土在反复之间无法扩张。时间愈久，李克用在汴晋之争中愈加处于下风。

二、晋失右臂河北诸藩

"汴、晋雌雄之势，决于河北。"② 唐末，东方军事力量压倒西方的格局基本成形，河北诸藩关乎晋汴间军事力量对比③，影响局部的统一进程。

（一）幽州镇

李克用根据地河东道北部的安全与幽州镇的向北关系密切。

深州人刘仁恭，自父辈客居范阳，后李可举用其为新兴镇将。光启元年（885）二月，李可举命李全忠率军攻打王处存的易州（今保定市易县），刘仁恭因功稍迁裨校。后李匡威颇恶刘仁恭雄心壮志、足智多谋，外放其为景城县令。当时，瀛州突发暴乱，地方守吏被杀，刘仁恭募集千人平定了暴乱。因此，李匡威移刘仁恭带兵戍守蔚州。④ 景福二年（893）四月，幽州乱军立李匡筹为主，李匡威逃入镇州，被王镕所杀。刘仁恭亲自率兵从蔚州攻李匡筹于幽州，军败于居庸关（今北京市昌平区境），刘仁恭逃往河东。⑤ 李克用多予其田地豪宅，

---

① 《资治通鉴》卷 262，唐昭宗天复元年五月条，第 8673 页。
② （清）王夫之：《读通鉴论》卷 28《五代上》，北京：中华书局，1975 年，第 1018 页。
③ 樊文礼：《李克用评传》，济南，山东大学出版社，2005 年，第 129 页。
④ （北宋）欧阳修、宋祁撰：《新唐书》卷 212《刘仁恭传》，北京：中华书局，1975 年，第 5986 页。
⑤ 《资治通鉴》卷 259，唐昭宗景福二年四月条，第 8563—8564 页。

并拜为寿阳镇将。①

　　刘仁恭经常攀附李克用宠臣盖寓②，终致晋军兵临幽州③。乾宁元年（894）十月，刘仁恭率晋军攻幽州不克。十一月，李克用自率大军再攻幽州，陷武州（今张家口市宣化区），进围新州（今张家口市涿鹿县）。次月，李克用败幽州兵数万于段庄（新州东南），下新州，又攻妫州（今河北涿鹿县西南保岱镇），大败敌军于居庸关，晋军入幽州。李匡筹逃往沧州，被义昌节度使卢彦威杀于景城（今沧州市沧县崔尔庄镇）。乾宁二年（895）初，李克用命李存审、刘仁恭分兵平定了卢龙镇属州。④乾宁三年（896），李克用征召幽州兵马攻打魏州，刘仁恭以防备契丹入侵为借口婉拒。乾宁四年（897），李克用救朱瑄，遣使十几次征兵于刘仁恭，未获回应。李克用亲自修书，"仁恭乃慢骂，执其使，尽因太原士之在燕者，复以厚利诱克用麾下士，多亡归之"。⑤李克用兴兵讨伐不胜，"仁恭献馘于朱全忠，全忠表同中书门下平章事"⑥，晋幽反目。义昌节度使卢彦威不礼于邻道，又与卢龙节度使刘仁恭争盐利。⑦光化元年（898），幽州军南下，刘仁恭占领义昌镇沧、景、德三州，"自谓得天助，有并吞河朔之志"。⑧光化二年（899）初，刘仁恭率军10万，下贝州，分兵围困魏博辖州，魏博节度使罗绍威向朱温求救。汴、魏联军败幽州军于内黄、魏州等地，"自魏至沧五百里间，僵尸相枕，仁恭自是不振，而全忠益横矣"⑨。自光化三年（900）至天佑三年（906），"仁恭悉发男子十五以上为兵"，"卢龙闾里为空"⑩，与朱温对垒于沧州。次年，刘仁恭军情不利，向李克用求援，李存勖谏言："此吾复振之道也……且九分天下，朱氏今有六七，赵、魏、中山在他庑下，贼所惮

---

　　①　《新唐书》卷212《刘仁恭传》，第5986页。

　　②　（北宋）薛居正等撰：《旧五代史》卷55《唐书·盖寓传》，北京：中华书局，2015年，第861—862页。

　　③　《资治通鉴》卷259，唐昭宗乾宁元年十月条，第8578页。

　　④　案：幽、涿、瀛、莫、妫、檀、蓟、顺、营、平、新、武等州。

　　⑤　《新唐书》卷212《刘仁恭传》，第5986页。

　　⑥　《新唐书》卷212《刘仁恭传》，第5886页。

　　⑦　《资治通鉴》卷261，唐昭宗光化元年三月条，第8635页。

　　⑧　《资治通鉴》卷261，唐昭宗光化元年三月条，第8635页。

　　⑨　《资治通鉴》卷261，唐昭宗光化二年三月条，第8643页。

　　⑩　《新唐书》卷212《刘仁恭传》，第5887页。

者，惟我与仁恭尔；我之兴衰，系此一举，不可失也"。[1] 即幽州镇远比太行山东麓沿线诸镇军力强大，在晋、幽、汴三家鼎足于北方的情况下，李克用需要刘仁恭牵制朱温。不久，晋军南下攻潞州，汴节度使丁会投降，幽晋暂时和解。

在李克用的计划中幽州是供应粮饷的藩属[2]，河东与幽州羁縻联系脆弱，导致燕山屏障的不稳。刘仁恭一度势力膨胀促使契丹与李克用两次会盟于云州，契丹排除晋军干扰逐步蚕食代北诸州。[3] 当李克用在晋汴争霸中逐渐落于下风，所谓的盟好就成了晋国经略北方的障碍，未及早重视幽州导致云幽地区防守困难并最终失守，对五代乃至北宋的边防安全影响深远。

（二）魏博镇

临黄的魏博镇是汴州北面十分重要的军事存在。

罗弘信，父、祖皆是魏州军校，其本人自小也从军魏州，先后效力韩简、乐彦祯两任魏博节度使。[4] 乐从训父子在魏州长期推行暴政，失去了百姓及牙军的支持。[5] 文德元年（888）二月，魏博兵变，推举当时主管马牧的神将罗弘信为节度使留后。[6] 三月，乐从训求援于朱温，汴将朱珍部自白马津渡黄河，下黎阳、临河（澶州西）、李固（魏州东）三镇，再败魏博军于内黄。四月，罗弘信将程公信部败乐从训于洹水，杀乐氏父子。罗弘信主动修好朱温，唐帝诏令罗弘信权知魏博留后；同年七月，复加金紫光禄大夫、检校尚书右仆射，充魏博节度观察处置等使；龙纪中，再加检校司空、同平章事，封豫章郡公。[7]

---

① 《旧五代史》卷 27《唐书·庄宗本纪》，第 420 页。
② 《资治通鉴》卷 261，唐昭宗乾宁四年七月条，第 8625 页，载："李克用取幽州，表刘仁恭为节度使，留戍兵及腹心将十人典其机要，租赋供军之外，悉输晋阳"。
③ 彭艳芬、于淼：《论阿保机与李克用的会盟》，载《北方文物》，2008（4）：80—83 页。
④ （后晋）刘昫等撰：《旧唐书》卷 181《罗弘信传》，北京：中华书局，1975 年，第 4691 页。
⑤ 《资治通鉴》卷 257，唐僖宗文德元年二月条，第 8494—8495 页，载："魏博节度使乐彦祯，骄泰不法，发六州民筑罗城，方八十里，人苦其役；其子从训，尤凶险；既杀王铎，魏人皆恶之。从训聚亡命五百余人为亲兵，谓之子将，牙兵疑之，籍籍不安；从训惧，易服逃出，止于近县，彦祯因以为相州刺史。从训遣人至魏运甲兵、金帛，交错于路，牙兵益疑"。
⑥ 《新唐书》卷 210《罗弘信传》，第 5939 页。
⑦ 《旧唐书》卷 181《罗弘信传》，第 4691 页。

龙纪元年（889）六月，晋军围困邢州，邢洺节度使孟方立自杀，手下军士推其弟孟迁继任节度使留后。朱温借道于魏博援助孟氏，被罗弘信拒绝。[①]大顺元年（890）初，"全忠讨太原李克用，遣将赵昌嗣见弘信假粮马；又议屯邢、洺，假道相、卫，弘信不纳"[②]。十二月，汴军向魏博镇发起进攻。汴军丁会、葛从周部渡黄河，取黎阳、临河；庞师古、霍存部取淇门、卫县，朱温自总大军后至。[③]次年（891），罗弘信在内黄与汴军五战皆败，不得不遣使请和，"魏博自是服于汴"[④]。时晋魏关系尚未恶化。乾宁元年（894）五月，朱瑄、朱瑾因汴军围困而向李克用求助，罗弘信允许晋军借道魏博。[⑤]乾宁三年（896），晋蕃、汉都指挥使李存信暂借魏博莘县驻兵援助朱瑄、朱瑾。先是，晋军侵扰附近魏博州县，后李克用"欲合镇、定兵营河曲，搤魏、滑路"[⑥]，引起了罗弘信的疑虑。罗弘信遣使朱温，汇合汴军将晋军驱逐出境，"自是与河东绝，专志于汴"[⑦]。光化元年（898），罗弘信亡，罗绍威继立。光化二年（899），汴魏联军击退刘仁恭的20万大军，"绍威以故德梁助己"[⑧]，至唐灭亡专事朱温。

随着汴州在唐末至宋初经济地位的迅速提升，河北道的交通干道由临近太行山东麓沿线逐渐向平原腹地转移。[⑨]魏博就成为河北诸藩及晋军攻击汴州的主要通道。

（三）定、镇二镇

晋军出太行山行军路径主要有二：一是潞州境内诸道，二是井陉道，而镇

---

① 《资治通鉴》卷258，唐昭宗龙纪元年六月条，第8507页。
② 《新唐书》卷210《罗弘信传》，第5940页。
③ 《资治通鉴》卷258，唐昭宗大顺元年十二月条，第8530页。
④ 《资治通鉴》卷258，唐昭宗大顺二年正月条，第8530页。
⑤ 《资治通鉴》卷259，唐昭宗乾宁元年五月条，第8575页。
⑥ 《新唐书》卷210《罗弘信传》，第5940页。
⑦ 《资治通鉴》卷260，唐昭宗乾宁三年闰正月条，第8603—8604页。
⑧ （北宋）欧阳修撰；（北宋）徐无党注：《新五代史》卷39《罗绍威传》，北京：中华书局，2015年，第469页。
⑨ 李孝聪：《公元十一—十二世纪华北平原北部亚区交通与城市地理的研究》，载中国地理学会历史地理专业委员会、《历史地理》编辑委员会编：《历史地理》第9辑《庆贺谭其骧先生八十寿辰专辑》上海：上海人民出版社，1990年，第239—262页。

州扼守井陉道。

长庆元年（821），魏博节度使田弘正移镇成德，被牙兵所杀，唐廷不得不任用成德兵马使王廷凑为节度使。"镇冀自李宝臣已来，虽惟岳、承宗继叛，而犹亲邻畏法，期自新之路。而凶毒好乱，无君不仁，未如廷凑之甚也。"① 太和八年（834），王元逵继任节度使，"识礼法，岁时贡献如职"②。王元逵尚唐公主，又参加讨伐刘稹叛乱，成德自此成为河北顺藩。中和三年（883），王景崇亡，子王镕继任节度使。当时，李克用、杨复光与黄巢作战，"镕凡再馈粟以济师"，后"僖宗还自蜀，献马牛戎械万计"。③ 李克用常年征战山东邢、洺等地，王镕供应粮草，尤显恭顺。也许是隐忍许久不堪索取，王镕趁李克用在滹沱河探查敌军情况的时机预谋将其杀害而未成功④，镇、晋二家矛盾公开化。

光启元年（885），李克用势力做大，又与"易、定，燕、赵之余"⑤ 的义武（治所定州，今河北省定州市）节度使王处存联姻，为卢龙（治所幽州，今北京市）节度使李可举、成德（治镇州即恒州，今石家庄市正定县）节度使王镕所忌惮。二月，李、王二人约定灭王处存后瓜分其地，阻李克用于太行山以西，又联络云中节度使赫连铎使其南下攻李克用，牵制太原之师。李可举属将李全忠率兵6万攻易州（今保定市易县），王镕则遣将攻无极（今石家庄市无极县），王处存则求援于李克用。⑥ 五月，田令孜徙王重荣为泰宁（治所兖州，今山东省兖州市）节度使，以泰宁节度使齐克让为义武节度使，以义武节度使王处存为河中节度使，唐廷诏李克用派兵护送王处存移镇。卢龙裨将刘仁恭以地道攻克易州；李克用败成德兵于无极县；成德兵撤退至新城（今河北高碑店市），李克用再败之，占领新城；又追击至九门，斩首万余。⑦ 同月，王处存军夜袭李全忠，收复易州。

大顺二年（891）十月，李克用攻王镕，大破镇州兵于龙尾冈（临城西北），遂下临城（今邢台市临城县），攻元氏（今石家庄市元氏县）、柏乡（今邢台市

---

① 《旧唐书》卷142《王廷凑传》，第3888页。
② 《新唐书》卷211《王元逵传》，第5961页。
③ 《新唐书》卷211《王镕传》，第5963页。
④ 《新唐书》卷211《王镕传》，第5963页。
⑤ 《资治通鉴》卷256，唐僖宗光启元年二月条，第8443页。
⑥ 《资治通鉴》卷256，唐僖宗光启元年二月条，第8443页。
⑦ 《资治通鉴》卷256，唐僖宗光启元年五月条，第8444页。

柏乡县）。^①李匡威救兵至，李克用大掠邢州退军。景福元年（892）正月，王镕、李匡威合兵 10 余万攻尧山，晋将李嗣勋大破联军，斩首 3 万。三月，李克用、王处存合兵攻王镕，占领滹沱河东北的天长镇（今石家庄市天长镇），却被大败于新市（今正定县新城铺镇），唐昭宗诏河东及镇、定、幽四镇和解。^②景福二年（893）二月，李克用引兵围困邢州，王镕遣使调停。李克用发兵败镇州兵于平山，继破其于天长镇叱日岭（今石家庄市井陉县微水镇西青泉岭）。李克用攻下井陉围困镇州，李存孝援军亦至。后幽州李匡威败河东兵于元氏，晋军撤退。光化中，刘仁恭兵败北还，王镕在罗绍威的游说下倒向朱温，派遣使者游说汴军取定州。^③乾宁二年（895），王处存亡，子王郜继立义武节度使。光化三年（900），张存敬率汴军进攻定州，定州士兵哗变驱逐王郜，拥立王处直继任节度使^④，自是定州臣服于朱温。

李克用失定、镇，晋军再出井陉道就十分困难了。

（四）兖、郓二镇

天平军节度使朱瑄与堂弟泰宁军节度使朱瑾构成的军事联盟是黄河沿岸比较重要的割据势力。

朱瑄本是平卢节度使王敬武帐下小校。黄巢起义，谏议大夫张濬征兵于青州，王敬武派曹全晸支援官军作战，朱瑄随军参战，累立战功。乾符六年（879）三月，天平军节度使张裼薨，牙将崔君裕知州事。淄州刺史曹全晸诛杀崔君裕自为留后，朱瑄以功迁濮州刺史、郓州马步军都将。^⑤广明元年（880）七月，唐廷升曹全晸任天平节度使兼东面副都统。^⑥九月，黄巢 15 万军攻青州，被曹全晸击退。中和元年（881），天平节度使、南面招讨使曹全晸在与黄巢起义军作战时阵亡，军中立其兄子曹存实为留后。^⑦次年（882）十月，魏博节度

① 《资治通鉴》卷 258，唐昭宗大顺二年十月条，第 8540 页。
② 《资治通鉴》卷 259，唐昭宗景福元年三月条，第 8548 页。
③ 《新唐书》卷 211《王镕传》，第 5965 页。
④ 《资治通鉴》卷 262，唐昭宗光化三年九月条，第 8657 页。
⑤ 《资治通鉴》卷 253，唐僖宗乾符六年三月条，第 8334 页。
⑥ 《资治通鉴》卷 254，唐僖宗广明元年七月条，第 8352 页。
⑦ 《资治通鉴》卷 254，唐僖宗中和元年十月条，第 8381 页。

使韩简引兵进攻郓州，曹存实战死，都将朱瑄婴城自守，唐廷任其为节度使。①中和四年（884）六月，时任宣武军节度使的朱温被奉国军节度使秦宗权攻打，转向朱瑄求援。朱瑄派堂弟朱瑾前往，在秦宗权退兵后，"全忠德之，与瑄约为兄弟"②。光启二年（886）十一月，朱瑄欲趁义成军乱袭取该镇，行至滑州界被汴军抢先攻克州城。③同年，朱瑾假意娶泰宁节度使齐克让之女，趁机占领郓州，自称留后。④光启三年（887）五月，秦宗权自郑州攻汴州，朱瑄、朱瑾引兵驰援，朱温"深德朱瑄，兄事之"⑤。八月，朱温借口朱瑄招募汴州军士，主动挑起与朱氏兄弟的战争，袭取曹州，败兖、郓联军于刘桥，自此"全忠与兖、郓始有隙"。⑥十月，汴将朱珍攻下濮州，刺史朱裕逃至郓州。朱瑄诈作裕书约为内应，朱珍引兵夜赴郓州，在城中遭遇埋伏，汴军损失数千人。朱瑄乘胜复取曹州（今菏泽市曹县）。⑦同年，汴军开始不时进攻时溥⑧，朱瑄经常军援徐州，朱温深恨之⑨。"自景福元年（892）冬遣朱友裕领军渡济，至乾宁三年（896）宿军齐、郓间，大小凡数十战，语在《太祖纪》中。自是野无人耕，属城悉为我（汴）有。"⑩后罗弘信不允许晋军借道，瑄、瑾二人孤立无援。乾宁四年（897），庞师古攻陷郓州、兖州，朱瑄被杀于汴州，朱瑾南逃依附杨行密。

兖、郓二镇归汴，朱温进一步巩固了黄河防线。

① 《资治通鉴》卷255，唐僖宗中和二年十月条，第8397页。
② 《资治通鉴》卷256，唐僖宗中和四年六月条，第8433—8434页。
③ 《资治通鉴》卷256，唐僖宗光启二年十一月条，第8462页，载：时"义成节度使安师儒委政于两厢都虞候夏侯晏、杜标，二人骄恣，军中忿之；小校张骁潜出，聚众二千攻州城，师儒斩晏、标首谕之，军中稍息。天平节度使朱瑄谋取滑州，遣濮州刺史朱裕将兵诱张骁，杀之。朱全忠先遣其将朱珍、李唐宾袭滑州，入境，遇大雪，珍等一夕驰至壁下，百梯并升，遂克之，虏师儒以归。全忠以牙将江陵胡真知义成留后"。
④ 《资治通鉴》卷256，唐僖宗光启二年十二月条，第8464页。
⑤ 《资治通鉴》卷257，唐僖宗光启三年五月条，第8478页。
⑥ 《资治通鉴》卷257，唐僖宗光启三年八月条，第8481—8482页。
⑦ 《资治通鉴》卷257，唐僖宗光启三年十月条，第8484页。
⑧ 《旧唐书》卷182《时溥传》，第4717页；《旧唐书》卷182《朱瑄传》，第4718页。
⑨ 《旧五代史》卷13《梁书·朱瑄传》，第194页。
⑩ 《旧五代史》卷13《梁书·朱瑄传》，第195页。

三、晋失左臂河中

河中镇是晋军西入长安必经之地，也是外军入河东道的最佳道路。

王重荣，自父辈就从军于河中。黄巢起义攻陷长安，节度使李都欲叛唐廷，王重荣杀黄巢使者，唐廷遂以其任河中节度使留后[①]。中和三年（883），李克用收复长安。"倡义启导之功，实重荣居首"[②]，故因功授检校太尉、同平章事、琅琊郡王。光启元年（885），僖宗还京。观军容使田令孜奏以河中节度使所属安邑、解县两池榷课直属省司，缓解中央财政困难，王重荣不同意。田令孜奏请移镇王重荣至定州，王重荣不奉诏。[③]十月，田令孜令朱玫、李孝昌赴河中讨伐王重荣，王重荣求救于李克用。田令孜先遣朱玫、李昌符领军3万人屯沙苑，防范王重荣军渡黄河。[④]十一月，王重荣攻同州（今渭南市大荔县），刺史郭璋战死。王重荣与朱玫等相持月余，李克用至与王重荣共同陈兵沙苑（今大荔县南），上表皇帝请求诛杀田令孜及朱玫、李昌符。唐僖宗诏双方和解，李克用并未听从。[⑤]十二月，双方决战，朱玫、李昌符军大败。李克用进逼京城，田令孜携僖宗出幸凤翔（今宝鸡市凤翔县）。

光启二年（886），时田令孜弄权为天下所疾，朱玫、李昌符亦耻与之同伍。于是，两人联络李克用、王重荣，计划诛杀田令孜。正月，邠宁、凤翔兵追逼乘舆，田令孜胁迫僖宗至宝鸡（今陕西宝鸡市）。朱玫随至，于遵涂驿俘虏嗣襄王煴后返回凤翔。[⑥]二月，王重荣、朱玫、李昌符再次上表请求诛杀田令孜，僖宗逃至兴元（今陕西汉中市）。[⑦]四月，朱玫奉嗣襄王煴监国。六月，金商节度、京畿制置使杨守亮率军2万出金州（今陕西安康市），会同王重荣、李克用共讨朱玫。[⑧]光启三年（887）六月，河中牙将常行儒杀王重荣，唐廷以陕虢节度使

---

① 《旧唐书》卷182《王重荣传》，第4695—4696页。
② 《旧唐书》卷182《王重荣传》，第4696页。
③ 《旧唐书》卷182《王重荣传》，第4696页。
④ 《资治通鉴》卷256，唐僖宗光启元年闰二月条，第8443—8444页。
⑤ 《资治通鉴》卷256，唐僖宗光启元年十一月，第8449—8550页。
⑥ 《资治通鉴》卷256，唐僖宗光启二年正月条，第8451—8453页。
⑦ 《资治通鉴》卷256，唐僖宗光启二年二月条，地8453页。
⑧ 案：当年八月，卢龙节度使李全忠薨，以其子匡威为留后。

王重盈为护国节度使 ①，其子珙权知陕虢留后，王重盈杀常行儒。

乾宁二年（895），河中护国节度使王重盈薨，军中请以重荣养子、重盈兄重简子行军司马王珂知留后事。王重盈子保义（陕虢节度使）节度使王珙、晋州刺史王瑶举兵进攻王珂并求援于朱温，王珂求援于李克用并上表自陈。后王珂在李克用的奥援下，终得河中节钺。② 六月，李克用大举蕃、汉大军南下伪称讨伐王行瑜、李茂贞、韩建等人。军经绛州，刺史王瑶闭城不出，李克用杀之。③ 七月，李克用讨伐邠宁王行瑜经过河中，王珂亲自前往拜谒。乾宁四年（897），保义节度使（治所陕州，今三门峡市陕州区）王珙攻护国节度使王珂，珂、珙二人分别求援于李克用、朱温。汴将张存敬、杨师厚于猗氏（今运城市临猗县）南击败河中军队。晋将李嗣昭却先后败陕兵于猗氏及张店（今平陆县张店镇），陕汴联军退兵。④ 光化元年（898）正月，王珂亲自迎娶李克用之女于晋阳，晋将李嗣昭助守河中。九月，保义军王珙引汴兵再攻河中，晋将李嗣昭败汴兵于胡壁（今运城市万荣县荣河镇东），汴军撤退。天复元年（901）正月，汴将张存敬领兵3万自汜水渡河出含山路偷袭河中王珂，朱温亲率大军后发。张存敬下晋、绛意图阻挡河东军队南下。⑤ 不久，朱温入河中，后杀王珂于华州。黄巢起义时，朱温曾以舟师从冯翊战王重荣于河上不胜 ⑥，必知正面攻击蒲津关比较困难，故经张潒退兵之含山路偷袭河中。

河中镇自王重荣亡后屡陷内斗而实力大减，李克用结援王珂却不取该镇。朱温取河中，占据关河防线阻遏晋军西入关中之路。自此，"天子以汴帅兼镇河中，帝自是不复能援京师，霸业中否" ⑦。李克用无法军事干预长安局势，让"挟天子以令诸侯"的政治优势于朱温，与周边藩镇日益疏远。

---

① 乾宁二年十二月，以河中节度使为护国军。

② 《资治通鉴》卷260，唐昭宗乾宁二年五月条，第8589—8590页。

③ 《资治通鉴》卷260，唐昭宗乾宁二年六月条，第8591页。

④ 《资治通鉴》卷261，唐昭宗乾宁四年三月条，第8622页。

⑤ 《资治通鉴》卷262，唐昭宗天复元年正月条，第8667页；《旧唐书》卷182《王珂传》，第4698页。

⑥ 《旧唐书》卷182《王重荣传》，第4695页。

⑦ （北宋）王钦若等编纂；周勋初等校订：《册府元龟》卷7《帝王部·创业第三》，南京：凤凰出版社，2006年，第76页。

四、小结

"山西在历史上占有重要地位的时期，往往是历史上的分裂时期"[①]，攻守兼备的地形成就了李克用割据的基业，却也成为其统一天下的束缚。李克用经略天下"临土而不占"，颇具游牧民族不执着于土地及城市的特征。李克用军队征战于河东道，河北道、关内道亦活动颇多，重立威望及掠夺财富而未见长久占据经营河东道外地区的计划。北入幽州而立刘仁恭，南下河中而援王珂，东出太行未取河北藩镇，潞州又不能维持长久军事占领。朱温反而步步为营，蚕食上述诸地，将李克用围堵于太原。李克用失河中，晋军无法进入关中干预中央政府，"挟天子以令诸侯"的政治优势被朱温所得。河北藩镇倒向朱温，又失潞州，晋军不再对汴州构成军事威胁。以此观之，朱温立足汴梁掌控运河经济命脉经略全国，李克用居易守难攻太原却限制了自身发展的大格局。李克用自身思想没有跟上唐末地方割据战争向全国统一战争的变化，过分拘泥据守太原错失了扩张的机遇。若晋统一全国，国家必然是邦联或部落联盟形式，而非中原王朝式的中央集权。可见，李克用意在唐末藩镇割据中维持自己霸权，反而是朱温着眼于统一全国构建北方经营战略。无论从军事还是政治上看，李克用在唐末的经营是在疲于应付周边形势变化中被动形成的无意识规划，始终未有清晰的战略导致其霸业屡弱不堪打击。

总而言之，李克用在与朱温的对决中，地利不争，人和未睦，终究坐困河东道。

[①]　谭其骧：《山西在国史上的地位——应山西史学会之邀在山西大学所作报告的记录》，载《晋阳学刊》，1981（2）：2—8页。

参考书目

（一）史料

［1］（春秋）左丘明：《国语》，上海：上海古籍出版社，1978 年。

［2］（西汉）司马迁：《史记》，北京：中华书局，1959 年。

［3］（东汉）王充：《论衡》，北京：中华书局，1954 年。

［4］（东汉）班固：《汉书》，北京：中华书局，1962 年。

［5］（南朝·宋）范晔：《后汉书》，北京：中华书局，1965 年。

［6］（西晋）陈寿：《三国志》，北京：中华书局，1959 年。

［7］（南朝·梁）沈约：《宋书》，北京：中华书局，1974 年。

［8］（北朝·齐）魏收：《魏书》，北京：中华书局，1974 年。

［9］（南朝·梁）萧子显：《南齐书》，北京：中华书局，1972 年。

［10］（唐）房玄龄：《晋书》，北京：中华书局，1974 年。

［11］（唐）姚思廉：《梁书》，北京：中华书局，1973 年。

［12］（唐）姚思廉：《陈书》，北京：中华书局，1973 年。

［13］（唐）李百药：《北齐书》，北京：中华书局，1972 年。

［14］（唐）李延寿：《南史》，北京：中华书局，1975 年。

［15］（唐）李延寿：《北史》，北京：中华书局，1974 年。

［16］（唐）魏徵：《隋书》，北京：中华书局，1973 年。

［17］（后晋）刘昫：《旧唐书》，北京：中华书局，1975 年。

［18］（宋）欧阳修：《新唐书》，北京：中华书局，1975 年。

［19］（唐）杜佑：《通典》，北京：中华书局，1988 年。

［20］（宋）司马光：《资治通鉴》，北京：中华书局，1956 年。

［21］（宋）宋居正：《旧五代史》，北京：中华书局，2015 年。

［22］（宋）王钦若、杨亿、孙奭编纂；周勋初等校订：《册府元龟·校订本》，南京：凤凰出版社，2006 年。

［23］（宋）欧阳修撰；（宋）徐无党注：《新五代史》，北京：中华书局，2015 年。

［24］（元）马端临：《文献通考》，北京：中华书局，1986 年。

［25］（唐）李德裕撰；傅璇琮、周建国校笺：《李德裕文集校笺》，北京：中华书局，2018 年。

［26］（唐）杜牧：《杜牧集系年校注》，北京：中华书局，2013 年。

［27］（唐）温大雅；李季平、李锡厚点校：《大唐创业起居注》，上海：上海古籍出版社，1983 年。

［28］（唐）吴兢：《贞观政要》，上海：上海古籍出版社，1978 年。

［29］（唐）李林甫、张说、张九龄等撰；陈仲夫点校：《唐六典》，北京：中华书局，2014 年。

［30］（唐）李吉甫撰；贺次君点校：《元和郡县图志》，北京：中华书局，1983 年。

［31］（宋）宋敏求：《唐大诏令集》，北京：中华书局，2008 年。

［32］（宋）王溥：《唐会要》，北京：中华书局，1955 年。

［33］（宋）计有功：《唐诗纪事》，北京：中华书局，1965 年。

［34］（宋）乐史撰；王文楚、钱林书、胡菊、祝坤等点校：《太平寰宇记》，北京：中华书局，2007 年。

［35］（宋）李昉、李穆、徐铉等：《太平御览》，北京：中华书局，1960 年。

［36］（宋）范祖禹：《唐鉴》，北京：上海古籍出版社，1981 年。

［37］（宋）李昉、扈蒙、徐铉等：《文苑英华》，北京：中华书局，1966 年。

［38］（宋）王应麟：《玉海》，江苏古籍出版社、上海书店联合出版，1987 年。

［39］（宋）李昉、扈蒙、徐铉等：《太平广记》，北京：中华书局，1961 年。

［40］（清）董诰、阮元、徐松等：《全唐文》，北京：中华书局，1983 年。

［41］（清）陈鸿墀：《全唐文纪事》，北京：中华书局，1959 年。

［42］（清）吴廷燮：《唐方镇年表》，北京：中华书局，1980 年。

［43］（清）赵翼撰；王树民校正：《廿二史札记校正》，上海：中华书局，1984 年。

［44］（清）钱大昕撰；方诗铭、周殿杰校点：《廿二史考异》，上海：上海古籍出版社，2004 年。

［45］（清）顾祖禹撰；贺次君、施和金点校：《读史方舆纪要》，北京：中华书局，1975 年。

［46］（清）王夫之：《读通鉴论》，北京：中华书局，1975 年。

［47］山西史志研究院点校：光绪《山西通志》，北京：中华书局，1999 年。

［48］陈尚君辑校：《全唐文补编》，北京：中华书局，2005 年。

［49］吴钢主编：《全唐文补遗》（第 1—9 辑），西安：三秦出版社，1994、1995、1996、1997、1998、1999、2000、2005、2007 年。

［50］吴钢主编：《全唐文补遗》（千唐志斋新藏专辑），西安：三秦出版社，2006 年。

［51］吴松弟：《两唐书地理志汇释》，合肥：安徽教育出版社，2002 年。

［52］郁贤皓：《唐刺史考全编》，合肥：安徽大学出版社，2000 年。

［53］张希舜主编：《隋唐五代墓志汇编》山西卷，天津：天津古籍出版社，1991 年。

［54］周绍良主编：《全唐文新编》，长春：吉林文史出版社，2000 年。

［55］周绍良、赵超主编：《唐代墓志汇编》，上海：上海古籍出版社，1992 年。

［56］周绍良、赵超主编：《唐代墓志汇编续集》，上海：上海古籍出版社，2001 年。

［57］吴玉贵：《唐书辑校》，北京：中华书局，2008 年。

［58］吴玉贵：《突厥第二汗国汉文史料编年辑考》，北京：中华书局，2009 年。

［59］赵超：《新唐书宰相世系表集校》，北京：中华书局，1998 年。

［60］（春秋）孙武撰：《十一家注孙子校理》，北京：中华书局，2012 年。

［61］无名氏著，吴如嵩、王显臣校著：《新编诸子集成续编：李卫公问对校注》，北京：中华书局，2018 年。

［62］无名氏著，刘永海译注：《百战奇法》，北京：中华书局，2017 年。

［63］无名氏著，魏鸿译注：《虎钤经》，北京：中华书局，2017 年。

（二）专著

［1］岑仲勉：《岑仲勉史学论文集》，北京：中华书局，1990 年。

［2］岑仲勉：《唐史余沈》，北京：中华书局，2004 年。

［3］陈寅恪：《隋唐制度渊源略论稿·唐代政治史述论稿》，北京：生活·读书·新知三联书店，2001 年。

［4］史念海：《唐代历史地理研究》，北京：中国社会科学出版社，1998 年。

［5］史念海：《黄土高原历史地理研究》，郑州：黄河水利出版社，2001 年。

［6］谭其骧：《长水集》，北京：人民出版社，2011 年。

［7］汪篯著；唐长孺、吴宗国、梁太济等编：《汪篯隋唐史论稿》，北京：中国社会科学出版社，1981 年。

［8］唐长孺：《唐书兵志笺正》，北京：科学出版社，1957 年。

［9］毛汉光：《中国中古社会史论》，上海：上海书店出版社，2002 年。

［10］王寿南：《唐代藩镇与中央关系之研究》，台北：大化书局，1978 年。

［11］郑学檬：《中国古代经济重心南移和唐宋江南经济研究》，长沙：岳麓书社，2003 年。

［12］王永兴：《唐代后期军事史略论稿》，北京：北京大学出版社，2006 年。

［13］石云涛：《唐代幕府制度研究》，北京：中国社会科学出版社，2003 年。

［14］杜文玉：《五代十国制度研究》，北京：人民出版社，2006 年。

［15］张国刚：《唐代官制》，西安：三秦出版社，1987 年。

［16］张国刚：《唐代藩镇研究》，长沙：湖南教育出版社，1987 年。

［17］周振鹤：《中国地方行政制度史》，上海：上海人民出版社，2005 年。

［18］施和金著；周振鹤主编：《中国行政区划通史·隋代卷》，上海：复旦大学出版社，2017 年。

［19］郭声波著；周振鹤主编：《中国行政区划通史·唐代卷》，上海：复旦大学出版社，2017 年。

［20］李鸿宾：《唐朝朔方军研究——兼论唐廷与西北诸族的关系及其演变》，长春：吉林人民出版社，2000 年。

［21］李鸿宾：《隋唐五代诸问题研究》，北京：中央民族大学出版社，2006 年。

［22］李鸿宾：《史论杂稿》，北京：中央民族大学出版社，2009 年。

［23］李鸿宾：《隋唐对河北地区的经营与双方的互动》，北京：中央民族大学出版社，2008 年。

［24］李鸿宾：《唐代的北方边地与民族》，银川：宁夏人民出版社，2010 年。

［25］程志、韩滨娜：《唐代的州和道》，西安：三秦出版社，1987 年。

［26］李孝聪：《唐代地域结构与运作空间》，上海：上海辞书出版社，2003年。

［27］刘美崧：《两唐书回纥传回鹘传疏证》，北京：中央民族学院出版社，1988年。

［28］穆渭生：《唐代关内道军事地理研究》，西安：陕西人民出版社，2008年。

［29］李宗俊：《唐前期西北军事地理问题研究》，北京：中国社会科学出版社，2015年。

［30］何灿浩：《唐末政治变化研究》，北京：中国文联出版社，2001年。

［31］饶胜文：《布局天下·中国古代军事地理大势》，北京：解放军出版社，2006年。

［32］赵庶洋：《〈新唐书·地理志〉研究》，南京：凤凰出版社，2015年。

［33］宋杰：《两魏周齐战争中的河东》，北京：中国社会科学出版社，2006年。

［34］宋杰：《中国古代战争的地理枢纽》，北京：中国社会科学出版社，2009年。

［35］宋杰：《三国兵争要地与攻守战略研究》，北京：中华书局，2019年。

［36］王承礼：《辽金契丹女真史译文集》，长春：吉林文史出版社，1990年。

［37］林幹：《中国古代北方民族通论》，呼和浩特：内蒙古人民出版社，2007年。

［38］林幹：《中国古代北方民族史新论》，呼和浩特：内蒙古人民出版社，2007年。

［39］林幹：《匈奴史》，呼和浩特：内蒙古人民出版社，2007年。

［40］肖爱民：《中国古代北方游牧民族两翼制度研究》，北京：人民出版社，2007年。

［41］肖爱民：《辽朝政治中心研究》，北京：人民出版社，2014年。

［42］王曾瑜：《辽金军制》，保定：河北大学出版社，2011年。

［43］王善军：《世家大族与辽代社会》，北京：人民出版社，2008年。

［44］廖德清：《中国古代军事后勤史》，北京：金盾出版社，1999年。

［45］李洪程：《步兵战术学》，北京：军事科学出版社，2000年。

［46］曹家齐：《宋代的交通与政治》，北京：中华书局，2017年。

［47］张正田：《"中原"边缘：唐代昭义军研究》，台湾：稻香出版社，2007 年。

［48］［德］克劳塞维茨著；中国人民解放军军事科学院译：《战争论》，北京：解放军出版社，1964 年。

［49］［日］内藤湖南著；夏应元、刘文柱、徐世虹等编译：《中国史通论——内藤湖南博士中国史学著作选译》，北京：社会科学文献出版社，2004 年。

［50］［日］宫崎市定著；中国社会科学历史研究所翻译组编译：《宫崎市定论文选集》，北京：商务印书馆，1963 年。

［51］［日］谷川道雄著；马彪译：《中国中世社会与共同体》，北京：中华书局，2002 年。

［52］［日］谷川道雄著；李济沧译：《隋唐帝国形成史论》，上海：上海古籍出版社，2004 年。

［53］［日］泽田勋著；王庆宪、丛晓明译：《匈奴：古代游牧国家的兴亡》，呼和浩特：内蒙古人民出版社，2010 年。

［54］［日］江上波夫著；张承志译：《骑马民族国家》，北京：光明日报出版社，1988 年。

［55］［日］杉山正明著；黄美蓉译：《游牧民的世界史》，北京：中华联合工商出版社，2014 年。

［56］［日］前田正名著；李凭、孙耀、孙蕾译：《平城历史地理学研究》，上海：上海古籍出版社，2012 年。

［57］［日］三上次男著；金启琮译：《金代女真研究》，哈尔滨：黑龙江人民出版社，1984 年。

［58］［日］爱宕松男著；邢复礼译：《契丹古代史研究》，呼和浩特：内蒙古人民出版社，2014 年。

［59］［加］蒲立本著；丁俊译：《安禄山叛乱的背景》，上海：中西书局，2018 年。

［60］［美］奥沙利文等著；荣旻译：《战争地理学》，北京：解放军出版社，1988 年。

［61］［美］拉铁摩尔著；唐晓峰译：《中国的亚洲内陆边疆》，南京：江苏人民出版社，2010 年。

［62］［美］狄宇宙著；贺严、高书文译：《古代中国与其强：邻东亚历史上

游牧力量的兴起》，北京：中国社会科学出版社，2010年。

［63］［法］勒内·格鲁塞著；蓝琪译：《草原帝国》，北京：商务印书馆，1998年。

［64］［苏］符拉基米索夫著；五月、宝力道译：《蒙古社会制度史》，呼和浩特：内蒙古人民出版社，2013年。

［65］郭沫若：《中国史稿地图集》，北京：中国地图出版社，1979年。

［66］谭其骧：《中国历史地图集》，北京：中国地图出版社，1982年。

［67］薛国屏：《中国古今地名对照表》，上海：上海辞书出版社，2010年。

［68］王双怀：《中华通历·隋唐五代》，西安：陕西师范大学出版社，2018年。

［69］大同古城保护和修复研究会编：《大同历史文化辞典》，太原：山西人民出版社，2018年。

［70］韩洲里：《全唐文诏敕考辨》，西安：三秦出版社，2017年。

［71］王东：《新唐书纪传历代考证资料汇证》，北京：中国社会科学出版社，2019年。

［72］尤炜祥：《两唐书疑义考释》，杭州：西泠印社出版社，2012年。

［73］漆侠：《漆侠全集》，保定：河北大学出版社，2009年。

［74］郑钦仁、李明仁译著：《征服王朝论文集》，台湾：稻乡出版社，2002年。

［75］韩儒林：《元朝史》，北京：人民出版社，2008年。

［76］韩儒林：《穹庐集》，石家庄：河北教育出版社，2000年。

［77］李治安：《元代政治制度研究》，北京：人民出版社，2003年。

［78］刘浦江：《辽金史论》，沈阳：辽宁大学出版社，1999年。

［79］刘浦江：《松漠之间——辽金契丹女真史研究》，北京：中华书局，2008年。

［80］郝维民、齐木德道尔吉：《内蒙古通史》，北京：人民出版社，2012年。

［81］李久昌：《国家、空间与社会：古代洛阳都城空间演变研究》，西安：三秦出版社，2007年。

（三）期刊论文

［1］傅乐成：《唐代宦官与藩镇之关系》，载《大陆杂志》，1963年第6期。

［2］宁可、阎守城：《唐末五代的山西》，载《晋阳学刊》，1984年第5期。

[3] 杨志玖、张国刚：《藩镇割据与唐代的封建大土地所有制——再论唐代藩镇割据的社会基础》，载《学术月刊》，1982 年第 6 期。

[4] 朱德军：《唐代中原藩镇与地域社会》，载《唐都学刊》，2010 年第 9 期。

[5] 樊文礼：《试论唐河朔三镇内外矛盾的发展演变》，载《内蒙古大学学报》，1983 年第 4 期。

[6] 齐勇锋：《唐中叶的削藩措置及其作用》，载《陕西师范大学学报》，1985 年第 1 期。

[7] 程志：《晚唐藩镇与唐朝灭亡》，载《东北大学学报》，1988 年第 3 期。

[8] 王永兴：《关于唐代后期方镇官制新史料考释》，载《纪念陈寅恪先生诞辰百年学术论文集》，北京：北京大学出版社，1989 年。

[9] 方积六：《唐及五代的魏博镇》，载《魏晋南北朝隋唐史资料》第 11 辑，武汉：武汉大学出版社，1991 年。

[10] 陈勇：《从仆固怀恩反唐看中唐的河朔政策》，载《文史杂志》，1991 年第 2 期。

[11] 孙继民：《唐代行军统帅僚属制度及其对藩镇形成的影响》，载《河北学刊》1992 年第 6 期。

[12] 孟彦弘：《唐前期的兵制与边防》，载《唐研究》第一卷，北京：北京大学出版社，1995 年。

[13] 杨西云：《唐中后期中央对藩镇的斗争政策从元和用兵到长庆销兵》，载《历史教学》，1996 年第 7 期。

[14] 马驰：《唐幽州境侨置羁縻州与河朔藩镇割据》，载《唐研究》第四卷，北京：北京大学出版社，1997 年。

[15] 刘后滨：《安史之乱与唐代政治体制的演进》，载《中国史研究》，1999 年第 2 期。

[16] 张国刚：《唐代府兵渊源与番役》，载《历史研究》，1989 年第 6 期。

[17] 张国刚：《唐代藩镇军将职级考略》，载《学术月刊》，1989 年第 5 期。

[18] 张国刚：《唐代的健儿制》，载《中国史研究》，1990 年第 4 期。

[19] 张国刚：《唐代中央军事决策与军队领导体制论略》，载《南开学报》2004 年第 1 期。

[20] 李文澜：《从唐代地方长官的选任看中央与地方的政治关系——以山南荆楚为例》，载《魏晋南北朝隋唐史资料》，2002 年 11 月。

［21］牟发松：《唐代都督府的置废》，载《魏晋南北朝隋唐史资料》第 8 辑，1986 年。

［22］孟宪实：《唐代前期的使职问题研究》，载吴宗国主编《盛唐政治制度研究》，上海：上海辞书出版社，2003 年。

［23］宁志新：《唐朝营田使初探》，载《厦门大学学报》，1997 年第 2 期。

［24］宁志新：《唐朝使职若干问题研究》，载《历史研究》，1999 年第 2 期。

［25］李志生：《关于唐代晚期府、州上佐（长史、司马、别驾）的几点意见》，载《河北学刊》，1991 年 4 期。

［26］夏炎：《试论唐代都督府与州的关系》，载《史学集刊》，2008 年第 2 期。

［27］罗凯：《十五采访使始置于开元二十二年论》，载《中国历史地理论丛》，2011 年第 1 辑。

［28］任艳艳：《建中末河东道政区调整与德宗藩镇政策》，载《江汉论坛》，2011 年第 5 期。

［29］杜文玉：《唐宋时期社会阶层内部结构的变化》，载《江汉论坛》，2006 年第 3 期。

［30］杜文玉：《北朝至隋唐时期朔州军事与经济地位研究》，载《乾陵文化研究》，2012 年。

［31］杜文玉、马维斌：《论五代十国收养假子风气的社会环境与历史根源》，载《陕西师范大学学报（哲学社会科学版）》，2010 第 3 期。

［32］张邻：《唐代关津制度考论》，载《中华文史论丛》，1985 年第 3 期。

［33］周宝琳：《隋唐时期的汴州和宣武军》，载《河南大学学报》，1989 年第 1 期。

［34］焦静璇：《唐中后期的滑州与义成军》，载《河南理工大学学报》，2019 第 4 期。

［35］赵晓峰：《唐代河东倍受重视探因》，载《运城学院学报》，2009 年第 3 期。

［36］赵晓峰：《唐代河东地区矿产资源开发与利用研究》，载《运城学院学报》，2011 年第 1 期。

［37］秦中亮：《形塑合法性：王元逵兴兵泽潞原因新论——以中央与地方权力博弈为视阈的考察》，载《历史教学》，2016 年第 8 期。

［38］秦中亮、陈勇：《从两次兴兵成德看元和政治规范的形成》，载《厦门

大学学报（哲学社会科学版）》，2016 第 4 期。

［39］于赓哲：《恶名之辨：中古南方风土史研究》，载《中国社会科学文摘》，2013 年第 2 期。

［40］薛宗正：《唐安西、北庭行营建置述略》，载《西域研究》，1993 年第 3 期。

［41］刘玉峰：《论安西北庭行营军》，载《陕西师范大学学报》，1997 年第 1 期。

［42］葛焕礼、王育济：《魏博牙兵与唐末五代政局的变动》，载《河北学刊》，2003 年第 1 期。

［43］仇鹿鸣：《刘广之乱与晚唐昭义军——兼论唐代藩镇变乱模式的演化》，载《中华文史论丛》，2017 年第 3 期。

［44］袁本海：《试述开天之际河东节度使相关状况：以〈唐会要〉和〈新唐书〉所载为中心》，载《黑龙江史志》，2009 年第 17 期。

［45］张冠凯、胡阿祥：《安禄山叛乱原因补说——从朔方、河东的争夺说起》，载《山西大学学报》，2017 年第 6 期。

［46］高贤栋：《试论唐朝廷对河东镇的控制》，载《兰台世界》，2016 年第 17 期。

（四）学位论文

［1］姚大力：《论蒙古游牧国家的政治制度》，南京：南京大学，1986 年博士论文。

［2］齐勇锋：《中晚唐五代兵制探索》，济南：山东大学，1987 年博士论文。

［3］王韵：《论唐、五代的昭义镇》，成都：四川师范大学，2003 年硕士论文。

［4］陈阳：《昭义镇演变研究（756—960 年）》，昆明：云南大学，2018 年硕士论文。

［5］郎洁：《唐中晚期昭义镇研究》，北京：中央民族大学，2007 年硕士论文。

［6］冯金忠：《唐代幽州镇研究》，石家庄：河北师范大学，2001 年硕士论文。

［7］郑东岩：《唐代淄青镇研究》，济南：山东师范大学，2010 年硕士论文。

［8］李晓奇：《唐代凤翔镇研究》，西安：陕西师范大学，2014 年硕士论文。

［9］国新磊：《唐宪宗时期成德镇研究》，南京：南京师范大学，2015 年硕士论文。

［10］李延宁：《唐后期河朔三镇支州刺史研究》，西安：西北大学，2016 年硕士论文。

［11］陈琴：《唐后期至北宋团练使初探》，金华：浙江师范大学，2017 年硕士论文。

［12］张羽：《唐代鄜坊镇研究》，南京：南京师范大学，2018 年硕士论文。

［13］李坤：《唐"建中之乱"前期河朔战场研究》，石家庄：河北师范大学，2011 年硕士论文。

［14］邓长宇：《移镇与更替：五代宋初藩镇空间布局的研究（883—977）》，上海：华东师范大学，2017 年硕士论文。

［15］王效锋：《唐代中期战争问题研究》，西安：陕西师范大学，2012 年博士论文。

［16］任艳艳：《唐代河东道政区"调整"之研究》，武汉：武汉大学，2013 年博士论文。

［17］刘宇瑞：《北宋河东路军事地理研究》，太原：山西大学，2017 硕士论文。

［18］马巍：《北宋河东路历史军事地理研究——以交通道路为中心》，西安：西北大学，2017 年硕士论文。

［19］孙斌：《〈宋史·地理志·河东路〉研究》，保定：河北大学，2015 年硕士论文。

［20］朱一帆：《唐末五代河东地区军事地理研究》，昆明：云南大学，2015 年硕士论文。

［21］陈翔：《关于唐代泽潞镇的几个问题》，西安：陕西师范大学，2006 年硕士论文。